실존주의

실존주의

메리 워낙 지음 ｜ 이명숙·곽강제 옮김

서광사

이 책은 Mary Warnock의 *Existentialism*, *Revised edition* (Oxford University Press, 1970)을 완역한 것이다.

실존주의

메리 워낙 지음
이명숙·곽강제 옮김

펴낸이 | 이숙
펴낸곳 | 도서출판 서광사
출판등록일 | 1977. 6. 30.
출판등록번호 | 제 406-2006-000010호

(10881) 경기도 파주시 회동길 77-12 (문발동)
대표전화 (031) 955-4331   팩시밀리 (031) 955-4336
E-mail : phil6161@chol.com
http ://www.seokwangsa.co.kr | http ://www.seokwangsa.kr

제1판 제1쇄 펴낸날 — 2016년 3월 10일
제1판 제3쇄 펴낸날 — 2023년 2월 10일
ISBN 978-89-306-1411-5   93160

　내가 '실존주의'를 처음 접한 것은 1957년부터 시작된 사범학교 시절이다. 나는 3년 내내 소설만 책이라고 여길 정도로 소설에 미친 문학소년이었다. 문예지 『현대문학』과 『자유문학』에 실린 문학평론에서 '실존주의'라는 용어를 처음 보았다. 중요한 점은 평론가들이 인생의 어떤 상황을 그린 소설들의 주제나 문학적 가치를 이해하는 근본 열쇠가 '실존주의'의 이해에 있는 것처럼 말하는 인상을 받았다는 것이다. 이 경험은 내가 대학에서 철학을 공부하려고 결심할 때 중요한 역할을 했다. 되돌아보면 이 무렵 '철학'에 대한 나의 호기심은 '순수한 학문적 관심'이 아니라 인간·인생의 의미·진리·진실·도덕·신·종교 등등에 관한 '명확한 판단력', 이른바 지성의 자립을 위한 '자신의 인생철학'을 갖고 싶다는 것이었다. '순수한 학문적 철학'의 가치를 깨닫고 '언어'와 '논리'의 중요성을 깨달은 것은 거의 십 년 동안이나 수많은 철학자의 갖가지 이론에 부대끼며 헤매고 난 다음이었다.

　1962년 철학과 1학년 첫 학기는 "철학개론" 동서양의 "고대철학"

"아리스토텔레스의 논리학"으로 지나갔다. 2학기에는 기다리던 "윤리학"이 설강되었다. 교수는 자신이 쓴 「윤리학은 '학'으로서 성립할 수 있는가?」라는 논문을 교재로 삼았다. 그 시절 교수들은 자신의 연구에 너무 바빠서 학생들의 수준이나 강의 주제에 흥미와 관심을 불러일으키는 동기 유발 같은 것에는 무심했다. 한 달쯤 지나자 나는 답답해졌다. "대체 윤리학이 '학'으로서 성립하든 않든 뭐가 그리 중요하단 말인가! 왜 사람 사는 이야기는 안 나오지?" 그러다 어느 강의 시간에 '실존주의'를 설명해달라고 요청했다. 교수는 잠시 창밖을 보며 뜸을 드리더니 실존주의는 말로 전달하기가 쉽지 않으니 '감'을 잡아보라며 짤막한 일화로 대답을 대신하였다. 나는 그때나 지금이나 그 일화에서 '실존주의 철학'에 대해 전혀 '감'을 잡지 못하지만, 혹시 독자 중에는 '확실한 감'을 잡을 수 있는 분이 있을지 궁금해서 그날 들은 이야기를 간략하게 전한다.

프랑스 상류층 인사들이 어느 날 저녁에 부부 동반 만찬 모임을 열었다. 정장을 차려 입은 여섯 쌍의 부부가 자리를 잡고 막 식사를 시작하려는데 한 부인이 '뽕' 하고 방귀를 크게 뀌었다. 참석자들의 시선이 모두 그 부인에게 집중되었다. 좌중의 시선을 의식한 그 부인은 미소를 지으며 "아, 제가 잠깐 실존주의자가 되었었나 봐요!"라고 말했다. 좌중은 수긍이 간다는 표정으로 식사를 시작했다. 그 부인의 말이 수긍할 만한 변명임을 이해한다면 '실존주의에 대한 감'을 잡을 수 있을 것이다!

2학년 1학기 "실존철학" 강의는 교재 없이 하이데거의 'Dasein 분석'과 '후기 철학으로의 전회'에 관해 진행되었는데 받아쓰기에 바빴다. 이 강의에서 '후설의 현상학'이 '실존철학의 방법론'이라는 말을 처음 들었다. 그 후 대학원 시절까지 현상학에 관한 강의를 네 학기 들었으나 몽롱한 느낌은 전혀 가시지 않았다. 강의는 '현상학적 기술'을 처음부터 끝까지 '엄밀한 객관적 방법'이라고 거듭해서 강조하였다. 당연히 내 관심은 곧장 '현상학적 기술의 실례'에 쏠릴 수밖에 없었다. 하지만 나는 지금까지 '후설의 현상학적 기술의 실례'를 제시하는 사람을 전혀 만나지 못했다. 어떤 사람은 하이데거의 『존재와 시간』이나 사르트르의 『존재와 무』가 '현상학적 기술의 실례'라고 말할는지 모르겠다. 하지만 두 사람이 '후설의 현상학'을 '방법'으로 똑같이 사용했으면 '동일한 결과'에 도달해야 할 텐데, 왜 '인간'과 '인간의 의식'에 관해 그처럼 다른 주장을 하고 있는가? 실제로는 두 사람이 '각자 자신의 직관과 사변'을 '방법'으로 사용했다는 것이 진실일 것이다.

'실존주의'는 일반 명칭이다. 따라서 '실존주의 철학'(실존철학)은 모든 실존주의자가 공통으로 지닌 '철학적 신념들의 체계'를 가리킨다. 실존주의자로 간주되는 개별 철학자의 저작은 많이 번역되어 있다. 하지만 독자가 그 책들을 통해 실존주의 철학의 전체 모습을 파악하기는 쉽지 않다. 여기에는 여러 가지 사정이 복합적으로 작용하고 있다. 첫째는 한 실존주의자가 철학적으로 관심을 갖는 주제들이 여러 저작에 분산되어 논의되면서 주장되고 있어서, 한 실존주의자의 '철학적 신념들의 전체 체계'조차도 파악하기가 쉽지 않다. 둘째는 한 실존주의자의 '철학적 방법'과 '기본 입장'이 흔히 초기·중기·후기에 달라지고, 어떤 경우에는 중기나 후기에 아예 실존주의를 벗어나기도 한다. 셋째는 후설 이후의 실존주의자들은 '현상학'을 '방법'으로 사용한다고 하면서도 제 각기 원래의 '후설의 현상학'과는 다른 '연구 목표'·'탐구 대상'을 지향함으로써 '후설의 현상학적 기술'과 다를 뿐만 아니라 실존주의자들끼리도 서로 다른 '기술 방법'을 사용하고 있다. 넷째는 키르 케고르로부터 사르트르까지 자신의 '철학적 신념'을 '논증'으로 명확하게 입증하지 않고 현란한 '문학적 언어'로 표현했기 때문에, 독자가 그 언어 속에서 지적 알맹이인 '근본적 철학적 신념들'을 간명하게 추출하기 어렵고, 따라서 역사적 일관성과 논리적 연관 관계를 이해하여 '전체 얼개'를 파악하기가 쉽지 않다. 마지막으로 우리 독자에게는 번역에 의해 생기는 또 하나의 애로가 있다. 다른 무엇보다도 거의 모든 번역이 실존주의자들의 독특한 '추상 용어'와 '낯선 조어'에 대해 '1대1 번역 용어'를 무리하게 고집함으로써 번역 문장들이 우리의 일상 언어와 너무 동떨어져 있다. 자연히 번역 용어들을 우리말의 '일상적 의미'로 생각하는 우리 독자들은 원래의 의미를 제대로 전달받지 못하고 만다. 이 모든 이유로 자신의 '정서'에 맞는 특정한 실존주의 철학자의 몇몇 저작을 읽는 경우는 물론 모든 실존주의 철학자의 저작을 섭렵한다 하더라도 '실존주의 철학의 전체 모습'을 정확하게 파악하기가 쉽지 않은 게 우리 현실이다.

이 책은 '실존주의 철학의 전체 모습'을 간결하면서도 명확하게 보여주는 것을 목표로 하고 있다. 따라서 '실존주의적 기분·정서·태도'를 공감시키거나 설득하는 일에는 전혀 관여하지 않고, 오직 '실존주의 철학자들의 철학적 신념들의 체계와 방법'을 명확하게 해설하는 일에만 전념하고 있다. 저자는 먼저 '실존주의 문학'을 배제하고 오로지 '실존주의 철학'을 다룬다는 점을 분명히 한다. 그래서 실존주의의 '지성적 요소'를 '정서적 요소'로부터 분리해서 실존주의 철학의 핵심인 '철학적 신념들'과 '철학적 방법론'만 해설하면서 검토한다. 저자는 이 목표를 달성하기 위해 몇 가지 원칙을 세우고 있다. 저자의 대원칙

은 실존주의 철학자들이 덴마크어나 독일어나 프랑스어로 쓴 책이 정말
로 이해할 수 있는 내용을 갖고 있다면 영어 문장으로도 이해할 수 있어야
한다는 것과 현재 시점에서는 '실존주의 철학 전체의 모습'을 파악해서
역사적 관점에서 검토할 필요가 있다는 것이다. 이것은 우리말 번역과
우리 철학계의 현실에도 그대로 적용되어야 하는 원칙일 것이다.

그러므로 이 책의 특징이자 장점은 모두 이 대원칙에 따른 결과이다.
우선 첫째로 저자는 '실존주의 철학'을 이미 '철학사'의 한자리를 차
지하고 있는 '독자적인 자격과 위치를 갖춘 철학 사상'으로 본다. 이는
실존주의 철학 활동이 일정한 공통 관심·공동 조상·공통 전제 가정을 갖
고 있어서 이제는 이 실존주의 철학 운동 전체를 시작에서 끝까지 보여
줄 수 있다고 보는 것이다. 따라서 저자는 실존주의의 철학적 신념들의
역사적 기원을 '철학사' 흐름 속의 다른 철학과의 관계 속에서 밝히면
서 시작한다. 실존주의에 관한 이야기를 칸트의 '윤리 이론'에서 키르
케고르와 니체의 '실존주의적 윤리 이론'이 만들어지는 과정을 설명하
면서 시작하는 것은 이 때문이다. 이 과정에서 '실존주의'라는 말을 알
지도 못했던 키르케고르와 니체가 왜 '실존주의의 조상'인지 그 이유
가 분명하게 드러난다.

둘째로 저자는 실존주의의 '철학적 방법'을 명쾌하게 밝히고 있다.
'직관'과 '공감'에 호소하는 이야기는 누구에게나 개인적인 심리적 만족
이상의 것을 줄 수 없으므로 '학문적 철학'의 자격을 인정받을 수 없
다. 저자는 '후설의 현상학'을 한 장에 걸쳐 자세히 설명하고, 대표적
인 실존주의 철학자들이 '후설의 현상학'을 어떻게 변용시켜 이용하고
있는지 설명하고 있다. 독자는 '후설의 현상학'의 목표와 방법을 파악
할 수 있을 것이고, 이를 통해 왜 하이데거가 '후설의 현상학'을 새로

운 '해석학적 현상학'으로 바꾸어 자신의 철학적 방법으로 사용했는지, 또 왜 사르트르가 『존재와 무』에 '현상학적 존재론'이란 부제를 붙였는지 분명히 이해할 수 있을 것이다. '후설의 현상학'이 '실존주의'에 끼친 영향에 대한 이 책의 설명은 다른 어떤 책보다 훌륭하다.

셋째로 일반적으로 철학 책을 읽는 독자는 흔히들 읽기 어렵다고 말하면서 그 이유는 철학이 어렵기 때문이라고 불평한다. 이는 잘못된 판단이다. 철학 책을 읽기 어려운 이유는 철학이 어려워서가 아니라 오직 '그 철학자의 언어'를 이해하는 데 문제가 있기 때문이다. 독자가 철학 책에서 일차적으로 만나는 것은 '그 철학자의 언어'일 뿐이다. 우리는 '그 언어의 의미를 통해서' 그 철학자의 '생각'을 간접적으로 전달받는다. 그러니까 '철학의 어려움'은 실제로는 '언어의 이해 문제'일 따름이다. 이 문제에 관해서는 '하이데거의 언어'가 대표적인 실례일 것이다. 저자는 대표적인 실례로 하이데거 『존재와 시간』의 영어 번역이 난감한 애매성 뿐만이 아니라 수많은 조어나 하이픈으로 연결한 낯선 낱말 때문에 읽기 어렵다고 진단한다. 이 문제를 해결하기 위해 저자는 하이데거의 'Dasein'이나 'Da-sein'이 인간 이외의 어떤 것도 지칭하지 않기 때문에 둘 다 알기 쉽게 '인간'(人間, 사람, human being)으로 번역한다. 저자는 이 방침에 대해 이렇게 말한다.

하이데거의 원문을 이처럼 약간 냉정하게 다룸으로써 잃는 것은 첫째로는 하이데거가 실제로 '창작하여 사용한 언어'가 만들어내는 분위기이고, 둘째로는 오랜 세월 공유해온 낱말에서 하이데거가 글자 뜻 그대로의 의미를 짜내어 보여줌으로써 독자가 약간의 '새로운 통찰'을 얻기 바라고 있는 하이데거가 전달하려는 의미이다. 그러나 이런 손실은 우리가 하이데거의 사상을 어떻게든 그 밖의 다른 철학과의 관계를 유지하는 방식으로 이해하고자 한다면 피할 수 없는 것으로 생각된다.

이 방침은 실존주의 철학에 대한 우리말 번역과 해설에도 적용되어야 한다. 나무 하나하나의 독특한 특징들을 모조리 파악하는 데 집착하다가는 끝내 숲 전체는 못 보기 때문이다. 사르트르 저작의 우리말 번역에서 일본 번역 용어를 추종하여 통상적으로 사용하는 '대자존재'(對自存在, l'être pour soi, Being-for-itseif)를 '자신의-의식을-자각하고-무화하는-존재'로 바꾸어 해설한 것은 이 방침에 따른 것이다.

 철학자들은 새로운 착상을 설명하기 위해 자신만의 독특한 표현들을 사용하는 경우가 많다. 그런 맥락에서 '기존의 용어'를 새로운 의미로 사용하거나 '조어'를 만들어 사용한다. 하지만 이런 새로운 '용어'나 '조어'에는 명확한 '정의'가 반드시 제시되어야 한다. 만일 '정의'가 제시되지 않으면 독자는 그 용어들을 '일상적 의미'로 해석할 수밖에 없다. 그런데 하이데거의 언어는 이보다 더 심각하다. 일상 언어의 어법을 어긴 '용어'나 '문장'에 그가 부여한 새로운 의미를 밝히는 정의를 제시하지 않기 때문이다. 그런 표현에 대해 자기가 발견한 '어원'을 제시하긴 하나 그 '어원'이 '일상 언어'와 다르기는 마찬가지다. 이것이 하이데거의 책이 특히 어렵게 느껴지는 진짜 이유일 것이다. 이와 달리 사르트르는 주로 '생생한 일화'를 통해 자신의 철학적 신념을 전하려고 한다. 이는 독자의 '공감'과 '직관'에 호소하여 얻는 '독자의 동의'를 증명의 완성으로 간주하는 방식이다. 그러나 '일화'는 일종의 비유이자 상징이므로 독자가 사르트르의 '메시지'를 정확하게 파악하기 어렵고, '직관'에 의해 '공감'을 느낀다 하더라도 '직관'과 '공감'은 개개인의 주관적이고 심리적인 느낌일 뿐이지 '지적으로 정당화된 신념'은 아니다. 이런 난점들에도 불구하고 실존주의 철학의 전체 모습을 독자에게 논리적으로 이해시키기 위해서는 저자의 방침이 적절하다고 생각한다.

넷째로 저자는 중요한 주제나 논점에 대해서는 가끔 분명한 '반대 사례' 나 가능한 '비판적 입장' 을 제시하기도 한다. 그러나 독자에게 단지 그런 반대 사례나 비판적 입장이 가능하다는 점을 일깨워줄 뿐이다. 저자의 목표는 어디까지나 '실존주의 철학의 전체 모습' 에 관한 해설이지 비판이나 논쟁이 아니다. 그래서 어떤 주제나 논의 과정에서 필요한 경우에는 근세와 현대의 영국 경험주의 철학자의 입장이나 견해와 비교하면서 설명하는데, 이는 오로지 대비를 통해 실존주의 철학자의 견해를 더욱 명확하게 이해시키려는 시도일 뿐이다. 이런 대비에 의한 설명은 오히려 실존주의 철학의 독창성과 특징을 선명하게 드러내고, 실존주의 철학이 철학사에서 차지하는 위치와 독자적인 가치를 분명하게 보여준다. 이 점 역시 이 책의 돋보이는 장점이다.

Mary Warnock의 *Existentialism*(개정판)을 우리말로 옮기기 시작한 것은 지난해 연말이었다. 참고할 책을 찾으려고 연구실 서가를 둘러보다가 우연히 1980년 무렵에 구해놓은 이 책의 제목과 저자 이름이 눈에 띄었다. 그 순간 갑자기 영국 철학자는 '실존주의' 를 어떻게 이해하고 있는지 궁금해져 그 자리에 선 채로 몇 쪽을 읽는데 실존주의의 기원에 관한 설명을 칸트로부터 시작하는 점이 흥미로웠다. 특히 20세기에 유럽철학과 영미철학이 대화가 통하지 않을 정도로 단절된 이유를 알려줄 것 같다는 느낌이 들자 더욱 궁금해졌다. 그날 집에 돌아와 아내와 대화를 나누다가 젊은 시절부터 전모가 아리송했던 '실존주의 철학의 주제와 기본 주장', 그리고 '후설의 현상학과 실존주의 철학의 관계' 를 알아보기 위해 함께 우리말로 옮기면서 정독하기로 결정하였다.

이제 우리말 원고를 몇 번 퇴고하며 음미해보니 50여 년 만에 '실존
주의 철학'의 전체 모습이 또렷이 보여 더없이 상쾌하다. 마치 맑은 가
을날 지리산 천왕봉 일월대(日月臺)에 서서 삼남(三南) 일대를 둘러보는
기분이다. 한 권의 좋은 책이 얼마나 효과적으로 생각을 밝혀주고 큰
즐거움을 주는지 다시 한 번 절실히 깨달았다. 번역하는 동안 줄곧 그
랬지만 새삼 저자에게 고마운 마음이 든다. 역자들은 독자들도 이 상쾌
한 지적 즐거움을 반드시 느낄 것이라고 믿는다.

그동안 계속 관심을 갖고 격려해주고 최신판 텍스트를 선사해준 신
솔문 목사에게 감사드린다. 어려운 사정에도 출판을 기꺼이 맡아주신
서광사 김신혁 사장님과 편집부 여러분께 감사드린다.

2016년 2월
〈인봉 철학 사랑〉에서
곽강제

| 차 례 |

| 감 사 의 말 |

아메리칸 스칸디나비안 재단(American Scandinavian Foundation)에 있는 데이비드 스웬슨과 월터 로리가 번역한 키르케고르의 *Concluding Un-scientific Postscript*(Copyright, 1941, by Princeton University Press), 콜린 스미스가 번역한 메를로퐁티의 *The Phenomenology of Perception*(Routledge & Kegan Paul, Ltd., London; and Humanities Press, Inc., New York), 사르트르의 *Being and Nothingness*(Hutchinson University Library)의 번역본과 필자의 *The Philosophy of Sartre*(Hutchinson & Co. (Publisher) Ltd.)로부터의 인용을 허락해주신 판권 소유 출판사와 기관에 감사드린다. 또한 갈리마르(Gallimard)판 *Being and Nothingness*의 미공개 번역을 사용하도록 허락해주신 런던의 Methuen & Co. Ltd.와 뉴욕의 Philosophical Library Inc.에 감사드린다.

윤리적 기원:
쇠렌 키르케고르; 프리드리히 니체

　'실존주의'(實存主義, existentialism)는 '이성주의'(理性主義, rationalism)나
'경험주의'(經驗主義, empiricism)와 마찬가지로 주의를 기울이지 않는 사
람에게 오해를 일으킬 수 있는 명칭이다. 이 이름은 어떤 이론 체계나
학파를 지칭하지 않는다. 실존주의자(實存主義者, existentialist)라고 불러도
좋을 만한 철학자들이 상당수 있긴 하지만, 그중의 어떤 철학자는 이
이름을 거부할 것이고, 어떤 철학자는 이런 이름으로 불리는 사실에 아
연해할 것이다. 그러나 철학에서는 예술의 경우와 마찬가지로 이런 분
류 명칭이 경계선상의 논란을 피할 수 없을지라도 실제로는 매우 중요
하다. 우리는 '실존주의'라는 명칭을 유럽대륙에서, 특히 1940년대와
1950년대에 활발하게 진행되었던 일종의 철학 활동(哲學 活動, philosophi-
cal activity)을 총괄적으로 지칭하는 용어로 사용하는 것을 받아들일 수
있다. 왜냐하면 우리는 이 철학 활동이 일정한 공통의 관심·공동의 조
상·공통의 전제 가정을 갖고 있다는 것을 밝힐 수 있고, 또 이제는 이
철학 활동 자체가 전체적으로 개관해볼 가치를 지닌 역사적 문제라는
점이 충분히 명확해졌기 때문이다. 나는 이런 상황을 출발점으로 삼고

시작하겠다.

　대체로 말하면, 실존주의 철학자들을 하나로 묶는 공통의 관심은 인간의 자유(自由, freedom)에 대한 관심이라고 할 수 있다. 그들은 모두 인간의 환경으로서 소중할 수밖에 없는 세계(世界, world)에 관심을 기울이고, 그 세계 속에서 사람들은 저마다 스스로의 행동 방식을 선택하는 능력을 행사하며 살기 때문에 사람을 특별한 관심 대상으로 주목한다. 선택의 자유가 가져오는 결과는 무엇인지, 그리고 그 결과는 어떻게 평가되어야 하는지, 이 두 가지 주제는 모든 실존주의자의 핵심적인 관심사이다. 하지만 다른 많은 철학자도 "의지의 자유 문제"(problem of the freedom of the will)와 함께 인간의 자유에 관심을 가졌었지만 그들은 실존주의자가 아니었다. 그래서 실존주의자들에 대해서는 그들만의 독특한 특징으로 자유의 문제가 어떤 점에서 실천의 문제인지 추가적으로 밝힐 필요가 있다. 실존주의자들의 목표는 다른 무엇보다도 사람은 누구나 항상 진실(眞實, truth)을 깨달을 수 있는 자유로운 존재이지만 이런저런 이유로 진실을 항상 깨닫지는 못한다는 사실, 다시 말해 사람은 누구나 특정한 상황에서의 행동만이 아니라 가치 평가와 삶의 방식을 선택하는 데서도 자유롭다는 사실을 밝히는 것이다. 실존주의 철학을 읽는 독자는 인간의 자유의 본성에 관해 숙고하는 것만이 아니라 그 자유를 체득해서 실천할 것을 요청받고 있다. 이 점에서 실존주의자들은 스피노자(B. Spinoza, 1632-1677)와 비슷한데, 스피노자는 우주 속에서의 사람의 분수를 밝힌 다음, 그 분수에 맞게 인간의 정서(情緖, emotion)와 지성(知性, understanding)을 이해하는 새로운 방식을 밝혔다. 그러나 스피노자는 바로 이 대목에서 우리의 생각을 반전시킨다. 왜냐하면 스피노자는 의지의 자유라는 것은 원인에 대한 무지에서 생긴 환상(幻想, illusion)이라고 독자가 깨닫기 바라는 반면에, 실존주의자들은 저들의 본색대로 누구나 경험하는 자유와 누구나 실제로 누리는 자유롭다는 의식(sense of freedom)은 정당하며, 더 나아가 어떤 점에서 인과 관계(因果 關係, causation)야말로 환상이라고 독자가 깨닫기를 바라기 때문이다. 그래서 이 점은 실존주의자들의 특색을 이루는 두 번째 관심사를 분명히 드러내 보이고 있다. 그 관심은 독자들의 마음을 전향시키는 것, 다시 말해 독자들로 하여금 이제까지는 속아 살았지만 지금부터는 새로운 사고방식으로 사물들을 볼 수 있다는 사실을 받아들이도록 하는 것이다. 이것이 바로 실존주의의 사명 의식(使命 意識, missionary spirit)이며, 이 사명 의식은 매우 다양한 모습으로 표현되지만 기본 취지가 같다는 것은 의심의 여지가 없다. 어떤 철학자든 자기가 하는 말이 진실을 알려주는 말 또는 이 세상의 현상에 관한 만족스러운 설명이라고 독자가 승인하기를 바라는 것은 당연한 일일 것이다. 하지만 실존주의자들은 그 이상의 것을 원한다. 그들은 인간의 자유에 관해서 저들이 마음에 품고 있는 대로의 사실들을 독자가 승인할 뿐만 아니라 저마다 혼자서 스스로 이해하여 흡수하기를 바라며, 그래서 그 사실들을 이해해서 흡수했을 때 인생을 보는 견해 전체가 달라지기를 바란다. 누구든 실존주의 철학자를 읽고 이해하는 과정에서는 세계와 그 속에서의 자기 분수를 깨닫는 자신의 방식을 실제로 바꾸겠다는 마음가짐을 반드시 가져야 한다. 어떤 사람의 종교적 회심이 그 사람의 인생관을 전환시키는 것처럼, 또는 형이상학 이론이 자신과 다른 사람이나 우주와의 관계를 이전과 달리 보게 만들어서 어떤 사람의 인생관을 전환시키는 것처럼, 또는 일어난 사건들을 상식적으로 생각하던 프루스트(M. Proust, 1871-1922)의 견해가 베르그송(H. Bergson, 1895-1941)의 시간에 관한 견해에 의해 바뀐 것처럼, 실존주의자들은 독자가 지적으로 혁신가(intellectually innovator)

일 뿐만 아니라 정서적-실천적으로 혁신가(emotionally and practically inno-
vator)이기를 바란다. 실존주의는 이런 식으로 인간의 자유에 관심을 갖
고 있기 때문에, 그리고 독자를 환상에서 해방시켜 인생관을 전환시키
려고 하기 때문에 당연히 헌신적인 실천 철학이라고 항상 간주되어 왔
는데, 이는 올바른 평가일 것이다. 나는 실존주의의 이런 실천적 측면
이 생기게 된 방식과 그 실천적 측면이 어떻게 인식 능력(認識 能力, cog-
nition)과 의지 작용(意志 作用, volition)의 이론적 관계, 즉 아는 일(knowing)
과 행하는 일(doing)의 이론적 관계를 근거로 삼고 있는지 나중에 더 명
백하게 밝히겠다. 지금 여기서는 실존주의의 사명 의식과 실천 목표를
제시하고, 또 실존주의의 매력적인 부분은 — 특히 영미철학의 엄격성
을 배운 사람들에게 매력적인 부분은 — 단지 지성에 의한 이해만으로
는 불충분하다고 강조하는 실존주의자들의 이 고집스런 주장 바로 그
것이라는 사실을 암시하는 것으로 충분하다.

실존주의자들의 공통의 관심에 관해서는 이 정도로 마치고, 다음 이
야기로 넘어가는 게 좋겠다. 실존주의의 공동의 조상은 뚜렷이 다른 두
계통으로 이루어져 있다. 첫 번째 계통은 이 장에서 주요 주제로 삼고
살펴볼 전통인데, 의지의 소유자로서의 인간, 자발적 행위자로서의 인
간을 강조하는 윤리적 전통(倫理的 傳統, ethical tradition)이다. 이 윤리적
전통은 그 자체가 — 그다지 중요하진 않을지라도 — 신학적 계열과 세
속적 계열로 나뉠 수 있다. 나는 이 계통에 대해서 이 장의 제목이 보여
주는 바와 같이 먼저 키르케고르(S. Kierkegaard, 1813-1855)를 살펴본 다
음에 니체(F. Nietzsche, 1844-1900)를 살펴보겠다.

실존주의의 공동의 조상의 두 번째 계통은 윤리-의지주의(倫理-意志主

義, ethical voluntarism)와 아주 다를 뿐만 아니라 여러 가지 방식으로 대립하는 계통이다. 이 두 번째 혈통은 바로 후설(E. Husserl, 1859-1938)의 현상학(現象學, phenomenology)이다. 이 두 혈통의 결혼은 실존주의의 본질적 요소이므로 나는 이 특수한 혈통의 가문에 속할 수 없는 사람은 결코 실존주의 철학자(existentialist philosopher)로 간주하지 않는다. 따라서 키르케고르나 니체의 영향을 받은 많은 비철학적 문필가, 그리고 실존주의적 소설·희곡·일기·수필을 썼던 많은 '비철학적 문필가'는 이 책에서 고려하지 않을 텐데, 나는 그래야 하는 이유가 있다고 생각한다. 왜냐하면 내가 이 책에서 살펴보려는 것은 일종의 철학으로서의 실존주의이고, 설령 실존주의가 이미 언급한 바와 같이 실천적 의도를 갖고 있고, 다른 종류의 철학에 줄 수 있었던 것보다도 훨씬 큰 충격을 문학에 주었다 할지라도 실존주의를 다른 종류의 철학과 비교하기 위해서는 무엇보다도 매우 엄밀하고 합당한 뜻에서 실존주의를 철학으로 대우할 필요가 있기 때문이다. 그러므로 철학에 대한 정의를 섣불리 시도하지 않고서도 비철학적 실존주의로부터 철학적 실존주의(哲學的 實存主義, philosophical existentialism)를 구별할 수 있다고 생각한다. 비철학적 실존주의자는 비슷한 성향을 가진 철학적 실존주의자와 공통의 관심을 가질 수는 있지만, 방법(方法, method)만큼은 공유하지 못할 것이다. 이것은 단지 그가 어떤 형식의 글쓰기를 택하느냐에 관한 문제가 아니라, 그가 인간이 세계와 맺는 관계에 대해 체계적 설명(體系的 說明, systematic account)을 시도하느냐 않느냐에 관한 문제이다. 철학적 실존주의의 방법은 후설의 현상학 없이는 만들어질 수 없었다. 따라서 나는 실존주의자들을 본격적으로 논의하기 전에 다음 장에서 후설의 현상학을 살펴보고자 한다. 그러나 지금은 무엇보다 먼저 실존주의의 윤리적 조상을 먼저 살펴볼 필요가 있다.

윤리 이론의 뚜렷한 특징만 주목하는 대강의 분류와 구별은 때로 우리에게 이해된다는 기분을 만들어주는 경우가 있긴 하지만 그다지 많은 내용을 알려주진 못한다. 그러나 아주 이따금씩 어떤 철학자가 진정한 혁신가로서 튀어나오기 때문에 그의 시대 이후의 모든 철학자가 그 철학자의 어떤 생각에 대해 찬성하거나 반대하지 않을 수 없는 것처럼 여겨지는 철학자가 있다. 윤리 이론의 역사에서는 칸트(I. Kant, 1724-1804)가 바로 그런 인물이다. 칸트의 출발점은 사람들이 자기가 도덕 법칙의 지배를 받는다는 것을 알며, 때로는 자기가 해야 할 행동을 결정해서 실천한다는 것을 안다는 확신이었다. 칸트의 윤리 이론은 처음부터 끝까지 인간이 자기 행동의 결정에 직면하면 자신의 의지를 실제로 자유롭게 일으켜 세계 쪽으로 향하는 능동적 행위자(能動的 行爲者, agent)라는 생각으로 일관하고 있다. 내가 이 말을 칸트가 실천 이성(實踐 理性, practical reason)이라는 생각을 맨 처음 발명했다는 뜻으로 받아들이지 않기를 바란다는 건 말할 필요도 없을 것이다. 아리스토텔레스(Aristotle, 384-322 B.C.)를 비롯해서 다른 많은 철학자도 이성(理性, reason)이 어떻게 사람의 행동에 결정적으로 작용하는지 관심을 가져왔기 때문이다. 칸트의 윤리 이론에서 새로운 점은 행위자가 자신의 행동을 정확히 알기 때문에 도덕적 선과 악에 관한 모든 개념을 능동적 행위자의 의지라는 개념으로부터 끌어내는 칸트의 방식이다.

이 세상의 사물들은 달콤하거나 새큼할 수 있고 단단하거나 부드러울 수 있는 것과 마찬가지로 유쾌하거나 불쾌할 수 있고 바람직하거나 바람직하지 못할 수 있다. 그러나 이 세상의 사물들은 도덕적으로 선하거나 악할 수 없고 도덕적으로 좋거나 나쁠 수 없다. 도덕적 가치(道德的 價値, moral value)는 이 세상을 살아가는 사람이 자신의 행동을 결정해서 그 행동을 수행할 때에만 생겨나는 것이다. 이 세계에 관한 기술(記述, description)이나 인간의 취미나 성향에 관한 기술(記述, description)은 아무리 많더라도 도덕적 가치 관념을 생겨나게 할 수 없다. 왜냐하면 도덕적 가치 관념은 누군가가 행위자의 자유 의지(自由 意志, free will)의 특징에 관해 언급하는 순간에만 생겨날 수 있기 때문이다. 이 행위자가 이 세계에서 시도하는 행동으로 실제로 성취하려는 것은 자유 의지에 의해 시작된 도덕적 가치와 전혀 관련이 없다. 누구도 어떤 사람이 그 행동을 어떻게 선택했는지, 그 행동을 한 정확한 의도가 무엇인지 알지 못한다면, 그 사람의 행동을 아무리 많이 관찰했다 하더라도 그가 일으킨 변화에 도덕적 가치를 부여할 수 없다. 그러므로 칸트의 윤리 이론에 따르면 사람과 이 세상의 다른 모든 것 사이에는 건널 수 없는 무한히 넓은 간격이 있다. 왜냐하면 오직 사람만이 능동적으로 행동하는 존재이고, 오직 사람만이 이 세상에 변화를 자발적으로 일으킬 수 있고, 또 그 변화를 특정한 동기 때문에 일으킬 수 있는 존재이기 때문이다. 칸트의 윤리 이론에 따르면 이 세상에서 의지 행사(意志 行使, act of will) 이외의 모든 것은 인과적 용어로 기술될 수 있다. 이 말은 도덕적 가치를 생겨나게 하는 의지 행사 이외의 어떤 것도 도덕적 가치를 소유할 수 없다는 말과 같다.

그런데 칸트 자신은 오직 사람만이 행동을 선택할 수 있어서 이 세상에 도덕적 가치를 생겨나게 할 수 있는 존재이지만, 그럼에도 사람의 행동이 도덕적으로 선할 수 있고 좋을 수 있으려면 사람의 행동이 반드시 따라야 하는 절대적 법칙이 있다고 믿었다. 실은 절대적 도덕 법칙에 대한 이 신념이야말로 칸트의 출발점이었으며, 바로 그의 윤리 이론이 설명해야 하는 현상이었다. 칸트는 누구나 곰곰이 생각해본다면 자신의 행동이 절대적 도덕 법칙에 따르고 있다는 것을 정확히 안다고 믿었다. 그러나 이 현상을 칸트는 아주 새롭게 설명하였다. 도덕 법칙의 절대성은 행위자의 바깥에 있는 원인에 의해 생기는 것이 아니다. 도덕 법칙의 절대성은 도덕 법칙의 주체(主體, subject)이자 최고 권위(最高 權威, ultimate authority)인 의지 자체에서 비롯된다. 왜냐하면 칸트에게는 이성(理性, reason)의 소리가 선의지(善意志, good will)의 소리이기 때문이다. 그러므로 만일 어떤 사람이 일련의 주어진 전제로부터 논리적으로 추론하고 다른 어떤 사람이 동일한 추론을 하면 두 사람이 똑같은 결론에 도달하는 것과 마찬가지로, 만일 두 사람이 동일한 상황에 직면해서 각자의 의지를 이성적으로 행사한다면 그 두 사람은 동일한 행동을 할 것이다. 도덕 법칙은 두 행위자에 의해 똑같이 형성되며, 그래서 모든 사람을 절대적이면서 객관적으로 구속하고 있는데, 그 까닭은 도덕 법칙은 이성의 법칙(理性의 法則, law of reason)이기 때문이다.

지금까지의 이야기는 칸트의 윤리 이론의 큰 줄거리이다. 그러나 칸트의 윤리 이론으로부터 도덕적 가치는 이 세상에서 자기가 하려는 행동을 선택하는 행위자의 의지에 의해서만 창조된다는 칸트의 견해를 강하게 주장하면서도, 이 의지가 선의지이기 위해서는 이성적 의지이어야 하고 또 보편적인 도덕 법칙을 제정해야 한다는 칸트의 견해를 제거해버린 새로운 윤리 이론이 어떻게 만들어질 수 있는지 깨닫기는 쉬운 일이다. 윤리-의지주의의 핵심 신념은 인간이 의지를 갖기 때문에 우주 속의 다른 모든 사물과 전적으로 다르며, 실제로 발동한 의지만이 모든 도덕적 가치의 근원이라는 칸트의 신념이다. 의지주의자들은 선한 행동(좋은 행동)은 행복을 최대화한다는 공리주의의 주장이 전적으로 옳다 할지라도, 그 행동의 선성(善性, 좋음, goodness)이 행복의 최대화로부터 비롯된다는 말은 옳지 않다는 점을 근거로 삼고 모든 종류의 공리주의(功利主義, utilitarianism)를 거부했던 칸트의 견해에 동의한다. 이 세상에는 좋은 날씨처럼 다른 좋은 것들이 많이 있으나, 그것들은 행복을 최대화하면서도 누군가의 의지에 의해 그렇게 만들어진 것이 아니기 때문에 도덕적으로 선하지는 않다. 오직 의지 행사만이 도덕적 가치를 지닐 수 있다. 누군가의 선택에 의해 생기지 않고 그저 저절로 생기는 것들에는 도덕적 가치가 전혀 없다.

그런데 의지 행사 그 자체가 한 사람의 단독 행위가 아니라 여러 사람의 공동 행위일 수 있는 가능성은 전혀 없다. 내가 당신의 의지를 당신 대신 발동할 수 없고 당신의 결심을 당신 대신 할 수 없다는 것은 내가 당신의 목소리로 말할 수 없고 당신의 발로 걸을 수 없는 것과 완전히 똑같다. 당신은 나에게 조언을 해주거나 명령을 내릴 수 있지만 당신이 나에게 말한 행동이나 다른 누군가가 나에게 말한 행동을 내가 실제로 한다 할지라도 그 행동을 한 사람은 결국에는 나 자신이다. 나의 행동은 나 자신의 것이다. 따라서 내 의지 행사의 도덕적 가치는 내가 내 의지 행사에 부여한 것임에 반하여, 만일 당신이 나를 그저 모방해서 똑같은 행동을 했다면 당신의 의지 행사에 아무런 도덕적 가치를 부여하지 못할 것이다. 브래들리(F. H. Bradley, 1846-1924)는 궁극적으로 칸트에서 유래하는 의지주의 전통을 철저하게 따르는 철학자인데, 실제로 도덕적 행동을 식별하는 특징은 그 행동을 수행한 사람이 평가에 차이를 만드는 행동이라고 주장하면서 이 점에서 심미적 행동과 전혀 다르다고 생각하였다. 어떤 행동이 내 행동이었다는 것은 그 행동의 도덕적 가치나 무가치의 일부임에 반하여 한 편의 좋은 시(good poem)가 창작되었다면 그 시는 누가 창작했더라도 창작한 사람과는 전혀 상관없이 좋은 시이다. 이것이 브래들리가 자아실현(自我實現, self-realization)을 도덕적 행동의 목표라고 주장했던 내용의 일부이다. 어떤 사람의 자아실현일 수 있는 것이 다른 사람의 자아실현이기도 해야 한다는 전제 가정은 전혀 필요하지 않다.

이제 본래의 주제인 실존주의로 돌아가 키르케고르와 니체를 만날 시간이 되었는데, 이 두 철학자의 저작들은 실존주의의 윤리적 기원을 이루었다. 두 철학자는 도덕의 합리성(合理性, rationality)과 보편적 표준(普遍的 標準, universal standard)에 대한 칸트의 주장을 각기 다른 방식으로 단념해 버리면서도, 칸트와 마찬가지로 의지의 창조적 측면, 즉 오직 의지 행사만이 높건 낮건 도덕적 가치를 지닐 수 있는 무언가를 창조한다는 견해를 강하게 주장하고 있다.

키르케고르는 1813년에 태어나 1855년에 생을 마쳤다. 이 철학자의 저작들은 그의 생애를 어느 정도 이해하지 않고서는 이해할 수 없다. 키르케고르는 어린 시절에 아버지의 신앙에서 매우 깊은 영향을 받았는데, 그 신앙은 심한 죄의식과 양심의 가책에 사로잡힌 음침하고 음울한 신앙이었다. 그 후 청년 시절에 키르케고르는 할 수 있는 한 아버지의 영향을 떨쳐버리려고 노력하였고, 그래서 잠시 동안은 자신이 아버지의 영향을 완전히 벗어났다고 믿었다. 그는 이 세상에 관해 가능한 한 많이 배우고 자신의 삶을 즐기는 시간을 가졌다. 그러다가 키르케고르는 1836년에 일종의 도덕적 개심을 겪고서 한동안 엄격하고 보편적인 도덕 원리에 따라 살았다. 그렇게 살던 키르케고르는 1838년에 다시 기독교 신앙으로 개종하였다. 매우 간결한 이 연대기가 오해를 일으킨다는 건 의심의 여지가 없다. 그러나 이 연대기의 관심사는 키르케고르가 자신의 삶을 어떻게 보았는지에 있을 뿐이다. 이 연대기를 살펴보면 그가 자신의 삶의 과정을 명확하게 구분했던 것을 알 수 있다. 키르케고르는 자기가 자유분방했던 첫 번째 시절을 심미적 단계(審美的 段階, aesthetic stage)라고 불렀다. 이 시기에 그는 자신이 자유를 즐겼다고 생각했지만 그 자유는 결국 환상으로 판명되었다. 키르케고르가 그다음에 경험한 그보다 높은 단계도 역시 궁극적으로는 환상을 토대로 하고 있는 것이었다. 하지만 이 시기의 환상은 자유라는 환상이 아니었는데, 그 까닭은 그가 자신의 삶의 윤리적 단계(倫理的 段階, ethical stage)에서는 보편적이면서 절대적인 타당성을 가진 도덕 법칙에 속박되어 있다고 느꼈기 때문이다. 그 환상은 '인도주의'(人道主義, humanism)라는 환상이었다. 왜냐하면 그의 삶의 틀을 이루었던 윤리 법칙은 전혀 초월적 후원자의 지지를 받지 못하고, 단지 인간적인 필요와 고정된 사회적 표준에서 유래하는 것이었기 때문이다. 키르케고르는 이 단계에서 기독교 신앙으로 개종함으로써 인도주의 환상에서 벗어나 최종적으로 신앙의 입장(信仰의 立場, standpoint of faith)을 채택하였다.

키르케고르는 자기 삶의 이 세 단계가 모든 사람이 인간으로 성숙해 가는 과정에서 겪는 세 단계라고 일반화하여 생각하였다. 사람은 누구나 이 가운데 어느 한 단계에 평생 동안 머물러 살 수도 있고, 낮은 단계에서 살다가 높은 단계로 뛰어올라 살 수도 있다. 그러나 높은 단계로의 이동은 당사자 개인이 높은 단계에서 살려고 스스로 결심해야 이루어질 수 있다. 어떤 사람이 말로만 윤리적으로 살겠다든가 신앙을 받아들이겠다고 하는 것은 전혀 쓸데없는 짓이다. 그래서 어떤 사람이 더 높은 단계에서 살면 더 유복해지거나 더 행복해진다든가, 사회가 어떤 사람에게 그런 전환을 요구한다는 것을 밝히려는 논증은 그 사람이 자신의 삶의 방식(way of life)을 전환하도록 하는 데 전혀 쓸모없다. 그 전환은 진심에서 우러난 것이어야 한다. 삶의 방식을 전환한 사람은 자기가 이전에 진실(眞實, reality)이라고 생각했던 것이 그간 줄곧 환상이었다는 것을 갑자기 깨달아야 한다. 플라톤(Plato, 427-347 B.C.)의 동굴 우화 속의 죄수처럼 눈길을 돌려서 그동안 벽에서 보았던 그림자들의 진짜 실상을 깨달아야 한다. 새로운 신념(信念, belief)의 채택은 단지 지적으로 더 옳을 것처럼 보이거나 더 잘 옹호할 수 있을 것으로 보이는 일련의 명제(命題, proposition)를 채택하는 것이 아니다. 키르케고르가 인정하는 신념은 한 사람이 진정으로 믿는 것, 그 사람이 그에 의지해 살아갈 준비가 되어 있는 것, 그 사람이 비-합리적 헌신(non-rational commitment)을 바쳐야 하는 것이다.

　여기서 우리는 이미 언급했던 모든 실존주의 저작의 한 가지 특징, 즉 지금까지 그의 독자가 사로잡혀 있던 환상에서 해방시켜서 이전과 다르게 생각하게 할 뿐만 아니라 아예 다르게 살도록 변화시키려는 욕망을 처음으로 볼 수 있다. 키르케고르는 소크라테스(Socrates, 469-399 B.C.)를 자신이 본받아야 할 모범으로 생각했는데, 소크라테스의 목표는 소피스트(Sophist)가 가르치는 것을 더 잘 가르치려는 것이 아니라, 소피스트에게 배운 사람들이 소피스트의 가르침은 환상이라는 것을 깨닫게 하는 것이었다. 소크라테스의 가르침에도 키르케고르의 가르침에도 지적 과오와 도덕적 과오를 가르는 구별은 전혀 없다. 환상에 사로잡혀 사는 것은 어리석은 상태에 빠져 있는 것이다. 그래서 누구나 이전에 진실이라고 믿었던 것이 실은 환상이라고 깨닫게 되면 그 환상을 미워하고 빛을 사랑해야 한다. 진실을 발견하는 것은 제 자신의 인생 행로를 밝혀주는 빛을 발견하는 것이다. 소크라테스가 제자들을 도와주었던 것처럼 어떤 사람이 다른 사람을 도울 수 있다는 것은 의심의 여지가 없다. 그러나 소크라테스가 나는 아는 것이 아무것도 없다고 주장했을 때, 이 말은 소피스트가 가르치는 방식으로 가르칠 것이 아무것도 없다는 뜻이며, 그래서 실제로는 삶의 전환이 지성의 변화가 아니라 한 사람의 삶에 일어나는 정서적이면서 윤리적인 사건이라는 것을 암시했다.

키르케고르가 무엇보다 먼저 사람들을 해방시키고자 했던 환상은 객관성(客觀性, objectivity)이라는 환상이었다. 그가 보기에 객관성은 사람들의 생각을 현실적으로 지배할 뿐만 아니라 사람들이 실제로 문명과 진보의 지표로 가장 환영하기 쉬운 환상이었다. 키르케고르는 우리가 주체성(主體性, subjectivity)을 확립하는 능력을 상실했다고 강조하면서, 철학의 임무(哲學의 任務, task of philosophy)는 우리의 주체성을 다시 찾아 확립하도록 해주는 것이라고 주장하였다.

우리는 키르케고르의 '객관성'과 '주체성'이란 말의 의미를 정확하게 이해해야 한다. 객관성은 행동과 사고 둘 다를 결정하는 규칙(規則, rule)을 받아들이는 습관에 나타난다. 증거 규칙(證據 規則, rules of evidence)에 얽매인 과목이나 학교 교실에서 가르칠 수 있는 과목은 모두 객관성에 사로잡혀 있다. 역사(歷史, history)를 진실과 허위가 딱 잘라 명확하게 구분되거나 구별될 수 있는 것으로 생각한다면 그건 객관적 역사이다. 다시 말해 과거의 사실에 관한 어떤 명제들이 증거를 선택하는 데 관한 규칙이든 바람직한 인간 행동으로 인정하는 데 관한 규칙이든 일반 규칙(一般 規則, general rule)을 근거로 거부된다면 그건 객관적 역사이다. 사회학과 심리학은 완전히 객관적 연구이며, 그러므로 인간 집단이나 개인의 행동을 과학 법칙에 따라 일반화하거나 예측하거나 설명

하기 때문에 원칙적으로 용납하기 어려운 연구이다. 도덕(道德, morality)
은 선생이 학생에게 가르쳐 전달할 수 있는 법전이나 규칙집이란 캡슐
에 들어가자마자 객관적 도덕으로 변질되고 만다.

　많은 사람이 키르케고르가 잠시 동안 그렇게 살았던 것처럼 객관성
의 지배를 받으면서 법전에 기록되어 돌같이 굳어진 일련의 도덕 원리
에 얽매어 평생 동안 살아갈 수 있다. 키르케고르는 객관적 성향이야말
로 '모든 사람을 먼저 관찰자로 만든 다음에 그 성향의 격률 속에서 모
든 사람을 거의 유령 같은 존재라 할 수 있을 만큼 객관적 관찰자로 바
꾸려고 부추기는 근원'이라고 말했다. 그래서 그는 삶의 윤리적 단계
에 관해서 이렇게 말한다. "개인이 관찰자가 되어야 한다는 것은 삶의
문제에 대한 윤리적 답이다." 만일 어떤 사람이 삶의 관찰자가 되어버
리면 인간의 삶 전체를 역사로서 다루는 방식이나 자연 과학의 대상으
로서 다루는 방식 가운데 어느 한 방식으로 다룰 수 있을 뿐이다. 관찰
자는 평생토록 "사람의 행동은 어떤 자연법칙에 의해 결정되는가?"라
는 물음을 떠올리게 되며, 그래서 어쩔 수 없이 자기 자신의 행동에 대
해서도 똑같은 물음을 제기하게 된다. 관찰자는 "내가 수행하고 있는
역할은 무엇인가? 또는 내 존재는 어떻게 설명되어야 하는가?"라고 묻
지 않을 수 없는데, 이런 식으로 자기 삶의 자발성(自發性, spontaneity)과
진정성(眞正性, 眞心, 靈性, inwardness)을 상실하게 된다.

　키르케고르가 파괴하려고 겨냥한 신화(神話, myth)는 이 세상의 모든
것은 인과적으로 결정되어 있고, 그러므로 우리가 노력해서 충분히 관
찰한다면 원칙적으로 모든 사물의 동태에 관한 완벽하면서도 객관적인
옳은 설명을 마련할 수 있다는 과학적 신화(科學的 神話, scientific myth)이

다. 과학적 신화는 한 사람의 윤리적 삶만이 아니라 그의 종교적 삶도 지배할 수 있으며, 그래서 키르케고르가 가장 격렬한 적개심을 가지고 싸운 대상은 바로 이 과학적 신화의 지배 체계였다.

> 기독교 신앙의 객관적 수용은 (대단히 미안한 말이지만) 이교 신앙이거나 제멋대로의 신앙이다 … 기독교 신앙은 모든 형태의 객관성에 대해 이의를 제기하며 항의한다. 기독교 신앙은 주체(자아)가 반드시 제 자신에 무한히 관여하기를 바라기 때문이다. 기독교 신앙은 주체성에 관여하며 기독교 신앙의 진실은 어쨌든 존재한다면 오직 주체 안에만 존재한다. 기독교 신앙은 객관적으로는 절대로 존재할 수 없다. 만일 진실한 신앙이 오직 단 하나의 주체에서만 생긴다면 그 신앙은 바로 그 사람에게만 존재한다. 그래서 신은 보편적 역사나 체계보다는 이 한 개인에게 더 큰 기독교적 행복을 베풀 것이다.[1]

그렇다면 객관성은 일반 법칙을 채택하거나 발견하는 관찰자 역할을 수용하는 것이다. 하지만 객관성을 버리기는 쉬운 일이 아니다. 주체성은 역설적인 말로 들리겠지만 성취하기가 어렵다. 왜냐하면 실은 우리 모두가 저마다 개인이고, 그러므로 사람마다 자신의 생각을 생각할 수 있으며, 또 저마다 자기를 위해 할 일을 자발적으로 선택할 수 있는 주체성(진정성, 진심, 영성)의 인도를 받아 자신의 삶을 살아갈 수 있긴 하지만, 그럼에도 우리가 자기를 어떤 집단이나 종파와 동일시해서 그 집단이나 종파의 생각을 자신의 생각으로 여기고, 그 집단이나 종파의 표준을 자신의 표준으로 받아들이기가 훨씬 더 쉽기 때문이다. 우리는 더

---

1 *Concluding Unscientific Postscript*, trans. D. F. Swenson and W. Lowrie (Princeton U. P., Princeton, N. J., 1941) p. 116.

많이 알면 알수록 더욱더 특정한 개인과 관계없는 일반적 입장을 취하기 쉽고, 그래서 자기가 인간 지식 일반의 어떤 거대한 전체에 정말로 기여하고 있다고 생각하는 경향이 있다. 이런 여러 가지 방식으로 개인은 제 자신을 통째로 잊어버리게 되어 정작 '실제로 아는 사람은 독자적으로 존재하는 개인'이라는 진실을 자각하지 못하게 된다.

주체적 인식(主體的 認識, subjective knowledge)은 세 가지 본질적 특징을 갖고 있다. 첫째, 주체적 인식은 한 사람이 다른 사람에게 건네줄 수도 없고 다른 연구자가 보태줄 수도 없다. 주체적 인식은 학교 교실에서 선생이 학생에게 가르칠 수 없다. 둘째, 주체적으로 인식한 것은 항상 역설(逆說, paradox)을 본성으로 지니고 있다. 그러므로 주체적 인식은 신앙(信仰, faith)과 동일하다. 왜냐하면 이성이 아니라 오직 신앙만이 우리에게 역설을 받아들이도록 납득시킬 수 있기 때문이다. 신앙은 지성적 태도가 아니라 정서적 태도이다. 이로 말미암아 키르케고르는 "기독교 신앙은 열정을 최고도로 끌어올리기를 바란다. 하지만 열정은 '주체성' 바로 그것이어서 결코 객관적으로 존재하지 않는다"[2]고 주장하였다. 셋째, 주체적 인식은 추상적 인식(abstract knowledge)이 아니라 구체적 인식(concrete knowledge)이다. 주체적 인식은 제 삶을 살아가는 개인의 구체적인 실제 상황과 반드시 관련된 인식이어야 하기 때문에 구체적 인식이다. 키르케고르는 객관적 진실성(客觀的 眞實性, objective truth)과 주체적 진실성(主觀的 眞實性, subjective truth)의 차이를 다음 구절에서 명확하게 밝힌다.

---

2 op. cit., p. 117.

진실성(眞實性, truth)에 관한 물음이 객관적 방식으로 제기될 때에는 언제나 우리의 반성적 사고는 객관적 입장에 서서 인식자가 관계를 맺는 대상의 진실성에 초점을 맞춘다. 이런 반성적 사고는 인식자가 대상과 맺는 관계의 진실성에 초점을 맞추지 않고, 인식자가 관계를 맺고 있는 대상이 진실한 것인지 아닌지에 초점을 맞춘다. 만일 단지 인식자가 관계하는 대상만 진실하다면 바로 그 대상만 진실한 것으로 간주된다. 진실성에 관한 물음이 주체적 방식으로 제기될 때에는 언제나 우리의 반성적 사고는 주체적 입장에 서서 개인이 대상과 맺는 관계의 본성에 초점을 맞춘다. 만일 오직 개인이 대상과 맺는 관계의 방식만 진실하다면 설령 우연히 진실하지 않은 것과 그런 방식으로 관계를 맺을지라도 그 인식자는 진실한 사람이다.[3]

그런 까닭에 어떤 사람이 믿고 있는 것(대상, 내용)은 그것을 믿는 방식보다 중요하지 않은 것이 분명하다. 그 사람이 생각하지 않을 수 없어서가 아니라 참으로 자기는 자신의 생각을 구체적으로 독특하게 하는 사람이라는 자신의 격위(格位, 자격과 위치, status)를 실감하고 있는 한 그 생각이 객관적으로 옳은지 그른지는 문제가 되지 않는다. 그 생각이 객관적으로 진실하든 않든 그 개인은 '진실한 사람'이다. 다시 키르케고르의 말을 들어보자.

주체성 즉 진정성이 진실할 때에는 언제나 그 진실성은 객관적으로는 역설이다. 진실성이 객관적으로 역설이라는 사실은 이번에는 주체성이 진실하다는 사실이 보여준다. 왜냐하면 객관적 상황은 (역설적인 생각을 확대

3 op. cit., p. 178.

하는) 주체성을 거절하며, 그 거절이 표출되면 긴장 상태를 초래하고 그에 상응하는 진정성의 강도를 결정한다. 진실성의 이 역설적 성격은 진실성의 객관적 불확실성이다. 이 불확실성은 열정적인 진정성의 표현이며, 그래서 이 열정은 진실성 바로 그것이다. 영원하고 본질적인 진실성, 즉 실제의 존재에 본질적으로 관계하기 때문에 실제로 존재하는 개인과 본질적 관계를 맺고 있는 진실성은 역설이다. 그러나 영원하고 본질적인 진실성은 결코 본래부터 역설인 것은 아니다. 영원하고 본질적인 진실성은 그것이 실제로 존재하는 개인과 관계를 맺는 방식에 의해서 역설적인 것으로 바뀐다.[4]

독자적으로 생각하는 사람에 관한 이 역설적 생각은 구체적 생각이다. 구체적 생각은 항상 구체적 용어(具體的 用語, concrete terms)로 생각하려고 애쓰는데, 그 까닭은 생각과 생각에 관한 생각 사이에는 반드시 벌어진 간격이 있기 때문이다. 키르케고르는 "추상적 생각이란 무엇인가?"라고 묻고 나서 다음과 같이 주장한다.

추상적 생각이란 생각하는 사람이 없는 생각이다. 추상적 생각은 생각 이외의 모든 것을 무시하므로 오직 생각만 있을 뿐이고, 그마저도 그것을 전달하는 매체 속에만 있다. 개인의 실제 삶은 전혀 생각 없이 이루어지는 것은 아니지만 개인의 실제 삶에서 생각은 이질적인 매체이다. 그렇다면 추상적 생각은 생생한 현실(現實, reality)을 완전히 제거해버리므로, 개인의 실제 삶으로서의 현실에 관하여 추상적 언어로 도대체 무엇을 물을 수 있을 것인가? 구체적 생각이란 무엇인가? 구체적 생각이란 생각하는 사람과

---

4 op. cit., p. 183.

의 관계, 더구나 그 사람이 생각하는 명확하고 특수한 것, 즉 생각하는 사람에게 생각과 때와 곳을 제공하는 실제 현실과의 관계에 관한 생각이다.[5]

소크라테스의 경우에는, 그의 진정성이 완전한 삶이었고, 철학적 탐구의 방법이었으며, 질문을 통해 사람들이 잘못 믿고 있는 전제 가정과 자만하는 지식을 파괴하는 일이었다는 것이 사실이다. 객관적으로는 소크라테스식 탐구의 결과가 항상 사람들을 혼란스러움과 당황스러움에 빠뜨리는 것이었다. 그러나 주체적으로는 소크라테스식 탐구는 사람들을 진실에 도달하게 하였다. 소크라테스식 무지(Socratic ignorance)는 그가 제 자신을 소피스트의 방법에서 쓰는 규칙과 법칙을 사용하지 않고 단독으로 생각하는 개인이라고 자각함으로써 생겨났다. 소크라테스는 제 자신을 세계 속에서 살면서도 세계에 관한 물음을 제기하면서 실존하는 구체적 개인이라고 생각했다. 이 소크라테스식 무지는 인간 존재의 부조리(不條理, absurdity) 즉 한 개인이 자기 존재의 기반인 이 세계 속에서 선택하며 생활하고 있다는 불합리하고 불가해한 사실을 미리 간접적으로 알려주는 전조이다. 그 부조리는 진정한 인간에게 없어서는 안 되는 바로 그 요소를 일반화(一般化, generalization)나 체계 구성(體系 構成, system-making)에 적합하도록 처리하기 어렵다는 사실이다. 한 인간이 이 세계 속에서 구체적 개인으로 존재한다는 것은 합리적 이해가 불가능한 사실이다. 그 부조리를 받아들이는 것은 역설을 인정하는 것이고, 그래서 이 일을 위해 누구나 신앙을 필요로 한다.

기독교 신앙의 경우에, 이 부조리를 벗어나는 쉬운 방도는 다시 한

---

5 op. cit., p. 296.

번 기독교 교리를 객관적 진실, 합리적으로 이해될 수 있는 것, 그래서 독단적 신조로서 가르치고 배울 수 있는 것으로 생각하는 것이다. 기독교 신앙을 객관화하는 것은 곧바로 기독교 신앙을 하찮은 것으로 만들어버린다. 기독교 신앙의 핵심 역설은 '생각하기보다는 창조하고 존재하기보다는 영원한 신'이 특정한 곳 특정한 때에 실제로 나타나는 화신(化身, 降生, incarnation)이다. 이 역설은 기독교 신앙이 지닌 부조리의 시작이자 끝인데, 합리적으로 이해될 수도 없고 객관적으로 받아들여질 수도 없으므로 오직 주체적으로만 깨달을 수 있을 뿐이다. 객관적으로 진실한 것으로 여겨지는 기독교 신앙은 과학에서 인정받을 수 있기는커녕 과학과는 아예 모순(矛盾, contradiction)이다. 그러나 사람들은 대부분의 시간에 자신의 개체성(個體性, 個性, individuality)에 관한 자각을 유지하기 어렵고, 자신의 생각에 관한 책임을 감당하기 어려운 상태로 산다. 사람들은 '멍한 방심 상태'에 빠져 산다. 그러므로 어떤 사람이 제 자신을 구체적 개인으로 보기 위해 방향을 반대쪽으로 바꾸는 것은 개종(改宗, conversion)이다. 보통 사람은 이 사실을 자기 자신에게 숨기는 편이 훨씬 더 쉽다고 느낀다. 보통 사람은 역설 자체보다는 그 역설에 대한 설명을 받아들이는 것을 더 좋아한다.

역설에 대한 설명은 원래의 다의성을 제거함으로써 역설이 무엇인지 명확하게 드러낸다. 이런 수정은 역설을 제거하며, 그래서 실은 역설이 전혀 성립하지 않는다는 것을 분명하게 밝힌다. 그러나 만일 그 역설이 영원한 신과 실제로 존재하는 특정한 사람이 서로 관계를 맺는 데서 생긴다면, 사변적 설명이 그 역설을 제거할 때에 그 설명이 실제로 존재하는 개인에게서 그의 실존까지도 제거하는가? 그래서 실제로 존재하는 개인이 그가 존재하지 않는 지경에 최대한 가까이 접근한다면 그때 그 사람은 과연 어떤 상태인가? 그렇다면 물론 그 개인은 방심 상태이다 … 이렇게 해서 모든 것은 질서정연해진다. 그 설명은 역설이 어느 정도까지만 역설이라고 밝힌다. 그래서 자기가 실존하는 개인임을 다른 모든 순간에 망각하기 때문에 어느 정도까지만 실존하는 개인으로 사는 실제로 존재하는 개인에 대해서 그러한 설명이 타당해야 한다는 것은 아주 당연하다. 이런 종류의 실제로 존재하는 개인이 바로 멍한 방심 상태에 빠진 사람이다.[6]

키르케고르의 저작에서 인용한 이런 구절들은 그가 실존주의의 근원을 이루는 조상이라는 말의 의미를 충분히 밝혀준다고 하겠다. 진실의 주체성과 구체성은 빛으로서 협력한다. 과학에 헌신하거나 규칙에 지배되는 도덕에 헌신하는 사람은 누구나 어둠 속을 헤매는 어리석은 사람이므로, 그 몽매한 암흑 상태에서 구제되지 않으면 안 된다.

이에 따라 우리는 마음가짐을 전향한 사람이 자유롭다는 것을 깨달을 수 있다. 첫째로, 그는 어떤 계몽 단계에서 다른 계몽 단계로 전환할 것인지 말 것인지 선택하는 데 자유롭다. 이것이야말로 자유의 최초 행사이다. 사람들이 자유롭지 못하면 도저히 자신을 계몽할 수 없는데, 그 까닭은 진실한 사태를 받아들이는 일은 구체적 개인의 행동이고, 그 구체적 개인의 행동은 그 사람 자신이 아닌 어느 누구에 의해서도 대신 수행될 수 없기 때문이다. 만일 내가 진실을 당신 대신에 받아들이려고 한다면 나는 진실의 본성을 잘못 이해하고 있는 것이다. 진실은 당신을 위해서도 존재하고 나를 위해서도 존재하지만, 우리는 제각기 단독으로 그 진실을 붙잡아야 한다. 이것이 바로 '진정성'(眞正性, 眞心, 靈性, in-

---

6　op. cit., p. 196.

wardness)이 도달하고자 하는 상태이다.

둘째로, 사람들은 제 자신을 위해서 법칙·규칙·역사와 과학의 표준
들에 전혀 의지할 필요 없이 단독으로 생각할 수 있기 때문에 자유롭
다. 이 자유는 고립(孤立, 孤獨, 홀로 삶, isolation)과 똑같은 것이다. 만일 어
떤 사람이 황량한 섬에 완전히 혼자 있다면, 자유롭다는 말의 모든 의
미로 그가 자유롭다고 말할 수는 없지만, 그럼에도 자유롭다는 말이 갖
고 있는 한 가지 중요한 의미로는 그 사람이 자유롭다고 말할 수 있다.
그 사람의 상황은 문명의 모든 후원자, 즉 도덕·법률·제도화된 종교·
학교 지지자들이 모조리 사라져버린 상태이다. 키르케고르가 진정한
신앙인은 자유롭다고 한 말은 황량한 섬에 혼자 있는 사람의 고립된 처
지와 같다는 의미에서 자유롭다는 것이다. 그는 자기 일을 스스로 다스
린다. 게다가 그는 자치를 넘어 창조까지 한다. 그 섬에서는 어떤 것도
그가 가치 있게 만들지 않는 한 가치를 지닐 수 없다. 만일 그가 그 섬
에 올 때 이전에 받아들여 따랐던 가치·법률·규칙 등 모든 잔재 유물
을 털어버리고 왔다면 그는 이전의 도덕적인 사람이 아니다. 이제 그
사람의 도덕은 자신의 진정성으로 자기를 위해 진실을 발견하고 있다
는 바로 그 사실에 있다.

그러나 한 개인의 진정성·신앙·주체성은 완전히 똑같은 것이면서,
그 사람으로 하여금 자기 자신을 인식하게도 하지만, 그 사람 자신 이
외의 것을 의식하도록 이끈다. 신앙의 단계(信仰의 段階, stage of faith)는 초
월적인 것을 의식하는 단계, 다시 말하면 비록 어떤 사람과 구체적으로
특수하게 존재하는 대상들이 그 사람 자신 때문에 관련되어 있다 하더
라도 그런 대상들과는 전혀 다른 삶의 어떤 양상을 의식하는 단계이다.

종교적 생각에서는 한 사람의 고립이 결코 절대적 고독일 수 없다. 키르케고르는 사람이 신(神, God)을 알 수 있다든가 신의 의지(God's will)를 알 수 있다고 주장하지 않았다. 이런 주장은 그 즉시 신을 인간의 이해 범위 안으로 옮겨놓거나, 신학은 물론이고 일반적인 윤리적 가치까지 다시 끌어들이게 될 것이다. 그건 다시 한 번 기독교 신앙을 '객관화'하는 것이다. 신앙과 기독교 역설의 수용은 완전히 똑같으므로 이런 경지에 이른 사람은 안락함을 느낄 수 있다. "너를 외롭고 슬픈 고아처럼 홀로 두지 않으리라!"(*Non vos relinquam orphanos!* 요한 14:18)라는 말씀은 그 내용을 분석할 수도 없고 분석하지도 말아야 한다 할지라도 진실한 신앙을 이룬 사람에게는 약속으로 유지된다.

자유인(自由人, free man)의 완전한 독립과 고립은 니체(F. Nietzsche, 1844-1900)의 첫 번째 시기에서도 볼 수 있다. 앞에서 키르케고르와 니체는 실존주의의 윤리적 조상이라고 언급했지만, 두 사람의 도덕 철학은 궁극적으로는 진실성과 진리성(眞實性과 眞理性, truth)에 관한 이론으로부터 자라나왔다. 따라서 윤리학은 그보다 훨씬 더 일반성이 넓은 철학에서 자라나온 한 분야이므로 어쩌면 철학의 가장 중요한 분야는 아닐 것이다. 니체는 키르케고르와 마찬가지로 '객관성'을 이해(理解, understanding)의 제일 중요한 적으로 간주하였다. 왜냐하면 니체는 객관성이란 생각이 이 세계에 단단하게 굳어져 있어서 그 정체를 누구나 확인할 수 있는 사실들이 있고, 또 충분히 주의를 기울이면 그 사실들에 관한 명확하고 믿을 수 있는 진술(陳述, statement)이 그 사실들에 꼭 맞거나 상응할 수 있도록 만들어질 수 있다는 신화라고 보았기 때문이다. '객관성'에 대한 이 견해에 반대하여 니체는 우리가 세계를 기술할 때, 그리고 세계의 움직임을 예측할 때 사용하는 모든 개념(槪念, concept)은 우리 자신이 이 세계에 강요하는 것이라고 주장했다. 우리는 어떤 세계관이든 마음대로 택할 수 있는 선택의 자유를 갖고 있다.

우리가 세계를 우리의 개념들에 따르게 만든다는 이 주장은 칸트의 입장과 비슷하다는 느낌을 주지만, 니체의 주장은 칸트의 코페르니쿠스적 전환(copernican revolution)보다 훨씬 더 모호하기도 하고 근본적이기도 하다. 왜냐하면 니체는 사실 기술(事實 記述, describing)과 가치 평가(價値 評價, evaluating) 사이에 명확한 선을 그을 수 없다고 주장하기 때문이다. 얼핏 보기에는 현상에 관한 객관적이고 과학적인 기술로 보이는 대부분의 사실 기술에도 분류의 선택과 선호나 거부의 선택이라는 요소가 개입하고 있다. 니체는 '우리의 감각 지각에조차도 (유용하거나 해롭다, 그러므로 받아들일 수 있거나 받아들일 수 없다는) 가치 평가가 전반적으로 스며들어 있고, 개개의 색깔까지도 우리를 위한 가치를 표현하며', 더 나아가 '곤충들조차도 어떤 곤충은 이 색깔을 좋아하고 다른 곤충은 저 색깔을 좋아한다'고 주장한다. 니체는 사람들이 과학적 지식의 객관적 체계 전체가 완성될 가능성이 전혀 없다는 사실을 직시하려고 하지 않으면서, 과학적 지식은 언제나 옳을 것이라는 믿음으로 말미암아 생긴 과학적 지식에 대한 신화나 편견을 성전(聖典)으로 간주해서 '진실과 진리'라고 불러왔다고 주장하였다.

우리는 이 세계의 사실을 기술하고 진술하는 데 사용하는 개념들을 궁극적으로 우리의 목적(目的, end)에 적합하게 선택한다. 가치 평가는 이미 본 바와 같이 우리가 좋아하는지 싫어하는지, 또는 우리의 목적에 불리한지 유리한지에 의해 좌우되는 대부분의 일상적 기술에까지도 개입한다. 근본적으로 인간은 세계를 지배하고 조종하고 싶어 하고, 자신의 환경을 관리하려고 한다. 이 사실은 다른 무엇보다 행동 능력(行動 能力, power to act) 즉 자신의 상황을 신중히 바꾸는 능력을 특징으로 하는 인간에게는 필연적인 진실이다. 만일 인간이 의지(意志, will)를 갖지 않았다면 인간일 수 없었을 것이다. 하지만 인간은 의지를 가졌기 때문에 이 세계를 자신에게 적합하게 바꾸려고 노력하지 않을 수 없다. 니체는 "우리의 인식 장치(認知 裝置, cognitive apparatus)는 지식을 위해서가 아니라 지배와 소유를 위해 작동하도록 되어 있는 추상하고 왜곡하는 장치이다"라고 주장하였다. 사람들이 절대적인 객관적 확실성(absolute objective certainty)을 바라는 갈망조차도 이 세계의 주인이 되어 이 세계를 통제하고자 하는 욕망에서 나온 것이다. 그래서 그 갈망은 단지 "안전에 대한 욕망·손잡이와 버팀대에 대한 열망·애호의 본능일 뿐이므로, 온갖 종류의 종교·형이상학·신조를 창조하지는 못한다 할지라도 보호하는 데에 열성을 다한다."

그렇다면 절대적인 객관적 진실과 진리(absolute objective truth)는 환상이다. 데카르트(R. Descartes, 1596-1650)의 확실성 추구는 두려움이 만들어낸 결과이다. 또한 데카르트의 확실성 추구는 니체가 인간에 관해 근본적 과오에 빠져 있다고 믿었던 인간관과 관련이 있다. 왜냐하면 데카르트의 인간(Descartes's man)은 두 가지 요소 즉 정신과 신체로 이루어진다. 생각하는 것(Res cogitans)인 정신과 공간을 차지하는 것(Res extensa)인 신체는 참으로 완전히 다른 두 가지 실체(實體, substance)이다. 정신은 신체 안에 머물면서 신체의 감각 기관들을 통해 어슴푸레 지각되는 세계를 내다본다. 그러나 진짜 확실성은 정신 속에서 정신 자체의 작동으로 말미암아 얻어진다. 데카르트의 인간관에서 가장 곤란한 난점은 정신이 어떻게 신체와 협동 작업을 하는지, 그리고 감각 지각과 행동이 도대체 어떻게 생기는지를 설명하는 문제였다. 니체는 이러한 문제가 완전히 잘못된 문제라고 보았다. 니체의 인간관은 '기계 속의 유령'이란 생각을 완전히 폐기하고, 인식과 행동을 두 가지 별개의 기능이 아니라 하나의 작용, 즉 의지 작용(意志 作用, operation of will)의 두 요소가 되도록 통일시켰다.

인간의 독특한 특징을 이루는 의지의 탁월성은— 칸트에서는 윤리에만 관련되어 있고, 니체에서도 윤리와 관련해서 중요한 역할을 하는데— 사람이 어떤 활동을 하는 경우에든지 신중하게 숙고한다는 점이다. 의지는 행동의 원인이 아니다. 왜냐하면 의지와 행동 사이의 인과관계를 말하려면 제각기 별개의 것이어야 하는데, 누구도 의지와 행동을 별개의 것으로 분리하여 생각할 수 없기 때문이다. 누구나 의지를 독자적으로 존재하는 능동적 힘으로 생각할 수 없고, 오직 바로 그 사람(the man)으로만 생각할 수 있을 뿐이다. 내성(內省, introspection)이 우리에게 확실한 진실을 제공하기 쉽지 않다는 것은 감각 지각이 바깥 세계에 관한 확실한 진실을 제공하지 못하는 것과 마찬가지다. "'또렷한 내면 세계'는 '바깥 세계'의 것과 똑같은 형식과 절차에 의해 교묘히 조종되고 있다." 우리는 결코 '사실'(事實, fact)을 만날 수 없다. 우리의 인식적 삶·윤리적 삶·실제적 삶·창조적 삶 등등 우리의 모든 삶은 의지의 관심사이고, 그 의지는 바로 사물을 변화시키는 힘이다. 힘에의 의지(will to power)는 살려는 의지(will to live)와 동일하다. 우리가 살아 있고 의식이 있다면 이 세계를 지배하려는 목표를 달성하기 위한 계획을 세워야 한다. 우리는 이 세계를 지배되는-세계(world-to-be-mastered)로서 경험할 뿐이다.

우리는 나중에 이 세계에서 살아가면서 겪는 실제 경험에 관한 이 반-데카르트적 설명(anti-Cartesian account)이 어떻게 실존주의 사상의 핵심이 되는지 보게 될 것이다. 또한 후설의 현상학을 성립시킨 전혀 다른 배경에서도 똑같은 반-데카르트주의를 보게 될 것이다. 반-데카르트주의는 참으로 실존주의 사상의 특징을 이루는데, 이는 실존주의의 두 조상으로부터 물려받은 것이다. 누구든 사르트르(J. P. Sartre, 1905-1980)와 메를로퐁티(M. Merleau-Ponty, 1908-1961)가 데카르트에 관해 언급하면서 사용했던 존경을 표하는 체하는 말들 때문에 속지 말아야 한다. 이 두 사람의 사상에서 데카르트주의 거부보다 더 중요한 요인이 없다는 것은 분명하다.

힘에의 의지는 본질적으로 실용적이어서, 그로부터 자연스럽게 이 세계를 어떻게 분류하고 기술할 것인지에 대한 결심(決心, decision)뿐만 아니라 어떻게 행동할 것인지에 대한 결심도 나온다. 니체는 과학에 절대적인 객관적 진실 같은 것은 전혀 없기 때문에 도덕 영역에도 그런 것이 전혀 없다는 것은 명백하다고 주장하였다. 사물을 좋은 것이나 나쁜 것으로 지정하는 가치 평가는 진실을 아는 일과는 전혀 관련이 없다. 가치 평가는 그 자체가 활동의 한 형태이며, 더구나 모든 활동의 일부를 이루는 활동이다. 니체는 그의 저작들에서 시종일관 자기의 임무는 도덕가와 도덕 철학자를 과학자로부터 구별하는 것이라고 역설하였다. 과학자는 자기가 이 세계에 관해서 확실한 객관적 사실을 실제로 발견한다고 생각하는 잘못을 저지르고 있지만, 도덕가는 제 자신에 관해서 확실한 객관적 사실을 실제로 발견한다고 생각하는 더 큰 잘못을 저지르곤 한다. 도덕가의 역할은 '마치 사물에 내재해 있던 가치를 알아보는 것처럼' 표준을 발견하는 것이 아니라 표준을 만드는 일이고,

'그래서 우리가 해야 할 일은 오로지 그 표준을 따르면서 계속 유지하
는 것이다.' 그런데 가치 평가는 '능동적 행위'이다. 도덕가는 규범을
제정해야 하지만, 그렇게 제정된 규범이라 하더라도 절대적 규범으로
간주되거나 일반적으로 적용되기를 기대할 수 없다. 왜냐하면 만일 그
렇게 되면 그 규범은 실제로 존재하지 않는 절대적 가치에 관한 판단을
만들어낼 것이기 때문이다. 이 세계에 대한 해석(解釋, interpretation)은 자
유롭다. 가치는 현상에 대한 우리의 해석일 뿐이며, 우리는 현상을 자
신이 원하는 대로 해석할 수 있다.

그러므로 니체의 도덕 철학은 한편으로는 윤리-자연주의(倫理-自然主
義, ethical naturalism)를 철저히 거부한다. 자연주의 철학자(自然主義 哲學者,
naturalistic philosopher)는 윤리적 가치가 이 세계의 어떤 관찰 가능한 특
징에서 비롯되는데, 인간은 그 모든 특징을 각자의 방식으로 평가한다
고 주장한다. 가장 강한 형태의 자연주의는 항상 이런저런 종류의 공리
주의자들이 주장했는데, 그 까닭은 그들이 사람은 누구나 필연적으로
쾌락을 추구하고 고통을 피한다고 생각하기 때문에, 쾌락을 주는 것은
무엇이든 가치를 높게 평가해서 좋은 것으로 간주해야 하고, 고통을 일
으키는 것은 무엇이든 나쁜 것으로 간주해야 한다고 주장하기 때문이
다. 공리주의자는 어떤 것들은 유쾌하고 다른 어떤 것들은 불쾌하다는
것이 관찰할 수 있는 사실이라고 가정하고 있으므로, 누구나 보편적으
로 적용될 수 있는 좋은 행동에 관한 법칙들을 확립할 수 있으며, 그 법
칙들이 실제로 좋은 행동을 일으키는지 살펴서 경험적으로 시험할 수
있다는 결론에 도달한다. 따라서 공리주의자는 특정한 종류의 행동이
좋은가 나쁜가라는 물음에 항상 대답할 수 있을 것이다.

다른 한편으로 니체는 윤리-제도주의(倫理-制度主義, ethical institution-
ism), 또는 윤리적 가치가 고정된 채 지속되므로 순수 이성에 의해서든
직관에 의해서든 계시에 의해서든 어딘가에 발견되도록 미리 존재한다고
주장하는 모든 이론을 반대한다. 니체는 자신이 그렇게 생각했던 바와
같이 근본적 진실은 사람마다 제 자신만의 가치를 선택한다는 것이라
고 주장하였다. 사람들은 이 세계를 기술할 때에 그들이 이 세계를 가
장 잘 조종할 수 있고, 그래서 더욱더 정확하게 조종할 수 있는 힘을 갖
추는 데 가장 유리하다고 여기는 기술 범주(記述 範疇, category of descrip-
tion)를 선택하는 것과 마찬가지로, 사람들은 자기 환경의 주인이 되어
지배하는 데 도움을 주는 이 세계의 특징들을 칭찬하고 찬미하는 일에
자신의 힘에의 의지를 행사한다.

니체는 도덕의 상대성과 다양성(relativity and variation of moralities)을 사
람들이 세계를 대하는 태도의 상대성(relativity of all attitudes to the world)으
로 간주한다. 그러나 니체는 널리 알려져 있는 바와 같이 인류학적 입
장에 서서 누구나 모든 도덕을 두 가지 상위 도덕 중의 하나로 분류할
수 있다고 주장하였다. 모든 도덕은 반드시 주인 도덕(主人 道德, master
morality)에 속하거나 아니면 노예 도덕(奴隷 道德, slave morality)에 속한다.
어느 쪽에 속하든 덕(德, virtue)으로서 찬미되는 성질들, 즉 노예들에 의
해 찬미되는 친절·연민·자비, 그리고 주인들에 의해 찬미되는 자존
심·힘·용기는 그런 도덕을 채택한 집단에 속한 사람들의 생존에 유리
한 것이다. 그렇지만 한 사람은 어떤 상황에서든지 그가 속한 사회에서
전형적인 가치로 통하는 것이 무엇이든 간에 자기가 원하는 대로 다른
것을 가치 있는 것으로 결정할 수 있다.

　이 대목에서 우리는 다시 한 번 키르케고르의 특징이었던 사명 의식을 주목할 필요가 있다. 키르케고르와 마찬가지로, 그리고 모든 진정한 실존주의 철학자와 마찬가지로, 니체는 사람들이 환상에 속박된 상태에서 해방되기를 바랐다. 이 경우의 환상은 물론 첫째는 과학의 불변성이란 환상이고, 그다음엔 도덕 법칙이란 환상이다. 대다수의 사람은 자기 사회의 도덕을 의심 없이 그저 받아들이고 나서 그 도덕에 얽매어 산다고 느낀다. 니체는 그런 사람들에게 그들이 실제로는 속박되어 있지 않으며, 인간이기 때문에 자신을 위해 다른 도덕을 채택할 수 있는 의지를 갖고 있다는 점을 일깨워준다.

　니체의 '가치 재평가'(價値 再評價, transvaluation of values)가 실제로는 가치 평가에 관한 새로운 이해, 다시 말해 도덕 현상 전체를 바라보는 새로운 방식이라는 것은 의심의 여지가 없다. 그러나 때로 니체의 언어는 다른 견해, 즉 도덕적 가치가 완전히 없어져야 한다는 주장을 암시하는 것처럼 보인다. 이 점은 잘 알려져 있는 난점이다. 특정한 현상에 대해 새로운 설명을 제시하려고 하거나, 그 현상이 지금까지 잘못 이해되어 왔다는 것을 주장하려고 하는 철학자는 누구든지 그때까지 일반인에게 인정받아 온 그 현상에 관한 설명이 아니라 그 현상 자체를 없애버림으로써 종래 설명의 오류를 폭로하려고 하기 쉽다. 예컨대 흄(D. Hume, 1711~1776)은 우리 바깥에 독립해서 계속 존재하는 세계에 대한 신념에 관한 새로운 설명을 제시하려고 착수한 다음, 세계에 관한 감각 경험들의 간격을 메울 수 있는 상상력(想像力, imagination)에 입각해서 누구나 분명히 갖고 있는 그 신념을 분석하려고 노력하였다. 그러나 때로 흄의 언어는 우리 모두가 아주 당연하게 갖고 있는 신념을 설명하고 있는 것이 아니라 '위장된 것'이나 '허구의 것'을 믿는 그런 신념을 갖지 말아야 한다고 주장하고 있다는 것을 암시한다. 마찬가지로 『언어와 진리와 논리』(*Language, Truth and Logic*)라는 책에서 에이어(A. J. Ayer, 1910–1989)는 실제로는 검증 가능성과 관련해서 사실 진술과 평가 진술을 구별하는 일을 하고 있는데, 그는 평가 판단에 관해 정서적 분석을 제시하면서 평가 판단을 묘사하기 위해 분별 있는 사람은 누구도 그런 평가 판단을 결코 해서는 안 된다는 주장을 암시하는 것 같은 표현도 사용하였다. 이와 상당히 비슷한 방식으로 니체는 빈번히 도덕 자체를 공격했는데, 특히 이미 확립되어 있는 도덕을 공격하였다. 니체의 저작들 중의 어떤 책에는 니체가 부도덕의 신조, 즉 잔인과 폭력과 사리 추구의 신조를 설교하고 있다고 해석되기 쉬운 표현들이 있다.

그러나 니체의 주장은 두 가지 내용을 갖고 있다. 첫째는 사람들이 다른 가치 체계(價値 體系, set of values)를 선택할 수 있다는 것이다. 따라서 사람들은 특별한 자격과 위치를 갖지 못한 관습 도덕(慣習 道德, conventional morality)에 얽매일 필요가 없다. 둘째는 사람들이 (당시 유럽의 관습 도덕과) 다른 가치 체계를 선택해야 한다는 것이다. 니체가 이 두 가지 주장을 했다는 것은 의심의 여지가 없다. 그러나 첫째 주장은 둘째 주장 못지않게 중요하며, 의지를 갖고 있어서 자신의 세계를 바꾸려고 할 수 있는 존재로서의 인간의 처지에 관한 일반 이론은 첫째 주장의 연장선상에서 곧바로 만들어진다. 니체를 읽으면서 부딪치는 어려움은 둘째 주장과 관련된 화려한 과장 표현이 넘쳐서 때로 첫째 주장을 분명하게 깨달을 수 없게 한다는 데 있다. 실제로 니체가 우리에게 요구하고 있는 것은 우리의 도덕적 신념들의 격위와 정당성을 재검토해야 한다는 것이다.

니체는 도덕이 본질적으로 법칙 설정 문제라고 보는 점에서는 칸트와 일치한다. 어떤 사람이 도덕 법칙이 없었으면 선택하지 않았을 방식으로 행동하도록 그 사람을 강요하는 것은 도덕 법칙이다. 도덕 법칙은 의지의 도구이고, 의지가 이 세계에 개입할 수 있는 것은 이 도구 덕분이다. 어쨌든 문명은 오직 도덕 법칙을 창조하여 그에 복종함으로써만 진보할 수 있었다. 니체는 다음과 같이 주장한다. "모든 도덕은 자유방임(自由放任, laisser aller)의 반대 입장에 서서 천성에 반하고 심지어 이성에도 반하는 약간 압제적인 힘의 행사이다."(*Beyond Good and Evil*) 또 같은 책의 나중에 이렇게 주장한다. "주목해야 할 사실은 생각이나 지배에서, 연설이나 설득에서, 도덕적 행위로서의 예술에서, 이 세계에 있거나 언젠가 있었던 자유롭고 예민하고 대담하고 약동하고 견실한 것은 무엇이든 처음에는 '자의적 규칙이 지닌 압제적인 힘의 행사'에 의해 이루어질 수 있었다는 사실이다." 바꿔 말해 니체는 도덕이 일종의 수양(修養, discipline)이라는 것, 즉 도덕적으로 칭찬받는 것은—다른 방식으로 칭찬받는 것과는 전혀 다르게—사람에게는 어떤 점에서 편안하거나 자연스러운 일이 아니라는 것을 분명히 간파했다. 도덕은 사람이 상당한 노력을 해야만 거기에 도달할 수 있는 표준이다.

니체는 칸트와 마찬가지로 도덕이 지닌 수양으로서의 특성을 형편에 따라 도덕 법칙 제정과 동일시하는 경향이 있었다. 그렇지만 도덕 법칙 제정에 관한 니체의 생각은 칸트의 생각과 완전히 다를 뿐만 아니라 실제로 난점과 애매성으로 가득 차 있다. 칸트는 보편적으로 적용할 수 없는 도덕 법칙은 있을 수 없다고 믿었다. 개인은 제 자신을 위해 도덕 법칙을 제정함으로써 자유를 행사하지만, 그 사람의 의지는 자기 자신에게 강요한 도덕 법칙이 다른 이성적인 사람 모두에게도 강요되어야 하는 도덕 법칙일 경우에만 도덕적으로 선한 의지일 수 있다. 칸트의 견해에 따르면, 도덕적 행위자는 자기를 제 자신만의 특별한 소망과 생리적 욕구를 가진 개인으로 생각하지 않고, 오직 공유하는 목적을 가진 공동체의 한 구성원, 즉 '목적의 왕국에서 제 자신을 규제하면서 사는 구성원'으로만 생각해야 한다. 그러므로 내가 타당한 연역 논증을 제시한다면 (내 증명이 타당하면 누가 그 증명을 사용하더라도 타당하기 때문에) 그 논증이 누구의 것인지는 전혀 중요하지 않은 경우와 마찬가지로, 도덕적 선택의 영역에서 내가 어떤 특정한 행동이 올바르다는 결론에 도달한다면 그 결론은 나와 같은 처지에 있는 누구에게나 타당할 것이다. 내가 어떠한 사람인지나 무엇을 필요로 하는지는 전혀 중요하지 않다. 만일 내가 나 자신에게 도덕적으로 올바르다면 나는 그 도덕적 쟁점에 관해 내 조언을 구하는 이 세상의 사람 누구에게나 올바르다. 내가 도덕적 결정을 내릴 때 나는 실제로 이 세계에 도덕 법칙을 제정하고 있는 것이다. 만일 내가 이 점을 이해하지 못한다면 나는 의지 행사를 닥치는 대로 하고 있는 것이므로 완전히 도덕적인 사람은 되지 못하고 만다.

니체는 도덕 법칙의 보편화 가능성 신조를 통째로 거부한다. 니체는 누군가의 도덕 법칙 제정은 순전히 제 자신을 위해서 제정하는 것이라고 생각한다. 니체는 칸트의 방식에 따르는 '누군가가 세운 도덕적 격률의 보편화'는 실제로는 올바르게 진행될 수 없다고 지적했는데, 이는 올바른 주장이다. 왜냐하면 한 사람이 특정한 방식으로 하는 행동을 기술하는 결정에는 평가적 요소가 개입되게 마련이기 때문이다. 예컨대 내가 대답하기 곤란한 질문을 받고 나서 진실을 말하는 것이 올바르기 때문에 진실한 대답을 해야 한다고 결정했다면, 내가 누구나 똑같은 상황에서 똑같은 행동을 해야 한다고 결정한 것이라고 칸트는 인정할 것이다. 그러나 나는 '똑같은 상황'이나 '똑같은 행동'으로 간주해야 하는 상황이나 행동을 대체 어떻게 알 수 있는가?

이는 누구나 흔히 접하는 논증이다. 니체는 이 논증을 근거로 하여 이 경우에 내가 자기 자신을 진실만 말하도록 속박할 수 있고, 또 나를 그렇게 속박하는 것이 나의 입법 의지이긴 하지만, 내 의지가 창조한 그 법칙은 나를 위한 그리고 나만을 위한 법칙이라고 결론을 내렸다. 이 주장은 나 자신만을 위해 만들어진 도덕 법칙은 법칙일 수 없다는 반론에 부딪힐 수 있을 것이다. 나는 이 반론에 응수할 수 있는 방도가 없다고 생각한다. 하지만 다행히도 실제로 니체 자신은 개인이 자신의 앞날에 내세우고 도달하려고 노력할 수 있는 것은 법칙이 아니라 이상(理想, ideal)이라고 말하였다. 이상은 단연코 법칙이 아니다. 이상은 긴장과 수양을 초래하며, 니체가 분명히 깨달았던 것처럼 이상이 없으면 어떤 도덕도 있을 수 없다. 그러나 이상은—법칙을 위해 작용하지 않으므로—오직 누군가 한 사람이 소유할 것만을 강요한다는 말은 이치에 맞는 주장이다. 이상은 그게 나의 이상이라면 나에게 요구할 권리를 갖는다. 니체는 이상의 요구는 '너는 해야 한다'로서가 아니라 '나는 하겠다'로서, 더 나아가 궁극적으로는 '나는 나다'로서 체험되는데, 그 까닭은 내가 지금의 나인 것은 '나는 이런 사람이 되겠다'고 내가 선택했던 덕분이기 때문이다.

하지만 개인이 선택하려고 자신의 앞날에 설정하는 표준의 특징을 드러내기 위해 '이상'이란 말을 사용한다 하더라도, 이 대목에는 다른 문제들이 있는 것 같다. 왜냐하면 어떤 사람이 자신을 인도할 이상을 채택했다면 그 사람이 그 이상을 다른 사람에게 강요할 수 있는 권리가 어느 정도까지 인정되는지 자명하지 않기 때문이다. 결국 만일 그 이상이 좋은 행동(good behaviour)이나 올바른 행동(right behaviour)의 이상이라면 보편적 요소가 다시 도입된다는 점과, 만일 그 이상이 좋은 이상이라면 그걸 채택하는 사람 누구에게나 좋은 이상이어야 한다는 점을 지적하는 반론이 제기될 수 있다. 그러나 나는 니체가 이 문제를 해결하지 못했다고 해서 비난받아서는 안 된다고 생각하는데, 실은 이 문제가 실제 생활에서는 지극히 다루기 힘든 문제이기 때문이다.

니체에게는 다른 난점, 정확히 말하면 실존주의 철학자들의 저작에 다른 형태로 나타나지만 서로 연관되어 있는 두 가지 난점이 남아 있다. 첫째, 니체는 의지를 타고난 인간은 누구나 모든 도덕적 평가 또는 적어도 어떤 종류의 도덕적 평가를 하지 않을 수 없기 때문에, 도덕적으로 성숙한 사람의 한 가지 본질적 요소는 자신의 가치 체계를 창조하고 나서, 자기가 속한 집단을 지탱하는 관습 도덕을 거부하는 것이라고 말한다. 니체는 일반적으로 어떤 사회에서 '도덕률'(道德律, moral code)이라고 부르는 것은 단지 그 사회의 분별없고 어리석은 대다수 사람이 피할 수 없어서 절대적인 것으로 받아들이고 있는 가치 평가 체계에 불과하다고 보았다. 도덕적인 사람은 군중보다 탁월해야 한다. 그렇다면 "누가 정말 도덕적인 사람일 수 있는가?"라는 문제가 생긴다. 누구든지 탁월할 수 있다는 대답은 명백히 터무니없는 말이다. 바로 이 난점으로부터 엘리트(élite)가 자신의 표준을 그 사회의 나머지 사람들에게 강요해야 한다고 주장했다는 등 니체가 주장했다고 떠도는 악명 높은 견해 대부분이 생겨났다.

둘째, 니체는 "보통 사람들의 해석과 가치가 일반적인 것이어야 하며 또한 본질적인 가치이어야 한다고 요구하는 것은 인간의 자존심을 망각한 채 대대로 답습하는 참으로 어리석은 행위에 속한다"고 역설한다. 이미 살펴본 바와 같이 도덕적인 사람은 이 세계 자체에는 가치가 전혀 없다는 것을 깨달아야 한다. 가치는 도덕적인 사람의 힘으로 창조되는 것이다. "그럴 것처럼 보이는 세계를 실제로 존재한다고 믿는 신념은 당연히 있어야 할 세계를 창조하고 싶어 하지 않는 무기력한 사람들의 신념이다. 사실에의 의지는 힘에의 의지의 무기력 현상이다." 도덕적인 사람은 자신의 가치가 일시적이고 우연한 것이어서 사실 판단의 주제일 수 없다는 것을 반드시 깨달아야 한다. 그럼에도 이런 도덕적인 사람은 자기의 모든 감각 지각과 판단에서 자신의 세계를 지배하려고 노력하며, 그 감각 지각과 판단을 자신의 힘 속에 편입시키려고 노력한다. 이 의지가 때로 판단들을 마치 정말로 진실한 판단인 것처럼 보이게 하는 결과를 낳을 수 있다는 것은 틀림없다. 만일 누군가가 어떤 행동 방식이 다른 행동 방식보다 더 좋다는 것을 다른 사람에게 아주 노골적으로 납득시키려고 덤빈다면, 그 사람의 판단에 제한을 가하거나 조건부로 방어 조치를 취하거나 그 판단의 주관성과 가변성을 지적하는 것은 전혀 소용없는 일이다. 이 세계를 능숙하게 다루는 일의 일부는 실제로 이 세계를 그 사람이 기술한 대로의 세계로 만드는 것이다. 이 일이 그 사람의 가치 평가를 마치 절대적 평가인 것처럼 보이게 취급하는 것을 수반한다는 것은 당연하다. 그 사람이 더 이상, 아니 영원히, "이것은 진실하다"(This is true)라는 말에 "나는 틀릴 수 있다"(I may be mistaken)는 말을 결합시킬 수 없는 것은 "이것은 좋다"(This is good)라는 말에 "나는 잘못 평가할 수 있다"(I may be wrong)라는 말을 결합시킬 수 없는 것과 똑같다. 니체는 다른 무엇보다도 도덕적 의견에 불과한 것을 사실인 것으로 분별없이 인정하는 사람을 경멸했지만, 그럼에도 니체는 (자기가 하고 있는 일을 알았기 때문에) 개인의 가치들을 다른 사람에게 절대적인 것으로 강요하는 사람에 대한 최고의 칭찬과 그런 경멸을 조화시킬 수 있는 준비를 당연히 미리 했어야 할 것이다. 우리는 나중에 자기-기만(自己-欺瞞, bad faith)에 빠진 사람에 관한 사르트르의 논의에서도 이와 같은 종류의 난점이 있다는 것을 보게 될 것이다. 사르트르는 어떤 사람이 살면서 의지하는 도덕률을 포함한 자신의 상황을 필연적인 것으로 여겨 분별없이 받아들이고 있으면 그 사람은 자기-기만에 빠져 있다고 주장한다. 그러나 사르트르는 어떤 사람이 지금 살고 있는 대로 살 필요가 없다는 것을 자각하고 있다면 설사 전통적 도덕률에 따라 살기로 결정했다 할지라도 자기-기만에 빠진 사람이 아니라고 보아야 한다고 말한다. 난점은 이런 두 사람의 차이를 설명하는 데 있다. 니체의 경우에도 사르트르의 경우에도 은총을 입고 있는 상태(state of grace)는 계몽된 상태(state of enlightenment)이다. 네가 자유롭다는 것을 깨달아라! 그리고 네가 원하는 대로 살아라!(*et fac quod vis!*) (and do what you wish!) [Augustine])

마지막으로 니체의 저작들 속에는 힘에의 의지의 자유로운 행사라는 도덕관과 아주 다른 도덕관을 암시하는 문장들이 많이 있다는 사실을 주의해야 한다. 때로 니체는 자유가 가치 평가 속에 전혀 포함되지 못하는 것처럼 썼다. 예컨대 출판되지 않은 어떤 비망록에 니체는 다음과 같이 썼다. "어떤 사람의 가치 평가에는 그가 보호받으며 성장했던 조건이 표현된다. 우리의 모든 감각 기관과 감각 작용은 이 조건에 따라 발달한다." 이 견해에 따르면 도덕적 활동은 단지 생물적 필연성과 사회적 필연성을 표출하는 것일 뿐이다. 어떤 집단의 도덕이 변할 수 없는 것은 그 사람들의 체격이나 혈액의 생화학적 성분이 변할 수 없는 것과 같다. 이 도덕관은 니체가 공격했던 자연주의와는 다르긴 하지만 극단적인 형태의 윤리-자연주의이다. 그러나 우리는 니체의 이 샛길에 관심을 가질 필요가 없다. 왜냐하면 실존주의자들이 이 샛길을 따라가지 않았기 때문이다.

키르케고르와 니체가 어떻게 해서든 우리에게서 꾀어내려는 것이 정서적 반응이라는 것은 사실일 것이다. 이미 살펴본 바와 같이, 두 사람 다 우리를 개심시키고 계몽시키려고 노력하고 있으며, 또 우리를 얽매고 있는 속박으로부터 우리를 해방시키려고 노력하고 있다. 키르케고르와 니체의 복음을 정서적으로 받아들이는 것은 우리 자신을 새로운 방식, 즉 '진정성'으로 보는 일이다. 우리가 두 사람의 말을 진심으로 믿는다면 우리의 삶이 바뀔 것이다. 우리를 자유롭게 해방시켜줄 고귀한 두 개념은 '힘에의 의지'와 '고독'(孤獨, 孤立, 홀로 삶, solitude)이라는 개념이다. 우리 각자가 저마다 따로따로 이 기분(氣分, mood)에 공감한다면, 각 개인은 가치 있는 것을 선택할 수 있기 때문에, 이 세계가 사람마다 자신의 삶의 원칙을 선택하고 어떤 사람이 될 것인지 선택하여 사는 곳이 될 것이다. 그러나 이 말은 개인에 관해서만 옳기 때문에 각자 자신의 선택에 대한 모든 책임을 자기 혼자 져야 한다. 장려할 만한 유일한 복종은 각자의 이상에 대한 복종뿐이다. 우리는 진실을 찾아내어 그에 따르기만 하면 된다는 편안한 목표로 후퇴할 수 없다. 왜냐하면 진실이란 것은 환상이고, 환상을 추구해야 한다는 것은 역설이기 때문이다. 실존주의 철학의 주역들은 이처럼 당당하면서도 음울한 전면적 개심으로부터 탄생하였다.

에드문트 후설

실존주의는 정서적 인자와 지성적 인자가 같은 비율로 화합하여 이루어졌다는 말은 매우 진실에 가까울 것이다. 철학에서 이례적이라 할수 있는 이 조합이 어쩌면 실존주의가 성공한 비결의 핵심일 것이다. 한편 실존주의에 관한 글을 쓰기 어려운 이유도 바로 이 이질적인 두요소의 결합 때문이다. 그래서 누구든지 실존주의 철학을 실제의 상태에 가깝게 해설할 수 있으려면 먼저 실존주의의 정서적 압력을 어느 정도 긍정적으로 받아들이면서 따라야 한다. 나는 앞 장에서 실존주의의 몇 가지 정서적 특징과 그 근원을 제시했다고 생각한다. 이제 나는 정서적 인자와 마찬가지로 강력하고 효과적이면서도 애매모호한 지성적근원 중의 하나를 살펴보고자 한다. 그 지성적 근원 중에서 가장 중요한 것은 독일 현상학(German Phenomenology)이다. 현상학은 그에 관한책의 출판이 증가함에 따라서, 그리고 실존주의가 철학사의 한자리를차지하기 시작하여 이런저런 형태로 변해 가면서 점점 더 이해하기 어려운 학설로 진화되었다. 이 장에서 나는 후설의 철학이 실존주의 문필가에게 가장 크게 영향을 미쳤다고 생각되는 특징들을 간추려 설명하고자 한다.

우리는 키르케고르의 저작에서 실존주의를 지배할 뿐만 아니라 실존주의라는 개념 자체를 어느 정도까지는 정의했던 특징들을 발견했던 것과 마찬가지로, 후설의 철학에서도 이런저런 형태로 거듭해서 나타날 뿐만 아니라 어떤 철학자를 실존주의자로 분류하기 위해 없어서는 안 되는 특징과 관심을 발견하게 될 것이다. 그렇지만 후설의 현상학과 실존주의의 연관 관계에는 역설적인 요소가 있으며, 그 때문에 후설 자신이 절정에 도달한 사르트르의 실존주의를 싫어하여 외면하려고 했던 사실은 의심의 여지없이 분명하다. 왜냐하면 후설의 목표는 과학적 정확성(科學的 正確性, scientific exactitude)에 도달하는 것이었기 때문이다. 그는 현상학이 철학의 방법일 뿐만 아니라 과학의 방법이라고 믿었다. 사실 이러한 요구가 얼마만큼이라도 정당화될 수 있는 것인지는 지극히 의심스럽다. 그러나 후설이 적어도 자신의 저술을 시작했던 최초의 초심은 학문적 공정성(學問的 公正性, scientific detachment)을 추구하는 것이었으므로, 사르트르가 인간 태도의 실제 생활상의 진실성(verité vécue)을 발견하는 것을 목표로 삼았던 포괄 정신(包括 精神, spirit of involvement)과는 전혀 다르다. 후설 철학 속의 역설은 당연히 그 자체로 흥미롭고 난해한 것이긴 하지만, 어쨌든 그 이후의 유럽 철학자들의 저작에 일어난 극심한 혼란의 와중에 휩쓸려 들어가 섞였기 때문에, 그 역설 자체를 따로 자세히 살펴볼 필요는 없다.

현상학(現象學, phenomenology)은 프란츠 브렌타노(F. Brentano, 1838-1917)의 저작에서부터 시작되었다. 브렌타노는 1874년에 『경험적 관점에서 본 심리학』(Psychology from an Empirical Point of View)이란 책을 출판했는

데,**1** 이 책에서 지향성(志向性, intentionality) 개념에 의지하는 기술 심리
학(記述 心理學, descriptive psychology)에 대한 연구의 밑그림을 발표하였다.
후설은 이미 잘 알려져 있는 바와 같이 이 연구 계획을 현상학의 기원
이라고 부르면서 주목하였다. 후설은 "브렌타노가 스콜라 철학의 지향
성 개념을 심리 현상 기술을 위한 근본 개념으로 전환한 일은 실제로
현상학이 성립할 수 있느냐를 별문제로 하더라도 어쨌든 위대한 발견
으로 인정되어야 한다"고 평가하였다. 브렌타노는 "경험 심리학의 대
상과 다른 종류의 경험 과학의 대상의 본질적 차이점은 무엇인가?"라
는 물음을 제기하였다. 바꿔 말하면, 지질학자가 연구하는 지각이나 조
류학자가 연구하는 새들과 심리학자가 연구하는 생각·정서·결심 같
은 대상의 차이점은 대체 무엇인가? 브렌타노는 심리학자가 연구 대상
으로 삼는 것은 관념(觀念, idea)이라고 보았다. "내가 여기서 사용하는
'관념'이란 용어는 마음에 품어진 관념(idea which is conceived)이 아니라
마음이 관념을 품는 행동(act of conceiving)을 가리키는 것으로 이해되어
야 한다. 다시 말하면 어떤 소리를 듣는 행동, 어떤 색깔을 지닌 대상을
보는 행동, 일반 관념을 생각하는 행동을 가리킨다." 브렌타노는 이어
서 다음과 같이 말한다.

　　모든 심리적 현상은 저마다 제각기 중세 스콜라 철학자들이 "마음 쏠림
　　은 마음이 쏠리는 대상을 반드시 갖추고 있다"(intentional inherent existence
　　of object)고 언급했던 특징을 갖고 있으며, 또 완전히 명료한 말은 못 되지
　　만 종래에 심리적 현상 속에 있는 어떤 내용과의 연관 관계, 바꿔 말해 (실
　　제의 사물을 뜻하지 않는 것으로서의) 대상에 쏠리는 성향 또는 마음속에

1　*Psychologie vom empirischen Standpunkt*.

내재하는 '객관적인 것' 에 쏠리는 성향이라 부르곤 했던 특징을 갖고 있다. 심리적 현상은 똑같은 방식으로는 아니지만 제각기 그 속에 어떤 것을 대상으로서 포함하고 있다. 관념 속에는 생각되는 것이 있고, 판단 속에는 인지되거나 발견된 사실이 있으며, 사랑하는 마음에는 사랑받는 것, 미워하는 마음에는 미움받는 것, 욕구하는 마음에는 욕구되는 것이 포함되어 있다 … 어떤 물리적 현상도 마음의 쏠림이 없으면 존재하지 않게 되는 현상이 아니다. 이런 까닭에 우리는 심리적 현상을 마음이 그 속에 쏠리는 대상을 본래 포함하는 현상(phenomenon as contain objects in themselves by way of intention)이라고 정의할 수 있다.[2]

실은 브렌타노 자신은 스콜라 철학자들의 관용 표현이 완전히 적절하다고는 생각하지 않았던 것으로 보인다. 그가 심리적 현상의 특징 묘사로 더 좋아했던 표현은 그 책의 목차에 단 한 번 나오는데, 그건 단순히 어떤 대상과의 연관 관계(reference to an object)를 포함하고 있는 현상이라는 알기 쉬운 표현이다. 본문에는 "들리는 것 없으면 듣지 못하고, 바라는 것 없으면 희망도 없다" 등등의 표현이 나온다.

앞의 첫 인용문에서 보았듯이, 어떤 종류의 심리적 현상과 다른 종류의 심리적 현상의 차이는 심리적 현상이 그 속에 포함하고 있는 대상과 맺는 관계가 지닌 성질의 차이이다. 그리고 그 관계들이 제각기 지닌 다른 성질은 우리가 직접 경험(直接 經驗, immediate experience)이나 내부 지각(內部 知覺, inner perception)으로 간파할 수 있다. 그러므로 기술 심리학은 내부 지각이 발동함으로써 진행된다. 예컨대 우리는 내부 지각을

---

2   op. cit., ed. O. Kraus, p. 125; trans. H. Spiegelberg in *The Phenomenological Movement* (Nijhoff, The Hague, 1965), vol. i, p. 39.

발동해서 어떤 것을 희망하는 내적 행위와 어떤 것을 두려워하는 내적 행위의 차이를 행위 자체나 사건 자체를 조사함으로써 간파할 수 있다.

가장 근본적인 종류의 심리적 현상은 관념 또는 표상(表象, representation)인데, 이미 브렌타노의 저작에서 첫 번째로 인용했던 구절에는 관념이 실례로 제시되어 있다. 개개의 심리적 현상은 모두 그 자체로 표상이거나 아니면 어떤 표상에 근거한 표상이다. 심리적 현상의 본성이 그렇다는 것을 확인하는 일 자체가 직접 경험의 일이다. 왜냐하면 우리가 생각하는 내적 행위에 관해 생각할 때, 그래서 한 예로 사랑하는 내적 행위에 관해 계속 생각해 나갈 때 우리는 그 과정에서 어떤 구분(區分, break)을 경험한다. 또한 우리의 마음속에 사랑할 수 있지만 생각할 수 없거나 표상할 수 없거나 관념을 가질 수 없는 사람을 떠올리려고 시도한다면 우리는 이 일에 결코 성공할 수 없다는 사실을 깨닫는다. 그런 까닭에 심리적 현상들의 근본적인 구별, 그 밖에 심리적 현상들 사이의 우선권 순위 부여는 지각의 일종인 직관(直觀, intuition), 다시 말해 그것이 확인한 결과에 더 이상의 증명을 요구하지 않는 직관에 의해서 결정된다. 이 사실은 현상학은 물론이고 바로 실존주의에서도 대단히 중요하다는 것을 나중에 알게 될 것이다.

그렇다면 브렌타노는 지금까지 설명한 것, 즉 심리적 행동이 대상을 지향한다는 것을 발견하여 커다란 공헌을 한 셈이다. 하지만 브렌타노 자신은 이런 대상들의 존재론적 격위(存在論的 格位, ontological status)에 관해 심각한 애매성에 빠지고 말았다. 한쪽에서 보면 (때리는 행동이나 자르는 행동 같은) 신체적 행동의 대상과 심리적 행동의 대상에는 뚜렷이 드러나는 차이가 있다. 왜냐하면 신체적 행동의 대상은 진짜 모습과 다르게 파악된다 하더라도 어쨌든 실제로 존재해야 하는 반면에, 심리적 행동의 대상은 반드시 실제로 존재할 필요는 없다. 나는 현실의 나라와 마찬가지로 상상의 나라를 원할 수 있다. 그러나 상상의 나라는 내 사고와 욕망의 대상으로 상상되고 있는 나라와 다르게 파악될 수 없다. 심리적 대상으로 상상되고 있는 나라는 내가 상상하는 대로의 나라이다. 그래서 다른 쪽에서 보면 심리적 대상은 어떻게든 심리적 행동의 대상으로서의 역할을 담당하도록 반드시 존재해야 한다.

브렌타노 추종자 몇 사람은 물론이고 실은 브렌타노 자신도 생각의 대상들의 존재 문제를 풀려고 많은 시간에 걸쳐 발명의 재능을 동원하여 수많은 착상을 검토하였다. 브렌타노는 실제로 존재하는 것(entity, 지속적으로 존재하면서 기능·속성·관계 등에 의해 구별되는 것)을 증가시키는 일에 철저히 반대해서 황금 산이나 프랑스의 현재 왕 따위의 말만 있고 실물이 없는 대상을 제거하려고 결심했는데, 러셀(B. Russell, 1872~1970)도 이런 대상들을 제거하기 위해 유명한 기술 이론(記述 理論, theory of description)을 정교하게 고안한 적이 있다. 브렌타노는 생각하는 행위에 관한 기술에는 오직 두 가지 요소, 즉 생각하는 사람(thinker)과 실제로 존재하는 대상(the real object)만 등장할 수 있다고 역설하였다. 그래서 생각하는 사람이 생각하고 있는 실제로 존재하는 대상이 없는 경우, 한 예로 황금 산을 생각하는 사람의 상황은 단지 생각하는 사람이라는 한 요소, 즉 특수한 방식으로 변경된 단 하나의 요소인 그 사람만 포함하고 있을 뿐이다. 더욱이 브렌타노는 보편자(普遍者, universal)라는 것들이 실제로 존재하지 않을지라도 우리는 보편적 의미를 지닌 용어들만 사용하여 현실 세계(the real world)를 기술할 수 있으며, 또 우리는 이 세계가 어떻게 되어 있든 간에 보편화될 수 없는 것은 어떤 것도 경험할 수 없다고 주장했다. 그는 이런 주장을 추구하면서 점점 더 언어 분석(言語 分析, analysis of language)에 관심을 갖게 되었다. 우리는 여기서 브렌타노의 이 언어 분야의 연구를 살펴볼 수는 없다. 하지만 브렌타노가 생애 말년으로 가면서 지금 우리가 현상학이라고 생각하는 것으로부터 충분히 멀리 떨어져 있었다는 사실은 주목할 가치가 있다. 실제로 브렌타노는 현상학이란 용어를 단지 한때만 잠시 사용했을 뿐이다.

　브렌타노의 이론에는 간략하게나마 주의를 기울여 살펴볼 필요가 있는 이보다 더 심각한 난점이 있다. 심리적 현상 또는 정신적 현상은 반드시 대상과 관련되어 있는 현상이라는 브렌타노의 정의(定義, definition)는 정신적 사건의 영역을 너무 좁게 제한하는 것으로 보인다. 왜냐하면 많은 사람이 대상을 전혀 갖지 않았다고 여기는 정신적 현상, 예컨대 특히 기분(氣分, mood) 같은 정신적 현상이 상당히 많이 있다고 주장하기 때문이다. 그러므로 브렌타노의 정의를 엄격하게 적용한다면 그런 현상은 정신적 현상이 아니라 물리적 현상으로 간주되어야 할 것이다. 브렌타노는 이 결론을 인정하지 않고 그런 난점을 피할 수 있는 다른 방도를 개발하였다. 그는 모든 정신적 현상이 두 가지 가능한 대상, 즉 일차 대상(一次 對象, primary object)과 이차 대상(二次 對象, secondary object)을 가질 수 있다고 말했다. 일차 대상은 예컨대 사랑이나 희망이나 생각의 대상처럼 정신적 현상과 관련되어 있으나 우리 바깥에 존재하는 것들이다. 이차 대상은 정신적 현상 그 자체이다. 모든 정신적 현상이 일차 대상을 갖는 것은 아니지만, 모든 정신적 현상은 적어도 이차 대상만큼은 반드시 갖는다. 따라서 기분의 경우에 기분의 대상은 기분 자체이다. 왜냐하면 만일 기분이 의식되지 못하거나 제 자신을 대면하지 못한다면 그 기분은 전혀 자각된 기분(conscious mood)일 수 없기 때문이다. 이렇게 해서 모든 정신적 사건이 대상을 갖는 사건이라는 정의는 구제된다. 어쨌든 자각되지 않은 정신적 사건은 결코 있을 수 없다.

이 해결책은 정신적 사건의 대상 문제를 해결하는 방법으로 받아들이기 어려운 것이어서, 나중에 실존주의 심리학의 개발 과정에서 중요한 역할을 하지 못했다. 사르트르는 모든 정신적 활동이 반드시 최소한의 자의식(自意識, self-awareness)을 동반해야 한다고 주장하였다. 그래서 이 주장에 따라 사르트르는 브렌타노가 그랬던 것처럼 자각되지 않은 정신적 사건은 모순이라고 주장하게 되었다. 자각 없는 정신적 활동에 대한 이 무자비한 추방은 사르트르 철학의 다른 동기들로 말미암은 것이었다. 그러나 브렌타노의 경우는 이 추방 조치가 정신적 사건은 일차 대상이든 이차 대상이든 항상 대상을 지향해야 한다는 그의 정의에 의해서 곧바로 이루어졌다.

후설이 현상학은 기술 심리학에 의존해서 성립한다고 인정한 것은 의심할 바 없이 올바른 판단이었다. 그래서 실존주의자들이 약간 부정확하게 해석하여 받아들이긴 했지만 실존주의는 현상학의 기술적 요소(記述的 要素, descriptive element)에 가장 많이 도움을 받았다. 그러나 브렌타노의 기술 심리학과 하이데거·메를로퐁티·사르트르의 저작 사이에는 바로 후설이 놓은 다리가 있다. 따라서 우리는 이제 심리적 현상에 관한 브렌타노의 정의를 후설이 무슨 작업을 하는 데 사용했는지, 또는 후설이 본격적으로 현상학을 만들기 위해 형편에 따라 브렌타노의 정의를 어떻게 수정했는지 알아보고자 한다.

브렌타노는 철학자의 기본 임무가 물리적 사실과 반대되는 심리적 사실을 기술하는 것이며, 또 이 두 가지 사실은 각기 지향성(intentionali-ty), 즉 객관과의 관계(objective reference)에서 다른 특징을 보인다고 주장하였다. 그러나, 첫째로 후설은 심리적 현상과 물리적 현상의 구별을 받아들이지 않았다. 이 점에 관해서는 어쩌면 후설이 구별하는 일에 특별한 관심을 갖지 않았기 때문에 심리적 현상과 물리적 현상의 구별을 빠뜨렸다고 말하는 것이 오해를 적게 일으킬 것이다. 후설은 주관의 행동(subjective act)과 그에 상응하는 관련 대상(referent) 사이에는 평행 관계(平行 關係, parallelism)가 성립하고, 그 둘은 동등한 자격으로 동반하면서 철학자의 고유한 연구 주제가 된다고 생각하였다. 예컨대 논리학(論理學, logic)의 영역에서 후설은 주관의 연역 경험 자체와 타당한 연역을 가능하게 하는 논리 법칙(論理 法則, logical law)을 동시에 둘 다 연구하려고 생각하였다. 그는 이 연구에서 행위와 대상을 구별하지 않았다. 생각하는 행위(cogito)와 생각되는 것(cogitatum)은 둘 다 기술되어야 하는 현상(現象, phenomenon, manifestation)이다. 게다가 후설은 오직 명백하게 대상을 가진 것으로 보이는 정신적 행동만 관심을 가졌다. 그래서 정신적 현상과 물리적 현상을 특별히 구별하지 않았던 것과 마찬가지로, 후설은 정신적 현상의 기준(基準, criterion)으로서의 지향성, 즉 정신적 현상이기 위한 필요 충분 조건으로서의 지향성을 버릴 수 있었다. 그는 단순하게 대상을 실제로 가진 정신적 행동만 연구 대상으로 삼고 나머지 정신적 행동은 모두 생략해버렸다. 이렇게 해서 후설은 억지로 일차 대상과 이차 대상을 끌어들임으로써 이론이 복잡해지는 것을 피할 수 있었다.

후설의 현상학에는 대상이 정신적 존재인지 물리적 존재인지, 또는 과연 대상이 정말 존재하는지에 대한 무관심에서 생기는 다른 특징이 있다. 그는 현상학이 '순수한 현상에 관한 기술'(description of pure phenomenon), 즉 경험이 구체적으로 존재하는 대상·허구의 대상·경험 그 자체 중에서 어느 것과 관련 있는지는 전혀 개의치 않고 이루어지는 '경험 그 자체에 관한 기술'에만 관여할 뿐이라고 주장하였다. 이 순수성(純粹性, purity)은 철학자가 한편으로는 어떤 현상을 탐구하면서, 자기가 탐구하고 있는 바로 그 현상에 관해서 그것은 물리적인 것이거나 정신적인 것이라는 식의 존재에 관한 주장을 일부러 신중하게 거부함으로써 확보된다. 이 점에 관해 후설은 "시작에서부터 그리고 앞으로의 모든 진행 단계에서 현상학은 그 속의 학문적 진술에 그 현상이 실제로 존재하는지에 관한 어떤 주장도 포함하지 않는다"라고 말했다. 이것이 잠시 후에 살펴보아야 하는 '현상학적 환원'(現象學的 還元, phenomenological reduction, *epoché*)의 시작이다. 현상학적 환원은 지각이나 사고의 대상에 관해 이미 알고 있는 모든 것이나 관례적으로 안다고 여기고 있는 모든 것을 처음에는 기술하기 위해서, 그리고 기술한 다음에는 순수한 현상으로서 분석하기 위해서 (괄호로 묶어) 제쳐놓고 무시하는 것이다.

마지막으로 후설은 자기 이론의 발전에 따라서 지향성 자체에다 정신적 행위나 정신적 사건을 위한 대상이 있다는 의미보다 훨씬 더 복잡한 의미를 부여하였다. 지향성에 관한 이 새로운 발상은 우리가 지향적 행동에 의해서 그 지향적 행동이 없으면 단지 혼란스럽기만 하고 재현되지도 못하고 기술할 수도 없는 자료에 불과했을 것들을 우리를 위한 대상으로 창조한다는 이론으로 점점 구체화되면서 모습을 드러내었다. 그래서 지향성은 더 이상 우리가 한 번 흘낏 보는 정신 행위와 그때 우리에게 보이는 것 사이의 단순한 관계를 묘사하지 않는다. 이제 지향성은 우리가 세계를 보는 정신 행위의 특징이 우리가 보는 대상들의 세계를 만들게 된다는 훨씬 더 구성적인 역할, 그러니까 훨씬 더 칸트주의적인 역할을 맡게 되었다.

　이 대목에서 후설의 현상학에는 서로 다른 여러 단계가 있다는 사실을 확인할 필요가 있다. 지금까지 설명한 모든 내용은 주로 후설의 초기 현상학에 관한 것인데, 이미 지적한 바와 같이 이 초기 현상학은 후설이 브렌타노의 이론을 단순하게 만들면서 자신의 다른 주장을 추가하긴 했지만 브렌타노의 영향 아래서 만들어진 것이다. 이제는 실존주의의 본질적 배경을 형성한 현상학의 특징을 드러내기 위해서 후설의 생각이 발전하면서 거친 역사적 과정을 간략하게라도 살펴볼 필요가 있다. 이 작업은 결코 쉬운 일이 아니라서, 나는 간명하게 설명하기 위해 이야기를 정말 아주 단순하게 간추려 소개할 수밖에 없다.

　후설은 수학자이자 논리학자로 출발하였다. 이 분야에서 후설의 주요 목표는 논리학의 진리와 수학의 진리를 심리학의 진리와 같은 성질의 것으로 설명하는 심리주의 이론에 반대하여 싸우는 것이었다. 후설의 탐구 과정의 출발점이었던 이 논쟁 과정에서 후설과 브렌타노의 중요한 차이점이 드러났다. 왜냐하면 후설이 자신의 책에서 때로 '기술 심리학'이란 표현을 사용하긴 했지만, 실은 출발할 때부터 후설은 심리학의 역할과 철학의 역할을 분명하게 구별하려고 했기 때문이다. 앞으로 보게 되는 바와 같이 후설은 의식의 지향적 내용을 분리하려고 시도할 때 단지 '마음속에 있었던 것들'에 관한 정확한 심리학적 기술만 하려는 것이 결코 아니었다. 실제로 후설이 철학에 기여한 가장 큰 공적은 그런 심리학적 기술은 아예 상상조차도 할 수 없다는 견해를 단호하게 주장해서 이루어진 것이다.

후설의 첫 번째 주요 저작은『논리적 탐구』(論理的 探究, *Logische Untersu-chugen*)인데, 1900년과 1901년에 한 권씩 두 권으로 출판되었다. 현상학에 대한 첫 번째 견해가 등장한 것은 이 책에서였다. 이 책은 이미 언급한 바와 같이 브렌타노의 관심사로부터 벗어난 내용을 주장하고 있다. 그 후 후설의 생애에는 강의록 작성과 수업 자료를 준비하면서 계속 철학 연구에 매진했으면서도 제대로 격식을 갖춘 저술을 전혀 출판하지 않은 채 지나간 10년의 세월이 있었다. 그런 다음 1913년에 이르러 후설은『현상학의 이념들』(*Die Ideen der Phänomenologie*)의 제1권을 출판했는데, 제2권과 미완성 상태의 제3권은 사후인 1950년에 출판되었다. 우리는『현상학의 이념들』에 전개된 학설에 대해서는 선험적 현상학(先驗的 現象學, Transcendental Phenomenology)이란 용어를 사용할 수 있는데, 후설 자신도 이 용어를 사용하긴 했으나 정확하게 정의하지 않은 채 사용하였다. 그 대신 후설은 순수 현상학(純粹 現象學, Pure Phenomenology)에 관해 언급한 바가 있는데, 어쩌면 이 이름이 거기에 곁따르는 칸트를 연상시키는 의미만 제외한다면 후설이 더 좋아했을 이름일 것이다. 마지막으로 1913년 이후의 후설의 사상에는 그가 간주관성(間主觀性, intersubjectivity)에 관한 문제와 사회가 개인의 '세계 자각'에 미치는 영향에 특별한 관심을 보였던 단계가 있었다.

이런 단계들 가운데 우리는『논리적 탐구』에서 후설이 현상학적 방법의 첫 번째 특징으로 간주되는 '환원'(還元, reduction), 즉 '판단 중지'(判斷中止, *epoché*)를 주장하고 있음을 발견할 수 있다. 판단 중지의 목표는 전제 가정(前提 假定, presupposition)을 제거함으로써 경험을 '순수한 현상'으로 순화시키는 것이다. 이로써 또한 우리는 '지향성'에 새로운 의미가 부여되었다는 사실을 깨닫는다. 이 새로운 의미 부여가 첫 번째로 시도하는 것은 지향 행위(志向 行爲, intentional act), 즉 지각 행위(知覺 行爲, act of perception)에 구성하는 역할이나 설정하는 역할을 부여하는 것으로 보인다. 지향 행위에 관한 새로운 개념은 지향 행위의 기능을 언급함으로써 설명되는데, 이에 따라 지향 행위의 기능은 이제 의미를 발견하는 일(discovery of meaning)이라고 기술된다.

후설은 『논리적 탐구』의 1부에서 우리가 유의미한 언어적 표현(meaningful verbal expression)을 이해하는 현상에 대해 분석하고 있다. 우리는 매우 다양한 상황에서 하나의 낱말을 듣거나 읽는데, 그 낱말이 같은 형태의 낱말로 나타날 때마다 동일한 의미를 가진 낱말이라고 이해한다. 그러므로 우리는 이 이해 현상에서 첫 번째 구별, 즉 그 낱말에 대한 다수의 지각 경험과 그 낱말이 지닌 단 하나의 의미를 구별할 수 있다. 그러나 또 하나의 구별, 즉 누가 사용해도 똑같은 하나의 낱말이 의미하는 대상과 화자(話者, speaker)가 다를 때마다 화자가 그 낱말로 의미한 대로의 대상에 대한 구별이 있다. '그린란드'(Greenland)라는 낱말은 그린란드에 관해 거의 아무것도 모르는 내가 말하는지, 그린란드에 관해 알려진 모든 것을 아는 탐험가가 말하는지에 상관없이 항상 같은 단 하나의 대상이다. 그 두 경우에 다른 것은 그 낱말이 의미하는 대상이 아니라 화자가 이해한 의미대로의 대상이다. 후설은 또 다른 예로 '아우스터리츠 전투의 승자'와 '프랑스 성문법전의 창시자'라는 두 표현의 경우를 들고 있는데, 이 경우에도 두 표현이 의미하는 대상은 나폴레옹 단 한 사람이지만 우리가 이해한 의미대로의 대상은 두 경우에 서로 다르다.

우리의 현재 목적을 위해서는 이 분석에 대한 관심의 초점이 이 분석이 과연 일반적으로 적용될 수 있는지에 모아져야 한다. 왜냐하면 후설이 언어적 표현의 이해에 관한 고찰을 거쳐 세계에 관한 지각 경험으로 옮겨가서, 다수의 의미가 어떤 낱말이 의미하는 동일 대상에 관련될 수 있는 것과 마찬가지로, 지각된 한 사물이 많은 사람에게 실제로 지각된 대로의 많은 사물(지각-노에마타(perceptual *noemata*))에 관련될 수 있다고 주장하기 때문이다. 이 지각-노에마타들, 즉 실제로 지각된 대로의 많은 사물에 대해서 후설은 그것들이 실재하는 것이냐 가공의 것이냐, 물리적인 것이냐 정신적인 것이냐를 묻는 것을 거부하였다. 그는 지각-노에마타들의 존재 문제에 관해서는 긍정도 부정도 하지 않았다. 그러나 한 낱말이 오직 어떤 의미로서 이해됨으로써만 한 대상과 관계를 맺는 것과 마찬가지로, 일군의 지각 경험은 오직 그것들이 '어떤 방식의 이해와 지향에 의해 생명을 얻음으로써만' 또렷하게 지각된 하나의 대상과 관계를 맺게 된다. 지향의 기능은 각기 다른 지각 경험 또는 지각 자료(知覺 資料, perceptual data)를 지각 행위를 '초월해 있는 것'으로 기술되는 하나의 대상에 관련시키는 역할을 하는 것이다. 바꿔 말하면, 어떤 사람이 한 대상을 여러 다른 각도에서 일정한 시간 동안 바라보는 경우에, 그 사람으로 하여금 "나는 그동안 줄곧 동일한 대상을 보고 있었다"고 말할 수 있게 해주는 것이 바로 지각의 지향성(intentionality of perception)이다.

아무리 노력한다 하더라도 '낱말이 대상과 연관되어 이해된다'는 말의 뜻과 '경험이나 지각이 대상과 연관되어 이해된다'는 말의 뜻이 정확하게 같다고 볼 수는 도저히 없을 것이다. 실제로 좀 더 정확성을 기하기 위해 이보다 더 긴 비유적 표현을 만들면 만들수록 점점 더 불만스러운 표현만 만들어질 것이다. 그럼에도 후설이 사용하는 비유(比喩, analogy)에 주의를 기울이는 것은 중요하다. 우리가 어떤 대상을 오직 의미를 지닌 삼각형이란 낱말을 통해서만 삼각형과 같은 것으로 파악하는 것과 마찬가지로, 우리는 집(house) 같은 어떤 지각 대상을 오직 지각 경험들을 통해서만 그저 무질서한 현상들이 아니라 어떤 의미를 가진 것이나 어떤 목적을 위한 것으로 파악할 수 있다. 우리는 의미라는 개념을 사용하지 않고서는 집을 보는 지각 경험을 명료하게 설명할 수 없다.

이제 우리는 후설의 후기 저작에 나타나는 선험적 현상학 또는 순수 현상학이 어떻게 전기의 저작으로부터 나오게 되는지 살펴볼 수 있는 위치에 왔다. 초기 현상학과 후기 현상학을 연결하고 있는 고리는 바로 의미(意味, meaning)라는 개념이다. 의미에 관한 이야기가 보편적 본질(普遍的 本質, universal essence)이나 일반적 본질(一般的 本質, general essence)을 검토하는 몇 단계를 거쳐야 하는 것은 피할 수 없는 일이다. 우리가 어떤 것(동일한 것)을 '말'(馬, horse)이나 '말속(馬屬, genus equus)에 속하는 단단한 발굽을 가진 네 발 동물'이라고 언급할 때 정말로 언급되는 대상은 무엇인가? 우리가 일군의 서로 다른 사물을 그 모두가 하얗다라고 기술할 때 실제로 기술되는 대상은 무엇인가? 보편자 문제(普遍者 問題, problem of universals)에 대한 후설의 관심은 먼저 언어적 표현의 의미들에 관해 검토하는 이런저런 문맥에서 생겨나긴 했지만, 실제로는 (의미 개념 자체가 그랬던 것을 보았듯이) 지각에 대한 견해, 말보다는 사물에 대한 자각, 언어보다는 세계에 대한 이해와 관련되어 있다. 후설은 보편자나 일반적 본질을 파악하는 진짜 직접 경험(genuinely immediate experience)이라 할 수 있는 특별한 종류의 경험이 있다고 주장하였다. 그는 누구나 개개의 하얀 사물을 많이 관찰함으로써 하양이란 개념에 도달한다는 것을 부정하지 않았다. 그러나 후설은 어떤 사람이 특정한

하얀 사물을 볼 때 그 사물의 본질, 즉 하양 자체(whiteness itself)를 보고
있다고 주장하였다.

후설로 하여금 최종적으로 브렌타노의 기술 심리학을 단념해버리게
만든 것은 경험 속에 어떤 종류의 보편적 요소가 있다는 이 확신이다.
왜냐하면 브렌타노는 자신의 연구를 의식을-가진-사람의 마음속에 무
엇이 있든 간에 의식의 내용만 기술하는 데에 제한하려고 했기 때문이
다. 브렌타노의 노력은 의식의 대상으로서 '의식에-내재하는-것'(the
immanent), 즉 '의식에-주어진-것'(the given)을 고립시키는 데에만 집중
되었다. 그런데 후설은 '의식에-주어진-것'과 '의식에-내재하는-것'
을 동일시할 수 없다는 것을 발견하였다. 후설은 경험에 직접-주어진-
것들이 확실히 있지만, 그럼에도 그것들은 직접 경험의 너머를 암시하
며, 또 제 자신을 넘어선 어떤 것과 관련되기 때문에 중요한 것으로 간
주되어야 한다고 생각하게 되었다. 1907년에 작성된 일련의 강의록과
1947년에 『현상학의 이념』(Die Idee der Phänomenologie)이란 제목으로 출
판된 책에서 후설은 계속 흐르는 음악 선율에 대한 자신의 지각의 경우
를 고찰하고 있다. 만일 내가 어떤 순간의 내 의식의 내용에 주의를 집
중해서 그 의식 내용을 기술하려고 한다면, 내가 자각하는 것은 그 순
간에 듣는 소리이다. 그러나 내가 그 소리를 계속 흐르는 단일 선율의
한 부분으로 지각한다는 것도 똑같이 확실하다. 좀 더 정확히 말하면,
나는 어떤 순간에는 말하자면 그 순간에 들을 수 있는 소리 이상의 소
리를 들을 수 없지만, 그럼에도 나는 그 선율을 그저 그 순간의 소리로
서만이 아니라 그 앞과 뒤에 비슷한 소리를 동반하는 소리(sound as en-
tailing a past and a future of similar sound)로 듣는다. 나는 소리의 속성과 선율
자체(대상)를 둘 다 동시에 직접 자각한다. 하지만 이 대상(선율)은 마음속

에 있지 않다. 그 선율은 '마음에 내재하고 있는 것'이 아니라 '마음을 초월해 있는 것'이다. 게다가 이 초월적 대상(超越的 對象, transcendent object)은 일반적인 것(the general)이다. 동일한 건(鍵, note, key)으로 재현할 수 있어서 재확인될 수 있는 것은 이를테면 중앙 도(C)음 위의 파(F)음 같은 소리이다.

브렌타노의 기술 심리학의 관점에서 보면 일반적인 것은 결코 마음 속에 있을 수 없으므로, 브렌타노는 생각의 대상이 일반적인 것이거나 상상의 것이거나 일상의 물리적 대상 아닌 다른 방식의 것일 경우에 이런 대상에 관해서 어떻게 말할 것인지를 끝내 만족스럽게 해결하지 못하였다. 이와 반대로 후설은 일반적인 것이 마음속에 있지 않다고 인정했기 때문에 일반적인 것이 경험에 직접 주어질 수 있다고 주장했으며, 또 실제로 의식의 내용 자체는 일반적인 것인 '의미'로서 생각되지 않는 한 절대로 이해할 수 없다고 주장하였다. 음악 선율에 대한 순간순간의 자각은 의미로서, 즉 그 순간들이 연결되어 만들어지는 계속 흐르는 선율로서 이해되지 않는 한 기껏해야 단지 소리에 대한 자각일 뿐 그 이상의 어떤 것도 되지 못한다. 그런데도 음악을 듣는 사람은 순간 순간의 소리들이 계속 흐르는 선율을 만든다고 결코 주장하지 않는다. 음악을 듣는 사람은 소리들이 이루는 선율 그 자체를 바로 그 즉시 듣는다. 이런 고찰 끝에 후설은 이런 물음을 던지게 되었다. "신성(神性 divinity), 즉 무한 지성(無限 知性, infinite intellect)은 자신이 직접 보는 빨강 바로 그것을 능가하는 '빨강에 관한 지식'을 가질 수 있을까?"

환원(還元, reduction)은 애초에는 '마음속에 있는' 과학적 지식, 그리고 의식의 대상에 관한 존재 물음에 편견을 갖게 하는 온갖 것들을 제거하려고 고안해낸 방법이었는데, 이제는 그 목표가 본질에 대한 직접적이고 즉각적인 자각(direct and immediate awareness of essences)을 방해하는 전제 가정을 제거하는 것으로 바뀌었다. 본질 직관(本質 直觀, Wesenschau)은 아주 독특한 경험인데, 바야흐로 이 경험이 철학적 방법에서 가장 중요한 역할을 담당하게 된다.

후설은 이 본질 직관을 본질을 파악하는 경험이라고 말하면서도, 『현상학의 이념』을 집필했던 때까지는 생산적 과정이자 구성적 과정으로 간주하였다. 지각의 대상이 지각된 현상들, 즉 그 모두가 제각기 그 대상을 나타내거나 의미하므로 대상에 대한 지각 행위가 의식에 의해 구성된 일반적 본질에 대한 자각을 만들어내는 지각된 현상들에 의해서 구성되는 것과 마찬가지로, 본질 직관은 개별자(個別者, particular)에 대한 지각의 의미를 파악한다. 그래서 실제로는 의미 성립의 계층(hierarchy of meaningfulness) 같은 것이 있는 것으로 보인다. 개별 경험들은 만일 그 경험들 모두가 관련되는 대상, 즉 '의미'로서 생각되지 않는다면 찰나의 무의미한 것에 불과할 것이다. 그런데 뒤집어 보면, 개별적으로 지각된 대상들 자체가 자신의 의미―그 대상에서 파악될 수 있는 에이도스(eidos), 즉 일반적 본질―를 드러내지 않는다면 그 대상은 이해할 수 없는 것이 되어버릴 것이다. 내 생각에는 후설이 때로 가장 엉뚱한 형태의 플라톤주의를 주장한다는 비난을 받긴 했지만 어떤 의미에서도 본질이 구체적 사물들로 이루어진 일상 세계와 함께 나란히 존재한다고 주장하고 있지는 않는 것 같다. 후설은 오히려 세계에 관한 우리의 자각―지적으로 이해하는 자각―은 우리가 사물의 본질을 파악하지 못한다면 이루어질 수 없다고 말하고 있다. 이 생각이 후설로 하여금 본질의 파악이야말로 어떤 경험 과학이든 미리 반드시 확보해야 하는 토대라고 주장하게 하였다. 사실 과학(事實 科學, factual science)은 현상들의 세계(world of Phenomena)를 이해하는 데 필요한 것을 확보하지 못하면 결코 성립할 수 없다.

본질 파악, 즉 직관을 주로 사용하는 철학적 방법을 받아들이는 데 여러 가지 난점이 있다는 것은 당연하다. 우리는 어떻게 진짜 직관과 가짜 직관을 구별할 수 있는가? 우리는 진짜 본질을 발견했는지 어떻게 아는가? 철학에서는 앞에서 본질 직관을 소개할 때 사용되었던 색깔의 예를 첫 번째 실례로 사용하여 미래의 난점들을 은폐하는 일이 흔히 있다. 몇 개의 빨간 대상을 본 것을 근거로 빨강의 본질을 직접 파악한다는 말은 그럴듯해 보일 수 있지만, 본질이 그보다 훨씬 더 복잡한 것으로 상정되어야 하는 경우에는 사정이 아주 달라진다는 반론이 주장될 수 있다.

『논리적 탐구』두 번째 수정판의 보충 서문에서 후설은 자신의 철학적 방법이 마침내 도달한 것에 관해 설명하려고 시도했다. (그때는 이미 후설이 『현상학의 이념들』에서 자신의 방법을 직관의 일종이라고 간명하게 규정했었고, 또 그 방법이 '모든 원리들의 원리'라고 선언한 다음이었다.) 그 보충 서문에서 후설은 독자들에게 잘못 생각하지 않도록 조심하라고 다음과 같이 말했다.

준비된 자료로부터 그와 관련 없는 해석을 연역적으로 찾아내려고 하지 말고, 모든 지식을 그 자료의 근원으로부터, 확실하게 통찰이라고 이해된 원리로부터 끌어내야 한다[*selbstgesehen und eingesehen*]. 정확한 과학의 이름 아래서조차도 편견에 의해서, 어떤 언어적 모순에 의해서, 그뿐 아니라 세계 전체 속의 무언가에 의해서도 흥겨워하지 말고, 선명하게 보여서 '기원'을 이루는 것, 모든 이론을 선도하는 것, 궁극적 기준을 설정하는 것의 권리를 인정하라.[3]

선명하고 분명한 관념(clear and distinct idea) 이외의 모든 것을 거부하고, 과학 전체를 오로지 선명하고 분명한 관념에만 의지하라는 이 명령에서는 아주 잘 알려져 있는 데카르트적 분위기가 느껴진다. 그러나 이런 확실하게 이해된 원리들 중에서 진짜 원리를 하나라도 확인하는 문제의 해결에는 전혀 진척된 것이 없다.

후설은 누구나 환원, 즉 판단 중지가 정확하게 수행되었을 경우에만 진짜 직관으로 확실하게 인정할 것이라고 생각했을 듯싶다. 환원이 일차적으로 수행되어야 하는 영역은 세계에 대한 일상적 지각 영역이다. 왜냐하면 우리가 '괄호로 묶어' 제쳐놓아야 하는 것은 세계 속에 존재하는 사물들에 관한 일상적 신념들, 다시 말해 상식과 경험 과학 둘 다 인정하는 존재에 관한 가정들이기 때문이다. 이 가정들을 제쳐놓았을 때에라야 우리는 눈앞의 구체적 현상에 집중할 수 있고, 그런 다음에만 우리는 그 구체적 현상의 본질을 파악할 수 있을 것이다.

여기까지의 현상학적 환원에는 사실상 데카르트가 『제일 철학에 관한 성찰』(Meditations on First Philosophy)의 첫 번째 성찰에서 '방법으로서의 의심'(methodic doubt)을 활용하여 자기가 도저히 의심할 수 없는 선명하고 분명한 관념을 찾기 위해 그때까지 배운 것이나 옳다고 인정해

---

3 *Tijdschrift vor Philosophie*, I (1939), 116-17 (trans. M.W.)

오던 것을 모조리 의심해보자고 제안했던 데카르트의 방법론 주장에 함축되어 있지 않는 내용은 아무것도 없다. 그러나 데카르트가 '방법으로서의 의심'을 옹호하면서 자기가 기대하는 특정한 목표, 즉 엄격한 기하학적 방침에 따라 '최고로 훌륭한 새로운 학문'(marvellous new science)을 재건축할 수 있는 권리를 확보하는 데에 대한 의심을 충분히 막아낼 수 있는 방법을 마련하려는 목표를 가졌던 것과 마찬가지로, 후설은 현상학적 환원을 실천하면 모든 학문이 특정한 방향으로 진행될 것이라는 생각을 가졌던 것으로 보인다. 이 목표에 대한 가장 명확한 진술은 1929년에 소르본대학에서 강연했던 몇 개의 원고를 편집해 출판한 『데카르트적 성찰』(Cartesian Meditations)에서 볼 수 있다. 이 강연에서 후설은 '괄호 속에 세계를 묶는 일', 즉 판단 중지의 수행이 최종적으로 도달해야 할 목표는 어떻게 일상의 객관적 세계가 지각하는 주체(perceiving subject)와 생각하는 주체(thinking subject)에 의존하고 있는지 밝히는 것이라고 주장하였다. 우리가 나와 무관하게 존재한다고 항상 인정하고 사는 세계, 또 내가 나의 바깥에 독립해 있는 객관적 현상으로 항상 경험하는 세계가 보여주는 존재와 이해 가능성 즉 의미는 둘 다 나의 선험적 자아(先驗的 自我, transcendental ego), 즉 나의 모든 일상적이고 통상적인 가정들이 모조리 제거되었을 때에 드러나는 자아에 의해서 주어진 것이라고 밝혀질 것이다. 따라서 판단 중지의 최종 목적은 선험적 주체성(先驗的 主體性, transcendental subjectivity)을 확립하는 것이라고 말할 수 있다.

하지만 여전히 우리는 "이 선험적 주체성은 과연 무엇인가?", 바꿔 말하면, "판단 중지가 완벽하게 수행된 후에 탐구되도록 남겨진 그것, 후설이 '철학을 다시 완전히 새롭게 시작해야 하는 새 지평을 열어준다'고 주장했던 선험적 주체성이란 대체 무엇인가?"라고 물을 수 있다. 완벽한 판단 중지 이후에 남겨진 것 속에는 세 가지 요소가 있는 것으로 생각된다. 첫째 요소는 생각하는 '나'(I who thinks)이다. 이 '나'는 개인으로서의 어떤 특정한 사람(a particular person), 다시 말해 저마다의 역사를 지니고 특정한 곳에서 사는 한 사람이라는 의미의 '나'가 아니다. 후설의 이 '나'는 내가 생각할 때에는 언제나 어떻게든 최소한으로라도 스스로 자각해야 하는 '나'이다. 이 '나'는 칸트의 표현을 빌린다면 '모든 개념의 소유주이자 사용주'(vehicle of all concepts)로서의 '나'이다. 이 '나'는 데카르트가 한 자루의 양초를 보면서 양초에 관한 판단을 만든 자기 자신을 아는 것이 양초를 알았다는 것보다 더 훌륭하다고 결론을 내렸을 때 데카르트가 발견한 '나'이다. 둘째 요소는 이 생각하는 주체의 정신적 행동(mental acts of this thinking subject)이다. 마지막 셋째 요소는 둘째 요소와 완전히 구별될 수는 없는 것이지만, 이 정신적 행동(精神的 行動, mental act, cogito)이 갖는 지향 대상(志向 對象, intentional object, cogitata)이다. 이 대상은 선험적 자아의 활동에 의해서 구성된다.

현상학적 판단 중지의 진짜 목표는 대상들의 구성 과정(構成 過程, constitution of objects)을 명백하게 밝히는 것이라고 생각할 수 있다. 우리 자신을 모든 선입견으로부터, 특히 이 세계의 대상들이 실재하는지 그렇지 않은지 또는 그 반대로 환영인지 아닌지에 관한 모든 선입견으로부터 해방시키려고 시도할 때, 우리는 이 대상들이 우리에 의해서 직접 경험의 의미(sense or meaning)로서 구성되는 방식(또는 그 대상들이 제 자신을 구성한 방식)을 밝힌다. 이 상황은 예컨대 1930년대에 한동안 유럽에서 공식 견해로 통했던 정치사상, 즉 국가는 그 나라의 모든 구성원인 개인들로 이루어진 논리적 구성체라는 신념을 새로운 시각에서 해명하려고 시도했던 것과 비슷하게, 후설이 독자를 이 세계의 대상들은 '구성하는 지성'(constituting intellect)의 어떤 도움을 받아 어떤 자료로 구성되었는지 밝히기 위해서 통상적으로 이 세계의 대상들로 해석되던 사물들을 아주 엄밀하게 해체하는 일에 초대하고 있는 것이라고 생각해볼 수 있다. 우리가 사물들에 기인하는 것으로 생각하는 의미들의 원천은 실은 선험적 자아이기 때문에 선험적 환원은 그 의미들이 조사받는 것을 허용할 것이다. 후설이 관념주의자인지 아닌지 묻는 것은 우리로 하여금 대상이 어떤 관찰자와도 관계없이 독자적으로 세계 속에 존재한다고 믿게 하려고 하거나 믿지 않게 하려는 문제인데, 나는 후설에 관해서는 불필요한 문제라고 생각한다. 우리가 단지 대상들을 줄이고 싶다고 소망함으로써 세계 속에 있는 대상들의 수효를 줄일 수 없다는 것은 확실하다. 이런 의미에서라면 대상은 우리에 대해 독립적으로 존재한다. 그러나 그 물음이 "만일 의식을-가진-사람이 모조리 사라진다면 현재 세계에 존재하는 대상들을 세계가 그대로 포함할 수 있을까?"라는 식으로 제기된다면, 이 물음에 대해서는 "모든 사람이 사라진 후에도 세계가 낱말들과 문장들을 그대로 포함하고 있을까?"라는 물음에 답하는 방식과 정확히 똑같은 방식으로 대답할 수 있을 것이다. 그때 없어지는 것은 의미와 중요성(의의)일 것이다.

후설은 마지막 몇 년 동안 두 가지 문제에 특히 관심을 가졌는데, 그 두 문제 모두 의식이 자신의 세계를 구성하는 방식에 관한 것이었다. 첫째 문제는 시간에 관한 문제(problem of Time)였다. 우리는 이미 앞에서 후설이 다른 무엇보다도 계속 흐르는 음악 선율에 관한 브렌타노의 설명이 부적절하다는 점을 깨닫고 나서 본질에 대한 직접 지각에 찬성하는 논증을 주장했던 사실을 살펴보았다. 후설은 우리가 어떤 순간에 어떤 소리를 그 앞과 뒤의 소리를 머금은 소리로 지각하는 것은 그 소리를 단지 순간순간의 소리 폭발의 연속으로 지각하는 것이 아니라 일정 기간 지속하는 소리(sound of a certain duration)로 지각한다는 사실을 보여주는 것이라고 생각하였다. 이 예를 사용했던 당시에는 후설이 지속 자체에 대한 지각(perception of duration itself)을 우리가 대상을 구성하는 일에 중요하다고 특별히 강조한 적이 전혀 없지만, 칸트에 대한 존경심이 점차 높아지면서 지속 자체에 대한 지각을 점점 더 절박한 연구 과제로 간주하게 되었다. 그리고 그 선율 지각의 예가 유효한 증거로 사용되고 있는 한에서는 1930년대 후설의 대부분의 저작이 이 주제에 집중하고 있는 것으로 보인다. 이제 후설은 선험적 자아가 지속 개념과 객관성 개념을 수반하는 시간 개념(時間 槪念, conception of time)을 단독으로 만들어낸다고 믿게 되었다. 이렇게 해서, 세계 전체가 선험적 자아의 활동에 의해서 구성된다고 설명할 수 있었을 뿐만 아니라, 세계 전체가 선험적 자아 활동 속의 이 유일한 요소에 의해서 구성된다고 설명할 수도 있게 되었다. 그러니까 시간 개념의 발생을 이해하는 사람은 누구나 이 세계의 모든 것을 이해할 수 있을 것이다.

둘째 문제는 다른 사람들에 관한 문제였는데, "우리는 어떻게 다른 사람들이 존재한다는 것을 아는가?" 또는 "선험적 자아와 세계 속의 다른 사람들은 어떤 관계인가?"라는 물음으로 표현할 수 있다. 이 문제 역시 앞에서 이미 암시한 바와 같이 점차 후설과 현상학 일반의 선입견(先入見, preoccupation)으로 자리를 잡게 되었던 것, 즉 우리 세계 속의 대상들의 구성에 대한 탐구의 한 측면으로 간주될 수 있다. 이 주제에 관한 후설의 견해를 밑받침하는 증거는 이번에도 결코 완벽하지 않다. 그러나 다른 사람들에 관한 문제, 즉 간주관성 문제(間主觀性 問題, problem of intersubjectivity)는 1950년 사후에 출판된 『데카르트적 성찰』의 마지막 성찰 5에서 논의되었다. 이 글에서 후설은 이 세계를 '다른 사람들이 본래 살고 있는 세계'(world essentially inhabited by other people)로 보아야 한다고 주장했는데, 이 생각은 후설의 철학 중에서 실존주의의 발전, 특히 사르트르의 실존주의의 발전에 가장 깊숙이 강한 영향을 미친 견해이다. 후설은 다른 사람에 대한 나의 자각에 관한 문제를 설명하기 시작하면서 다음과 같이 말한다.

　그러므로 이 문제는 처음에는 특별한 문제, 즉 '나를 향해 다른 사람들이 거기에 있음'(thereness for me of others)에 관한 문제로, 따라서 다른 사람을 경험하는 일에 관한 선험적 이론의 주제로 진술된다 … 그러나 그 이론의 범위는 처음에 생각했던 것보다 훨씬 더 넓다는 것, 다시 말해 그 이론이 객관적 세계에 관한 선험적 이론의 토대를 마련하는 일에, 그래서 정말 모든 점에 관한, 그중에서도 자연, 특히 객관적 자연에 관한 이론의 토대를 마련하는 일에 기여한다는 것이 곧 명백해진다. 세계에 관한 존재-감지(存在-感知, existence-sense)와 자연, 특히 객관적 자연에 관한 존재-감지는 … 개개의 사람 모두가 모든 다른 사람을 향해 거기에 있음(thereness-for-everyone)을 포함한다. 우리가 어디서든지 객관적 현실에 관해 하는 말에는 항상 이 뜻이 포함되어 있다. 게다가 정신적 술어로 기술되는 대상들은 '경험된 세계'(experienced world)에 속한다. 이 대상들은 그 기원과 의미에 관해서 우리를 주체들에, 일상적인 경우에는 다른 주체들에, 그리고 그들이 능동적으로 구성하는 지향성에 주목하게 한다. 그러므로 모든 문화적 대상—책, 도구, 모든 종류의 작품 등등—에 관해 말하는 경우에는 동시에 개개의 사람 모두가 모든 다른 사람을 향해 거기에 있다는 경험상의 감지를 수반한다. (여기서 말하는 모든 사람은 그 사람이 살고 있는 문화 공동체, 예컨대

유럽인의 문화 공동체, 범위를 더 좁히면 프랑스인의 문화 공동체 등등에
속하는 모든 사람이다.)⁴

이 인용문 속에는 몇 가지 중요한 힌트가 들어 있다. 첫째, 후설은 판
단 중지, 즉 괄호로 세계를 묶어 제쳐놓는 일이 어쩔 수 없이 유아주의
(唯我主義, solipsism)에 빠지게 한다는 점을 암시한 것으로 보인다. 만일
내가 자기의 '의식 안에' 있는 것 이외의 어떤 것도 알 수 없다는 주장
을 인정한다면 내가 어떻게 다른 사람의 존재를 인정할 수 있겠는가?
이런 경우에는 내가 경험한 감각-자료들로 이루어진 전혀 분화되지 않
아 아무런 특성도 없는 세계만 존재해야 할 것이다. 하지만 곧이어 후
설은 두 가지 점을 분명히 밝힌다. 첫째는 내 경험의 일부가 실은 나와
비슷한 다른 사람의 경험이라는 점이고, 둘째는 내가 객관적인 것이라
고 믿고 또 나와 관계없이 독자적으로 제때에 알맞게 존재한다고 믿는
세계 속의 사물들에 관한 내 경험이 다른 사람들의 경험에 의존하며,
그래서 그 다른 사람들 역시 다른 사람들을 관찰하므로 그들 또한 다른
사람들의 관찰 대상이라는 것을 밝힐 수 있다는 점이다. 그러므로 세계
에 관한 경험은 한 사람의 경험을 넘어서 더 많은 관찰자의 경험을 절
대적으로 수반하며, 그렇지 않으면 내가 실제로 알고 있는 세계일 수
없을 것이다. 후설은 이 생각이 자연적 대상들의 세계에 관해서 분명히
옳을 뿐만 아니라, 명확한 문화적 역할을 가진 대상들, 즉 셀 수 없이
다양한 방식으로 우리 삶에 중요한 역할을 하는 대상들에 관해서는 더
없이 명백하게 옳다고 주장한다. 후설은 다른 사람들에 관한 우리의 자
각을 단자(單子, monad)의 자각에 비유하면서, 라이프니츠(G. W. Leibniz,

---

4 *Cartesian Meditations*, v. trans. D. Cairns (The Hague, 1960), p. 92.

2. 에드문트 후설 83

1646-1716)의 "낱낱의 단자가 제각기 세계를 반영한다"는 말의 독특한 의미를 빌려서 정당화한다. 바꿔 말하면, 우리는 사람의 신체가 이 세계의 요소로 존재한다는 것뿐만 아니라 저마다 (대상들이 제 자신 속에 존재하는 것으로 나타나는) 자기의 세계에 관한 자기만의 지각을 가진 인간으로서의 사람들(human persons)도 존재한다는 것을 자각하게 된다. 자기를 향하고 있는 대상으로서의 어떤 사물—이를테면 거리의 건물—을 구성하는 일의 중요한 일면은 내가 그 건물의 앞면을 보는 동안에 다른 어떤 사람은 그 건물의 뒷면을 보고 있고, 또 내가 그 건물을 일하러 가면서 지나치는 장소로 생각하는 동안에 다른 누군가는 종교적 예배 시설이나 자기가 언젠가 지붕을 수리한 건물로 생각한다는 사실이다. 만일 유아주의가 옳다면 대상으로서의 그 건물의 존재도 역사도 기능도 전혀 우리 마음에 떠올릴 수 없을 것이다. 그러나 그 건물은 선험적 자아를 향한 대상으로서 존재하며, 그러므로 다른 사람들도 존재한다.

이 대목에서 다른 사람들이 실제로 존재한다는 결론을 주장하는 이 논증이 미래의 철학을 위해 어째서 혁명적인 주장이고 어째서 중요한 주장인지 잠시 살펴볼 필요가 있다. 세계에 대한 우리의 지각에 관한 후설의 이론은 데카르트식 이론과의 관계를 완전히 끊어버렸으며, 나는 그로 말미암아 데카르트와 그 추종자들뿐만 아니라 영국의 경험주의자들과의 관계도 끊어졌다고 생각한다. 후설의 『데카르트적 성찰』이 데카르트적이라고 말할 수 있는 유일한 의미는 두 사람 모두 학문적 취지(과학적 취지)를 앞에 내세운다는 점과 두 사람 모두 철학이 절대적 토대에 근거를 둔 '전포괄적 학문'이어야 한다는 데카르트의 이상을 구체적으로 실현할 수 있는 방법을 밝히려는 노력을 하고 있다는 것뿐이다. 다른 모든 점에서는 두 사람의 입장은 현상학 자체가 그랬던 바와 같이 전면적이면서 철저하게 대립하고 있다. 데카르트의 경우 독자에게 모든 편견을 버려야 한다는 데카르트의 호소가 겉보기에는 현상학적 환원의 도입과 비슷하다는 느낌을 주지만, 실은 선명하고 분명한 관념을 철학의 토대로 삼아야 한다는 주장은 밀접하게 연관된 두 가지 난점에 부딪힌다. 첫째, 선명성(鮮明性, clearness)과 분명성(分明性, distinctness)의 요구를 최고 수준으로 충족시킨다고 보이는 관념들이 수학의 관념들이고, 그래서 데카르트는 모든 지식을 수학적 확실성, 즉 연역적 확실성(演繹的 確實性, deductive certainty)에 일치시키려는 방침에 맞추었다. 둘째, 우리 목적에는 이 점이 더 중요한데, 데카르트는 관념들을 정신 속의 내용으로 간주하고, 또 그 자체의 속성—오직 관념들을 주의 깊게 조사함으로써만 알아챌 수 있는 선명성·애매성·분명성·다른 관념과의 혼동 가능성 등등—을 가진 것으로 간주하였기 때문에, 이 관념들이 어떻게 정신 바깥의 세계 속에 있는 것과 관계를 맺을 수 있는가라는 문제가 제기되었다. 널리 잘 알려져 있는 바와 같이 데카르트는 이 문제를 이론적으로 해결하지 못하고 신(神, Deity)의 선성(善性, goodness)에 의지하고 말았는데, 만일 관념이 바깥 세계 속의 사물과 실제로 전혀 관련되어 있지 않다면, 선한 신은 우리에게 관념이 바깥 세계 속의 사물과 관련되어 있다고 아주 명백하게 생각되는 관념을 주지 않았어야 할 것이다. 따라서 우리는 데카르트의 문제를 (객관적으로) 존재하는 것을 내가 자각하는 일과 관련된 문제로 간주할 수 있다. 물론 이 문제는 만일 데카르트가 모든 지식의 기준이 내적 기준(內的 基準, internal criterion), 즉 우리 안의 정신적 내용의 선명성과 분명성이라는 기준이라고 고집스럽게 주장하지 않았다면 이런 형태로 제기되지 않았을 것이다.

　영국 경험주의자들의 사상에도 이와 꼭 같은 문제가 생긴다는 사실
은 잘 알려져 있다. 비록 후설 자신은 버클리(G. Berkeley, 1685-1753)의 저
작에서 더 강한 인상을 받았을지라도, 우리는 휴움의 생각을 주의 깊게
집중적으로 검토하게 될 텐데, 그 까닭은 앞으로 순서를 좇아서 살펴보
게 될 모든 프랑스 실존주의, 특히 메를로퐁티의 실존주의가 휴움식 심
리학에 대항하는 특징을 보이고 있기 때문이다. 휴움의 기본 신조는 우
리의 모든 의식 생활(意識 生活, conscious life)은 두 가지 유형의 경험, 즉
인상(印象, impression)을 받는 경험과 관념(觀念, idea)을 품는 경험으로 이
루어진다고 볼 수 있다는 것이다. 인상은 (아무리 추상 정도가 높은 관
념이나 아무리 복잡한 지각일지라도 상관없이) 모든 지각뿐만 아니라
모든 생각을 만들어내는 기본 재료이다. 우리가 추론(推論, reasoning)을
할 때 사용하는 관념들은 인상의 더 희미한 사본(寫本, copy)이다. 이와
달리 우리가 바깥 세계에 있는 대상들을 지각할 적에는 인상을 사용한
다. 그런데 인상은 무상하고 단순한데다가 인상을 받는 누군가에 의존
하기 때문에, 우리가 실제로 지각하는 세계 속에 우리를 위한 대상—
더 정확히 말하면, 지속적이고 다면적이면서 지각하는 사람이 거기에
있든 없든 존재하는 대상—을 구성하기 위해서는 대상 속에 위장되거
나 허구적인 연속성과 고체성을 창조해 부여하는 상상력(想像力, faculty
of imagination)을 사용한다. 상상력의 이 과정을 현상학자의 용어로 말하
면, 실제로는 상상력이 그렇게 위장되거나 허구적인 것들로 이루어지
는 대상을 '구성하는 일'을 하고 있는 셈이다.

　휴움이 우리가 '오직 인상만' 경험한다는 독단적 신조에 헌신하기
때문에 어떻게 후설의 문제, 즉 우리는 어떻게 대상을 세계 속의 대상
으로서 그리고 단지 우리 자신의 의식의 일부에 불과하지 않은 것으로

서 경험하는지 설명하는 문제와 완전히 똑같은 문제에 직면하게 되는
지 깨닫기는 쉽다. 만일 우리가 후설이 이 문제를 해결하는 데 본질적
으로 중요하다고 생각하게 된 경험 속의 두 요소, 즉 시간에 관한 자각
과 다른 사람들에 관한 자각을 다시 살펴본다면, 흄이 제시한 불만족
스러운 답으로부터 후설이 얼마나 멀리 떨어져 있는지 깨달을 수 있다.
(후설의 생각에 대한 완벽한 연구는 이 무렵 그가 칸트에 점점 더 동조
하면서 몰두했던 관심사에 대한 세밀한 분석으로 들어가야 할 것이다.
하지만 현재의 목적을 위해서는 우리의 목표를 더 좁혀서 흄의 학설
이 어떤 경로로든 후세에 남겨놓은 것을 밝히는 데 한정해야 한다.)

　　흄은 '인상'이란 말이 지각 그 자체, 즉 빨강이나 달콤함이나 고통
에 관한 특정한 지각을 가리킨다고 강조하였다. 지각은 우리가 깨어 있
는 상태에서 눈을 뜨거나 다른 방도로 자신을 세계에 노출시킬 때 우리
가 받아들이는 그것이다. 그러므로 흄은 우리에게 우주에 대한 인간
의 관계를 보여주는 일정한 그림을 제공하지만, 그 그림은 실제로 그렇
다고 인정받을 만한 것이 못 되는 그림이다. 왜냐하면 이 그림이 암시
하는 것은 우리의 경험이 인상이라 불리는 단위로 분할된 채 우리에게
일어나며, 그 인상들은 영사막에 연달아 나타나는 영상들처럼 줄지어
잇따라 일어난다는 것이다. 우리는 오직 그 인상들을 순서대로 받아들
일 뿐이다. 우리는 인상들의 계열을 반성할 수 있고, 그런 식으로 우리
자신을 위한 관념을 만들 수 있다. 다시 말해 우리는 오직 인상들을 그
대로 받아들일 뿐이므로 인상들은 어떤 의미에서 모두 동일한 종류의
것이다. 바꿔 말하면, 세계에 대한 우리의 자각 경험을 만드는 재료는
균질의 재료이며, 우리가 나중에 만들게 되는 관념들과는 완전히 본질
적으로 다르다. 어떤 인상들은 희미해서 오히려 관념과 비슷할 수 있

고, 한편 어떤 관념들은 강렬해서 인상과 비슷할 수 있다는 것은 사실이다. 우리는 때로 그런 인상과 관념을 혼동할 수조차 있다. 하지만 그럼에도 그것은 혼동이다. 그것은 어떤 조명 조건 아래서 박쥐를 새라고 생각하는 것과 같다. 이 일은 저지를 수 있는 과오이긴 하지만 그래도 의심의 여지없는 과오이다. 인상들 자체는 바로 그 본성에 의해서 고체성·지속성·공개성·그 자체로서 본래 갖춘 의미나 중요성을 가질 수 없다.

어떤 사람은 기술 심리학에 관한 브렌타노의 연구 계획을 우리가 세계와 맺는 관계에 관한 흄의 설명이 얼마나 잘못된 것인지를 자세히 알아보려는 시도로 간주할 수도 있을 것이다. 지향성에 관한 브렌타노의 조사, 즉 무언가를 바라는 마음·무언가를 사랑하는 마음·어떤 소리를 듣는 마음 등등이 실제로 어떻게 다른가를 밝히려는 모든 시도는 흄의 견해, 즉 세계에 대한 우리의 관계는 항상 동일하며, 우리는 단지 인상들이 들어오는 대로 받아들이면서, 말하자면 수동적으로 앉아 있다는 생각과는 정반대의 입장에 서 있다고 할 수 있다.

실제로 흄 자신도 인상과 관념으로 가르는 독단적 이분법을 불만스럽게 생각한 대목이 있는 것으로 보이는데, 그것은 흄이 도덕 감각(道德 感覺, 良心, moral sense)에 관해 쓰고 있는 대목이다. 흄은 우리의 도덕 감각은 '느낌이나 감정'(feeling or sentiment)이며, 그래서 인상 같은 것, 더 정확히는 일련의 관념이라기보다는 오히려 일련의 인상 같은 것이라고 말한다. 도덕 감각(양심)에 찔린 느낌은 찌르는 듯한 고통 또는 갑작스런 쾌감이나 메스꺼움 같이 우리에게 직접 충격을 주는 것으로 상정된다. 그러나 이번에는 흄이 쾌감에 관한 도덕 감각이나 고통에 관한 도덕 감각이 어떻게 다른 고통 감각이나 쾌감 감각과 구별되는지 설명해야 하는 문제에 직면하지 않을 수 없다. 왜냐하면 만일 우리가 어떤 행위를 의도하면서 도덕적 쾌감(道德的 快感, moral pleasure)을 느낄 때 곧바로 그 행위가 '좋다'(good)고 느낀다면 우리는 이 종류의 쾌감을 포도주나 음악을 '좋다'(good)고 말하게 하는 쾌감과 구별할 수 있어야 하는데, 이 경우의 '좋다'는 말의 의미는 행위의 경우의 '좋다'는 말의 의미와 다르다는 것이 명백하기 때문이다.

휴움은 이 문제에 대한 답을 두 가지 방식으로 하고 있는데, 내 생각에는 두 방식 모두 휴움의 독단적 입장의 토대를 허무는 것으로 보인다. 첫째로, 휴움은 특별한 도덕적 쾌감이나 고통은 우리가 특별한 종류의 대상, 즉 행위자의 성품과 동기를 알 때만 일어난다고 말한다. 이 말은 도덕적 쾌감을 이를테면 음악에서 느끼는 쾌감과 비슷한 것으로 상정하고 있는데, 음악에서 느끼는 쾌감은 기분 좋은 음악을 들을 때만 생기고 아름다운 풍경을 볼 때는 생기지 않는 특이한 종류의 쾌감이다. 휴움은 우리 모두가 갖가지 쾌감의 대상을 살펴봄으로써 한 종류의 쾌감과 다른 종류의 쾌감을 구별하는 데 익숙하다고 말한다. 그런데 이 답은 우리가 갖고 있긴 하지만 그 대상을 살펴보지 않고서는 확인할 수 없는 어떤 느낌—순수한 인상—이 있다는 것을 암시한다. 하지만 휴움의 독단적 철학의 전체 진로는 우리가 받아들인 인상들로 대상을 만드는 과정을 밝히는 것인데, 인상들 자체는 우리가 그에 선행하는 대상을 살펴봄으로써 수정하거나 제각기 구별하는 방도가 전혀 없는 것들이다. 우리가 음악에서 얻는 특이한 쾌감과 관대함에서 얻는 특이한 쾌감의 구별은 브렌타노의 기술 심리학에서 정밀하게 이루어진다고 보는 것이 당연할 텐데, 그런 구별은 지향성 개념의 도움 없이는 수행될 수 없기 때문이다. 결국 지향성은 단지 우리의 내적 경험이 대상을 고려하는 것일 따름이다.

그 문제에 대한 휴움의 두 번째 답도 첫 번째 것보다 더 나은 답으로 인정받기는 어렵다. 휴움은 어떤 대상이 도덕적으로 좋다(선하다)거나 나쁘다(악하다)고 말하게 하는 특별한 쾌감이나 고통을 일으키는 것은 오직 우리가 그 대상을 특별한 방식으로 생각할 때뿐이라고 말한다. 어떤 대상이 도덕적 감정을 일으키기 위해서는 우리가 그 대상을 자신의 특별한 이익을 고려하지 않고 일반적 관점에서 생각해야 한다.[Hume, *Treatise*, Bk. III, sec. 2.] 그렇다면 우리는 쾌감이나 고통의 단순 인상(單純 印象, simple impression)과는 다른 그 이상의 어떤 것을 갖는 것으로 생각된다. 왜냐하면 이 주장은 우리가 먼저 그 대상의 특성을 사람의 삶에 일반적으로 중요한 것으로 간주해야 하는 도덕적 입장(道德的 立場, moral standpoint)을 채택해야 한다는 것을 암시하기 때문이다. 이렇게 되면 "그 대상은 나를 유쾌하게 하거나 불쾌하게 하는가?"라는 물음이 실제로는 "그 대상은 만일 내가 그런 특성이 일반적으로 드러나는 인생을 상상한다면 나를 유쾌하게 만드는가?"라는 의미를 갖는 것으로 보아야 한다.

우리는 이제 눈앞의 관대한 행동이라는 특별한 대상을 의미를 가진 것, 그 관대한 행동이 보편적 특성을 대표하는 것으로 간주하라고 요구받고 있는 것이 분명하다. 이 요구는 만일 우리가 초록색 인상을 받았다면 그 정체를 확인하기 위해서 그 초록색 인상을 반드시 보편적 초록색을 대표하는 것으로도 간주해야 한다는 말로 바꾸어 표현해도 괜찮다. 그러나 관대함의 경우는 우리가 추상의 사다리를 더 높이 올라가지 않고서는 그 행동을 관대함으로서, 그러므로 좋음(선)으로서 확인할 수 없기 때문에 어려움에 부딪친다. 왜냐하면 우리는 관대함이 많은 실례에 나타나는 특성일 뿐만 아니라 —이는 초록색에도 옳은 말이다—만일 관대함이 그 행동에 나타난 것보다 더 크게 나타난다면, 또는 만일 모든 사람이 관대함을 갖추게 된다면, 이 세계가 달라질 뿐만 아니라 더 좋아지거나 나빠진다는 점을 고려해야 하기 때문이다. 앞에서 내가 '도덕적 입장을 선택하는 것'이라고 언급했던 것은 우리가 도덕적으로 중요한 특성을 다루고 있다는 것을 깨닫는 것이다. 그래서 흄은 우리가 '도덕적으로 좋다(선하다)거나 나쁘다(악하다)고 언급하는 느낌이나 감정 같은' 인상을 받을 수 있는 것은 오직 이런 방식으로 개별 행동의 의미나 중요성을 파악했을 때뿐이라고 말하는 것 같다. 도덕 감각은 침착한 열정이고, 그러므로 이성과 매우 비슷하다는 흄의 약간 부자연스러운 양보는 인상이 관념과 다르다고 구별한 엄격한 독단적 견해에 대한 이 해결책이 지닌 심각한 난점을 전혀 완화시키지 못한다.

일단 인상과 관념의 구별이 무너졌다고 인정하자마자, 우리는 후설이 탐구했던 물음, 즉 "세계에 대한 우리의 의식과 지식은 실제로는 모조리 해석의 산물이지 않을까?" 그리고 "대상들은 모두 실제로는 우리에 대한 의미나 중요성을 고려해서 우리를 위한 대상으로서 구성되지 않았을까?"라고 물을 수 있다. 세계에 대한 우리의 경험은 모두 우리가 현상학적 환원을 얼마나 엄밀하게 수행해야 하든 간에 곧장 필연적으로 의미들에 관한 경험이라고 여겨질 수 있을 것이다.

따라서 다시 앞의 논의로 돌아가 생각해보면, 이제 다른 사람들은 우리의 의식에 단지 모자와 외투와 우산 아래에 있는 것처럼 보이는 (유비 논증(argument by analogy)에 의해 주장되는) 우리와 상당히 비슷한 사람, 즉 물리적 대상이 아닌 것으로서 나타난다. 이제 우리는 말하는 사람의 말소리를 엔진의 소란스런 소리나 소의 울음소리를 듣는 방식과 똑같은 방식으로 듣지 않는다. 다른 사람이 이야기하는 말소리를 듣는 경험은 필연적으로 그 즉시 다른 자아(alter ego)에 관한 경험의 한 부분, 즉 제 자신의 관점에서 세계를 해석해서 반영하는 단자에 관한 경험의 한 부분이다. 이 경우 우리가 직접 체험하는 것은 다른 사람에 관한 아주 복잡한 지각이기 때문에 우리는 인상과 관념을 도저히 구별할 수 없다. 게다가 후설이 주장한 바와 같이, 우리와 독립적으로 존재하고 또 우리에게 중요하고 우리가 사용하는 등등의 지속하는 대상들의 세계에 관한 생각 전체는, 이 대상들이 우리와 다른 사람들을 향해 존재하며 우리보다는 다른 사람들에게 쓸모 있다는 인식에 의존한다. 그러나 이 말은 통상 다른 사람에 관한 인상들로 묶이는 인상들 일반 아래에 인상들의 하위-집합이 있다는 뜻이 아니다. 오히려 이 말은 다른 사람들이 세계에 대한 우리의 자각에 들어와서 세계를 완전히 새로운 방식으로 구성한다는 뜻이다. 데카르트의 문제는 "우리는 기껏해야 자신의 선명하고 분명한 관념들만 갖고 있는 상태에서 어떻게 우리가 상상하는 대로의 세계가 존재한다는 것을 아는가?", 바꿔 말하면 "우리는 어떻게 정신의 내용과 정신 바깥의 비-정신적 사물과 관계를 맺을 수 있는가?"라는 것이었다. 이제 이 데카르트의 문제는 답에 도달한 것이 아니라 통째로 폐기되어 버렸다. 따로따로 검사할 수 있는 경험 단편들로서의 정신의 내용과 우리의 의식이 지향하는 대상들을 구별하려는 시도는 지향성 개념에 의해서 터무니없는 것으로 밝혀졌다. 새로운 철학적 방법이 만들어질 수 있는 환원을 수행하는 과정에서, 우리는 세계에 관한 모든 선입견, 그리고 이미 살펴본 바와 같이 일상생활을 위해 필요할지도 모르는 모든 인과적 신념과 과학적 신념을 한쪽으로 제쳐놓았다. 하지만 이제 우리에게 남겨진 것은 일련의 인상들이 아니다. 우리는 적어도 후설의 후기 저작 속에서는 다른 무엇보다도 세계를 구성하는 능력을 갖춘 선험적 자아와 함께 있게 되었다. 이제 우리는 제 자신의 관념들이나 인상들과 함께 있는 것이 아니라 자기 자신의 세계와 함께 있다.

우리는 나중에 흄의 입장에 대한 이 거부가 어떻게 프랑스 실존주의에서 두 가지 지각, 즉 전체로서의 세계에 관한 지각과, 특히 우리 자신과 나머지 물리적 세계 사이의 조정자로서의 자신의 신체에 관한 지각에 대한 아주 독특하고 미묘한 설명으로 발전했는지 살펴보게 될 것이다. 우선 지금은 후설의 후기 사상의 마지막 한 가지 특징을 언급할 필요가 있는데, 이 특징은 간주관성 문제와 관련해서 실존주의 철학의 특징을 이루는 관심을 자아내었다. 그것은 후설의 사후에 출판된 후기의 원고 속에 점점 자주 나타나는 생활-세계(生活-世界, Lebenswelt) 또는 생활-경험의 세계(生活-經驗의 世界, world of lived experience)에 관한 생각이다. 후설은 생전에는 이 개념에 관해서 아주 모호한 힌트만 비친 채 그대로 두었다. 그러나 메를로퐁티는 책으로 묶어 출판하려고 후설의 모든 논문을 광범위하게 연구하였다. 『유럽 학문의 위기와 선험적 현상학』(The Crisis in European Science and Transcendental Phenomenology)은 후설의 마지막 저작인데, 그가 죽기 전에는 완전한 모습으로 출판되지 않았다. 그런 까닭에 실존주의가 생활-세계라는 생각을 받아들이게 만든 사람은 메를로퐁티라고 할 수 있다.

간단히 말하면, 생활-세계는 생활-경험의 세계, 다시 말해 그 세계를 공유하는 사람들의 사회적 조건이나 문화적 조건에 따라 그 세계만의 독특한 스타일이나 구조를 갖는 세계이다. 그러한 생활-세계에 관한 탐구가 어떻게 간주관성에 관한 『데카르트적 성찰』에서의 작업의 뒤를 이어 자연스럽게 일어났는지는 앞으로 드러날 것이다. 그 생활-세계에서는 이미 본 바와 같이 단자들은 특정한 시간과 독특한 문화의 세계를 반영하기 때문에 서로서로 근본적으로 관련되어 있다. 객관적 세계의 특징인 개개의 사람 모두가 모든 다른 사람을 향해 거기에 있다는 것(thereness-for-everyone)은 우선 무엇보다도 프랑스에 사는 모든 사람, 또는 유럽에 사는 모든 사람, 또는 서로의 목적을 대체로 이해할 수 있는 모든 사람이 서로서로 그들 모두를 향해 거기에 있다는 것이다. 후설은 이제 현상학적 환원과 그에 따른 경험 분석이 현상학자에 의해 착수될 수 있기 전에 과학의 전제 가정들을 폭로하기 위해서 일종의 예비 환원, 즉 과학의 중지가 필요하다고 생각하였다. 그 전제 가정들은 —사회적으로 결정되진 않았더라도 적어도 사회적으로 속박되어 있는—생활-세계를 바로 특정한 사회적 집단이 이해하고 해석한 그대로의 세계 전체라고 간주하는 생각 속에 있다.

이 생각은 객관성 개념을 올바르게 이해해보려는 긴 과정에서 다시 한 단계 더 나아간 것이다. 『데카르트적 성찰』에서는 나 한 사람보다 더 많은 사람이 존재하지 않는 대상들의 세계는 있을 수 없다고 주장되었다. 이제는 객관적 세계에 관한 우리의 생각이 나와 함께 살아가는 약간의 다른 사람의 생활 방식뿐만 아니라 우리가 구성원으로 속해 있는 집단의 생활 방식에 의존한다고 주장되고 있다. 또한 객관적 세계는 우리가 자기 집단의 구성원들과 어떤 전제 가정들을 공유하는지 공유하지 않는지가 아니라, 그런 전제 가정들이 없으면 세계가 우리의 세계일 수 없다는 것을 깨닫지 않고서는 우리 세계의 객관성을 분석할 수 없다고 상정되고 있다. 생활-세계는 우리가 특정한 시간과 공간에서 실제로 설정한 방침에 따라 분류해서 편성한 세계이다. 철학자로서의 우리 목표는 나중에 세계에 관한 우리 생각 속의 '논리적 뼈대'(logical framework)라고 불리는 것, 즉 이 범주-체계를 드러내어 해명하는 것이어야 한다. 만일 우리가 후설의 후기 저작 속에 있는 이 안내의 끈을 계속 붙잡고 따라간다면, 실존주의가 후설에게 그렇게 많은 빚을 졌으면서도 결국에는 인류학(人類學, anthropology)을 편들면서 실질적으로 단념되었다는 사실을 알게 된다 하더라도 놀라지 않을 것이다. 후설 자신은 (메를로퐁티의 『철학과 사회학』(Le Philosophie et la Sociologie, 1951)을 보면) 자기가 레비-브륄(Lévy-Bruhl, 1857-1939)의 생활-세계 개념을 미리 예상했다고 믿고 싶어 했었다. 이런 개인적인 믿음이야 어찌 됐든 (메를로퐁티가 알려주는 바와 같이) 후설과 레비-스트로스(Lévi-Strauss, 1908-2009)를 연결하는 노선은 아주 명백하다. 실존주의는 발전해가다가 도중에 떨어져버리고 말았다.

마르틴 하이데거

후설의 사상이 프랑스에서 발전해나간 과정을 추적하기 전에, 우리는 실존주의에 미친 아주 중요한 다른 영향, 즉 하이데거(Martin Hei-degger, 1889-1976)의 영향을 살펴보아야 한다. 실은 이 경우에는 영향이라는 말이 적절하지 못하다고 보아야 하는데, 그 까닭은 하이데거를 최초의 진정한 실존주의자, 그러므로 실존주의 철학을 알려면 맨 처음 만나야 하는 첫 번째 실존주의 철학자로 취급해야 하는 훌륭한 이유가 있기 때문이다. 그렇지만 하이데거 자신은 이 명칭을 거부하였다. 이 거부를 이해하기 위해서는 철학자들의 생각이 일생 동안 자주 바뀌면서 발전한다는 사실과 하이데거를 한 권의 실존주의 저작을 펴낸 사람으로 간주하는 것이 완전히 정당하다 할지라도 나중에 출판된 성숙한 저작은 실존주의자로 간주할 수 없게 한다는 사실을 아는 것만으로도 충분하다. 또 하나 주목할 필요가 있는 사실은 하이데거의 저작들 중에서 가장 '실존주의적 저작'인 『존재와 시간』(存在와 時間, *Sein und Zeit*)이 실은 완벽하지 않다는 점이다. 이 책이 미완성으로 그친 이유는 틀림없이 하이데거가 자신의 생각을 완전히 새로운 방식으로 다시 조직하려고 했었기 때문이라고 추측해볼 수 있는데, 하이데거는 마음속으로 계획했던 이 저술을 끝내 완성하지 못했다. 이런 단서를 붙일 필요가 있긴 하지만, 그럼에도 우리가 초기 하이데거를 실존주의자로 취급하는 것은 당연하다.

하이데거가 맨 처음 출판한 철학적 저작은 둔스 스코투스(Duns Scotus, 1266-1308)에 관한 박사학위 논문인데 1916년에 출판되었다. 그 후 하이데거가 출판한 중요한 저작은 1927년에 나온 『존재와 시간』의 제1부였다. 이 책이 출판된 직후에 하이데거는 『브리태니커 백과사전』의 현상학 항목의 원고를 작성해 나갔는데, 공동으로 집필하자는 후설의 제안을 받아들여 작성하기 시작했던 것이 분명하다. 하이데거의 이 원고는 두 사람의 의견 차이가 드러났기 때문에 실제로는 출판되지 않았다. 그래서 결국 후설이 혼자 쓴 원고가 『브리태니커 백과사전』에 실렸다. 그런데 후설의 이 논문과 하이데거의 출판되지 못한 원고는 흥미로운 차이점을 보여주고 있다. 하이데거는 현상학적 방법에 관한 해설을 철학의 일반적 목적에 대한 설명으로 시작하면서, 철학은 '존재로서의 존재'(being *qua* being)를 연구해야 한다고 말하고 있다. 그는 이어서 현상학에 관해서 현상학의 중요성은 존재에 관한 우리의 의식(our consciousness of being)을 깊이 성찰할 필요가 있다는 것을 밝히는 데 있다고 말한다. 다시 말해 현상학은 '의식으로 회귀의 필연성'(necessity of a regress to consciousness)을 자각해야 하고, 또 회귀하는 동안에 열려진 지평(field opened up during to regress)을 탐색해야 한다는 것이다. 그러나 현상학은 본질적으로는 존재론(存在論, ontology)에 종사해야 한다. 현상학은 단지 존재-자체(Being itself)를 탐색하는 본격적인 철학적 임무에 예비적으로 필요할 뿐이다. "우리는 인간 삶의 존재 양식이 모든 다른 존재의 존재 양식과 완전히 다르다는 것과 그래서 인간 삶의 존재 양식이 그 속에 '선험적 구성'의 가능성을 본래 포함한다는 것을 밝혀야 한다." 이 점을 밝히는 일은 존재-전체(existence as a whole)를 고찰하는 일과 다른 사물의 존재와 접촉하는 사람의 존재 양식을 고찰하는 일을 포함한다. 현상학은 이런 탐구를 하는 데 충분하지 못하다.

현상학이 완결된 후에 철학에 남는 무언가가 있고, 거기서 주체(主觀)를 근거로 하여 선험적 자아를 탐색한다는 과제는 철학의 주제 전체가 될 수 없다는 하이데거의 생각이 후설의 신념들과 완전히 상반된다는 것은 두말할 필요가 없다. 그래서『브리태니커 백과사전』의 현상학 항목의 공동 집필 제안 이후에는 후설과 하이데거는 더 이상 공동 작업을 하지 않았을 뿐 아니라 실제로 두 사람은 만나는 횟수가 점점 줄어들면서 소원해졌다.

하이데거가 그다음 출판한 책은『칸트와 형이상학 문제』(Kant and the Problem of Metaphysics, 1929)인데, 이 책은 칸트에 대한 세밀한 비판의 일부로서 칸트가 철학에서 주체적 방법(主體的 方法, subjective method)을 제한한 점을 공격하고 있다. 하이데거는 칸트가 주체성 위에, 다시 말해서 관찰하고 생각하는 주체에 비친 세계 양상에 대한 설명 위에 형이상학을 세우려고 시도하고 있다고 설명하고 나서, 이는 자기의 목적을 스스로 좌절시키는 시도라고 주장하였다. 하이데거는 칸트의 실패가 인간의 '형이상학적 본성'에 제한을 가하고 있는 그의 '인간 개념'에서 비롯된 필연적 결과라고 역설하였다. 하이데거는 인간의 본성에 칸트가 가했던 제한을 제거하고, 더 나아가 인간은 단지 관찰자나 자신의 세계의 구성자에 불과한 존재가 아니라 그 세계의 구성원이자 시간 속에서 역사와 역사적 운명을 가진 완벽한 존재라고 주장하였다. 후설은 하이데거의 『칸트와 형이상학 문제』를 읽다가 여백에 논평을 적어 놓았는데, 하이데거가 '순수한 선험적 자아'를 이 색다른 '역사적 인간 개념'으로 바꿈으로써 철학, 특히 현상학을 인류학으로 변질시켰다고 기록하였다. 혹시 누군가 그렇게 말하고 싶다면, 우리는 다시 한 번 후설의 이 논평에 슬쩍 드러난 예견, 즉 실존주의가 최종적으로 사회학이나 인류학으로 전락한 결말을 포함해서 실존주의의 전체적 발전 과정과 소멸에 대한 예견을 볼 수 있다고 하겠다.

이 시기에는 규모는 작지만 더 중요한 저작이 한 권 더 있는데, 그건 하이데거의 교수 취임 강연인 『형이상학이란 무엇인가?』(*What is Meta-physics?*, 1929)라는 책이다.[1] 이 책에서도 하이데거는 철학의 근본 문제는—곧 이어서 살펴보게 되는 바와 같이—존재에 접근하는 수단(means of access to being)이라고 말하고 있다. 그런데 여기서는 어떻게 특정한 개인과 관계없는 선험적인 것으로서의 의식이 단독으로 세계를 구성할 수 있는가라는 문제와 관련된 후설의 선입견에서 멀어지려는 움직임이 더욱 명백하다. 인간-존재의 본성은 모든 존재의 본성에 관해서 그 너머의 문제를 해명하는 수단으로서만 중심 역할을 한다. 세계가 인간의 의식을 위해 어떻게 구성되는가를 고찰하는 것은 더 이상 충분하지 않다. 우리는 단지 의식에 불과한 것이 아닌 인간이 어떻게 전혀 다른 종류의 존재의 본성을 해명하는 실마리를 제공할 수 있는지 성찰해야 한다.

---

1 Trans. R. F. C. Hull and A. Crick, 1949. Published in *Existence and Being* (see p. 141 below).

하이데거의 다음 주요 저작은 1929년 이후 매우 긴 시간이 지난 1936년에 나왔는데, 이번 저작은 『횔덜린과 시의 본질』(*Hölderlin und das Wesen der Dichtung*)이란 제목을 가진 전혀 다른 종류의 책이다. 이 시기 이후 하이데거는 존재를 파악하는 일에 다른 방식을 더 많이 사용했는데, 그것은 철학하는 방법으로서의 철학적 방법과 거의 또는 전혀 관련이 없는 방식이었다. 그는 존재의 진실에 대한 통찰(insight into Truth of Being)을 언어(言語, language)로부터, 특히 시의 언어(language of poetry)로부터 뽑아내는 시도에 더욱더 노력을 기울였다. 무엇보다도 특히 그는 제 자신의 역사를 지니고 '기분과-융합한-사고'(thought-feeling)를 통해서 존재의 진실을 들추어내면서 사는 인간, 요컨대 세계 속에서 탐색하며 불확실하게 사는 대상으로서의 인간상(人間像, picture of man)을 제시하려고 시도하였다. 그러므로 하이데거는 '순수한 선험적 자아'라는 후설의 개념과 개인적 특성을 전혀 갖지 못한 '개념들의 소유주이자 사용주'라는 칸트의 개념을 거부했으며, 또한 철학자가 탐구해야 하는 세계가 관찰자의 눈 뒤에 있는 어떤 다른 관점에서 본 세계이어야 한다는 생각도 거부하였다.

우리는 이미 후설이 정신의 내용과 정신 바깥의 세계를 가르는 이분법의 승인을 거부함으로써 어떻게 데카르트와 흄의 주체성(주관)을 바꾸었는가를 살펴보았다. 하이데거는 여기서 더 나아가 세계 전체를 역사적 현상(歷史的 現象, historical phenomenon)으로서 설명하려고 시도하였다.

하이데거는 현상학에서 멀어지면 멀어질수록 더욱더 실존주의자와 비슷하지 않은 철학자로 변해 갔다. 1949년에 발표된 「인도주의의 근황」(letter on Humanism)이라는 흥미로운 논문에서 하이데거는 "내가 현재까지 아는 바로는, 후설도 사르트르도 존재(Being, 있음)의 역사적 인자의 본질적 장소를 인식하지 못했기 때문에, 현상학도 실존주의도 마르크스주의와 건설적 논쟁이 일어날 수 있는 차원에는 전혀 들어서지도 못했다"고 말했다. 수많은 사람의 눈에 전형적이자 완벽한 실존주의 사상가로 보이고 또 그렇게 여기는 것이 당연한 사르트르가 도리어 하이데거와 똑같은 운명을 겪었다는 사실은 주목할 가치가 있다. 사르트르의 실존주의는 거의 전적으로 초기의 『존재와 무』(Being and Nothingness)라는 책에 담겨 있고, 또 후기의 저작들은 그가 모든 의도와 목적에서 철학적 인류학자가 될 때까지 점점 더 '객관적 연구' 쪽으로 기울어져 갔다. 사르트르의 실존주의의 경우에는 허울뿐인 마르크시즘이 실존주의로부터 나오는 것으로 주장되었다.

그렇다면, 우리가 하이데거든 사르트르든 실존주의자로서 다룰 때에는 두 사람의 철학적 발전의 전체 과정에서 단지 한 부분만 언급하고 있다는 점을 꼭 기억해야 한다. 그리고 지금까지는 현상학적 환원에 대한 거부와 객관적 세계의 구성에 관한 후설의 이론에 대한 거부는 진보를 위한 거부이므로 하이데거 철학의 발전으로 볼 수 있다. 앞에서 암시했던 바와 같이, 하이데거는 세계를 지각하면서 구성하지만 세계에 포함되지 않는 '선험적 자아', 즉 '획일적인 순수한 나'를 따로 떼어내는 시도를 거부하였다. 그 대신 하이데거의 관심은 우리가 존재(Being, 있음)를 어떻게 해석할 수 있는지에 관계없이 존재에 집중되었다. 또한 하이데거로 하여금 결국 현상학뿐만 아니라 실존주의를 거부하게 만든 것도 바로 이 관심이었다.

하이데거의 저작들을 검토하면서 우리가 결코 정확하다고 할 수 없는 해석에 만족할 수밖에 없다는 점은 피할 수 없는 것으로 생각된다. 후설의 경우에는 언어가 애매해서 난해하고, 또 철학에 관한 종합적인 계획이 모든 지식을 학문적 기초(學問的 基礎, scientific basis) 위에 세운다는 데카르트의 계획과 마찬가지로 아주 웅장한 것이었음에 반해서, 우리가 하이데거의 책을 읽으면서 부딪치는 어려움은 종류가 다를 뿐 아니라 내 생각에는 더욱 심각하다. 왜냐하면 하이데거의 저작은 정확성을 목표로 삼고 있지 않으며, 또 그의 계획은 학문적 계획(學問的 計劃, scientific plan)이 아니기 때문이다. 하이데거는 후기 철학에서는 아주 분명하게 논리적 사고의 힘 (power of logical thinking)이 아니라 시적 사고의 힘(power of poetical thinking)을 실증하는 것을 목표로 삼고 있으며, 또한 『존재와 시간』에서조차도 하이데거의 글쓰기 방법이 논리적 표현과 시적 표현을 층층이 여러 겹 쌓는 방식인데다가, 그가 실제로 사용한 용어들은 표준 용법을 따르지 않는 새로운 조어(造語)여서 친숙하지 않아 어색하다. 따라서 전체적 이해는 불가능하다고 보아야 하며, 어쩌면 하이데거가 의도하고 있는 것을 파악하기도 어렵다고 보아야 할 것이다. 흄의 도덕성과 마찬가지로 하이데거의 철학은 옳고 그름을 판단할 대상이 아니라 거기에 동조해서 느껴야 할 대상이다. 그래서 하이데거의 철학을 해설하는 일은 쉽지 않다.

내가 이제부터 이 일을 어떻게 시도하는지에 대해 간략하게 설명할 필요가 있는 것 같다. 하이데거 철학을 영어로 해설한 대부분의 책이나 하이데거의 저서를 영어로 번역한 책들은 하이데거 사상이 지닌 피할 수도 없고 감내하기도 어려운 애매성 때문이 아니라, 특히 문장들 속에 등장하는 수많은 새로운 조어나 하이픈으로 연결된 낯선 낱말 때문에 사실상 읽기 어렵게 되어 있다. 예컨대 하이데거는 시간 속에 있는 인간의 입장—현재 순간에 있지만 과거와 미래를 둘 다 자각하고 있는 인간의 입장—을 언급하려고 할 경우에 *Ekstasis*라는 낱말을 사용한다. 그러나 하이데거는 이 낱말의 의미에 포함되어 있는 'standing back' ([전체를 보려고] 뒤로 물러나서 보다)이란 요소를 분명히 드러내기 위해서는 '*Ek-stasis*'라고 썼다. 일부 주석자와 번역자는 이 점을 아랑곳하지 않고 독일어 낱말을 그대로 사용하며, 다른 일부는 더 유감스럽게도 여전히 영어 낱말 'ecstasy'(무아경, 황홀)를 사용하고 있는데, 그렇다면 이 낱말이 통상적으로 의미하는 것을 의미하지 않다는 점을 드러내기 위해서는 'ec-stasy'라고 써야 할 것이다. 내가 보기에 이런 일은 터무니없는 짓이다. 만일 하이데거가 어쨌든 이해할 수 있는 무언가를 말하고 있다면 영어 문장으로도 이해할 수 있어야 한다. 에두른 표현이 필요하다는 것은 당연하다고 할 수 있지만 에두른 표현에는 새로운 언어를 발명할 수 있게 해주는 어떤 근거도 있을 수 없다. 이런 에두른 표현이 결국 이해를 방해하는 것일 수밖에 없다는 것은 확실하다. 더욱이 독일어는 복합 개념(複合 槪念, complex concept)을 하나의 낱말로 표현하는 일을 영어보다 훨씬 더 쉽게 할 수 있는 언어이다. 하이데거가 독일어로 말한 것을 똑같은 수효의 영어 낱말로 말하려는 것은 오해를 일으키고 혼란을 일으키는 일이다. 이 경우에는 우리가 더 많은 노력을 할 필요가 있다. 그러므로 나는 하이데거의 모든 전문적 용어에 대해서 정확히 똑같은 영어 낱말을 제시하려고 하지 않을 것이다. 나는 그 전문적 용어들의 의미를 내가 이해한 한에서 맥락에 따라 때로는 이런 표현 때로는 저런 표현으로 전달할 것이므로 단 하나의 동의어(one-word equiva-lent)로 표현하는 경우는 거의 없을 것이다. 나는 하나의 개념에 관해서만큼은 일관성을 유지하려고 열심히 노력했는데, 그 개념은 인간(人間,

human being)이라는 핵심 개념이다. 인간에 관한 하이데거의 용어는 'Dasein'이며 글자 그대로의 뜻은 'Being there'(거기에 있음, 드러나 있음)이다. 하이데거는 이 표현을 사용해서 누구나 한 인간을 세계의 중앙에 있는 존재로 간주하지 않고서는, 다시 말해 한 인간을 다른 사물들의 한가운데에 자리 잡고 존재하는 것으로 간주하지 않고서는 그 인간을 성찰할 수 없다는 사실을 강조하려고 했다. 그의 철학의 발전 과정에서 상당히 후기에 속하는 단계에서 하이데거는 이 종류의 존재자가 세계 속의 거기에(there) 존재한다는 사실을 더욱 강조하기 위해 'Dasein'을 'Da-sein'으로 쓰는 방식을 택하였다. 나는 하이데거가 인간 이외의 어떤 것도 'Dasein'이나 'Da-sein'으로 지칭한 적이 없기 때문에 둘 다 알기 쉽게 '인간'(人間, 사람, human being)으로 번역하였다. 더 나아가 나는 때로는 '인간들'(사람들, human beings)이라는 복수명사를 자유롭게 사용하는 쪽을 택했다. 왜냐하면 하이데거의 독특한 문체가 지닌 매우 끈질긴 한 가지 특징이 모든 것을 반드시 추상명사로 언급하는 성향, 그러므로 단수명사로 언급하는 성향이기 때문이다.

하이데거의 원문을 이처럼 약간 냉정하게 다룸으로써 잃는 것은 첫째로는 하이데거가 실제로 창작하여 사용한 언어가 만들어내는 분위기이고, 둘째로는 오랜 세월 공유해온 낱말에서 글자 뜻 그대로의 의미를 짜내어 보여줌으로써 독자가 약간의 새로운 통찰을 얻기를 바라고 있는 하이데거가 전달하려는 의미이다. 그러나 이런 손실은 우리가 하이데거의 사상을 어떻게든 그 밖의 다른 철학과의 관계를 유지하는 방식으로 설명하고자 한다면 피할 수 없는 것으로 생각된다.

존재(Being, 있음)를 이해하기 위해서는 "도대체 왜 사물들이 실제로

있는가?" 그리고 "사물들은 어떤 방식으로 있는가?"라는 물음의 답을
알아야 한다. 기존에 제안된 해답에 모조리 반대하는 하이데거는 종래
의 물음은 충분한 데까지 도달하지 못한 것이므로, 우리는 그 물음의
배후로 넘어가서 어떻게 특별한 종류의 존재가 가능한가를 밝히는 더
욱 근본적인 설명으로 나아갈 필요가 있다고 반론을 제기할 수 있었다.
왜냐하면 그는 누구든 개별적으로 존재하는 대상들에 집중하지 말고,
존재-일반(存在一一般, Being-in-general), 즉 (아마 틀림없이) 세계 속의 온
갖 종류의 모든 사물에 공통하는 것(What is common to all the different kinds
of things in the world)에 집중해야 한다고 역설하기 때문이다. 이 주장을
비판하기는 쉽다. 이따금 "어떻게 이러이러한 것은 가능한가?"라는 칸
트식 물음을 몇 번이고 되풀이하면서 그 배후로 넘어가자는 주장은 독
자에게 특별한 의미 없이 심오하다는 인상을 풍기려고 하는 그저 문체
에 공들이는 표현 장치 이상의 것으로 보기 어렵다. 게다가 널리 잘 알
려져 있는 바와 같이, 우리는 존재라는 낱말을 인간성이나 분홍색이란
낱말처럼 통상적 술어(通常的 述語, common predicate)로 취급할 수 없다.
통상적 술어는 어떤 사물들은 어떤 집단에 받아들이고 다른 사물들은
그 집단으로부터 배제하는데 '존재'라는 낱말은 그렇게 하지 못하기
때문이다. 나뭇잎의 존재와 삼각형이나 원숭이의 존재가 공유하는 것
이 있고, 그것이 탐구될 수 있다는 상정은 터무니없는 생각으로 보이
며, 더 나아가 이 불합리성은 아주 오래전에 플라톤을 여러 가지 난점
에 부딪히게 했던 그 불합리성과 같은 종류의 것이다. 이 모든 이야기
는 사실이다. 하지만 그럼에도 만일 우리가 하이데거의 중요성을 정말
로 이해하고자 한다면 그를 세세히 조사해서 비판하는 도구를 너무 엄
밀하게 사용하지 않는다는 마음을 가져야 한다. 하이데거가 설정한 문
제가 불합리하다는 것은 사실이지만, 그가 그 문제를 해결하는 시도는

여기저기서 발견되는 언어적 구멍들이 전혀 영향을 미치지 못할 정도로 방대한 규모로 진행되었기 때문이다.

　존재(있음)의 본성(nature of Being)은 그 당시에 하이데거가 철학의 고유 주제(proper subject of philosophy)로 설정한 것이었고, 그는 이 점에 관해서 자신의 생각을 바꾼 적이 전혀 없다. 하이데거의 철학이 전개되는 과정에서 유일하게 바뀐 것은 이 주제를 추구하는 올바른 방식에 관한 생각뿐이다. 『존재와 시간』에서는 모든 존재 중에서 오직 인간만이 존재에 관한 물음을 제기할 수 있기 때문에 우리는 존재-전체와 독특한 관계를 유지하고 있는 인간 존재(있음)의 본성에 관한 성찰을 통해서 존재(있음)의 본성에 접근해야 한다고 주장하였다. 사람은 존재-전체를 성찰할 수 있는 유일한 존재이기 때문에 존재-전체와 독특한 방식으로 접촉하고 있다. 그러나 사람은 오직 출발점일 뿐이고, 또 원래의 물음은 인식론적 물음(epistemological question)이 아니라 존재론적 물음(ontological question)이다. 따라서 그 물음은 있음 자체(what there is, 있음)에 관해 묻고 있는 것이지 있는 것을 우리가 어떻게 알게 되는가를 묻고 있는 것이 아니다.

　하지만 '존재론'(存在論, ontology)이란 명칭조차도 완전히 올바른 이름은 아니다. 하이데거는 단지 있는 것을 발견하는 것이 아니라 존재-일반의 의미(sense of Being-in-general)가 무엇인지 발견하기를 원했다. "실존의 의미는 무엇인가?"(What is the sense of existence?)라는 물음은 "실존의 이유나 목적은 무엇인가?"(What is the point or purpose of existence?)를 의미할 수도 있는데, 이 해석은 하이데거가 그 물음에 부여한 의미를 정확하게 파악한 것이 아니라고 생각된다. 또한 "실존의 의미는 무엇인가?"라는 물음은 딱 맞지는 않으나 "실존의 의의(중요성)는 무엇인가?"(What is the significance of existence?)로 해석할 수도 있는데, 이 해석이 목표에 더 가깝다고 볼 수 있다. 그 까닭은 인간-실존(Dasein)은 실존-전체(existence-as-a-whole)의 일부인데다가 실존-전체의 의의(意義, significance)를 경험할 수 있는 가능성을 갖고 있어서 실존-전체에 관한 연구를 맨 처음 인간-실존에 관한 연구로부터 시작하기 쉽기 때문이다. 『형이상학이란 무엇인가?』에서 하이데거는 다음과 같이 말한다. "실제로 존재하는 사물들 중에서 오직 인간만이 모든 경이 중의 경이(wonder of all wonders)를 경험한다. 그 경이는 사물들이 존재한다는 그것이다." 허버트 슈피겔버그(H. Spiegelberg, 1904-1990)는 하이데거가 탐구하는 주제의 본성을 밝히려고 노력하면서 영국 시인 콜리지(S. T. Coleridge, 1772-1834)로부터 비슷한 구절을 인용했는데, 나는 이 구절이 하이데거가 추구하는 것이 무엇인지에 대해 다른 어떤 설명보다도 더 잘 전달한다고 생각한다. 그 구절은 『친구』(The Friend)라는 글에 나온다. 콜리지는 이렇게 말한다.

당신은 주위의 사물에 관해서 단적으로 존재한다는 그것만 — 오로지 저절로 본래 존재한다는 그것만 — 마음에 떠올려 생각해본 적이 있는가? 당신은 자기 앞에 있는 어떤 사물이 사람인지 꽃인지 모래알인지 그 순간 잊어버리고 … 요컨대 그 사물의 이런저런 모양이나 상태에 얽매이지 않은 오로지 순수한 마음으로 자신에게 그저 '있다!'(It is!)라고 말해본 적이 있는가? 만일 당신이 이런 경지에 도달했었다면 반드시 당신의 영혼을 경외(awe)와 경이(wonder)에 사로잡히게 만든 신비의 출현(神秘의 出現, presence of mystery)을 느꼈을 것이다.[2]

---

2 *The Friend* (1809-10, in *S. T. Coleridge: The Complete Works* (Harper, New York, 1868), vol. ii, p. 463.

콜리지의 글에는 그가 종종 이 '모든 경이 중의 경이'를 실제로 자각했다고 밝히는 다른 구절들이 있다. 내가 보기에는 바로 이 느낌(feel-ing), 즉 이 세계에 설명되어야 할 무언가, 깜짝 놀라게 하는 무언가가 있다는 바로 이 느낌이야말로 많은 사람으로 하여금 우선 첫째로 철학을 하고 싶다고 생각하게 만들고 나서, 나중에는 그들로 하여금 철학에 실망하게 하고 환멸을 느끼게 만드는 근원이 아닌가 하는 생각이 든다. 왜냐하면 이런 사람들이 연구하고 싶어 하는 주제가 혹시 있다손 치더라도 인식론도 논리학도 도덕철학도 아니라는 것은 확실하기 때문이다. 어쩌면 하이데거의 명성은 이 느낌이 무엇이든 간에 이 느낌을 연구한다는 사실에 주로 의존하고 있다고 보아야 할 것이다.

인간과 세계의 기본 관계는 *Sorge*의 관계(relation of *Sorge*), 즉 걱정하는 관계(relation of care) 또는 관심을 기울이는 관계(relation of concern)이다. 우리가 관심이 무엇을 의미하는지 분석할 수 있으려면, 하이데거의 초기 생각을 상당히 알고 있어야 하고, 부수적으로 하이데거의 철학이 전개되었던 과정의 한 부분이어서 한때뿐이긴 하지만 하이데거를 실존주의자로 취급하는 것이 정당하다는 이유를 알고 있어야 한다. 관심은 세계-안에-있다는-사실이 인간들에 대해 갖는 의미나 중요성인데, 이 관심은 더 나아가 일시성(一時性, temporality), 즉 실은 인간 삶의 시간 구조가 인간들이 세계에 관해 느끼는 관심과 정말 똑같다는 것과 본질적으로 연결되어 있다. 이 말은 만일 인간이 시간 개념을 갖지 않았다면 인간이 특별한 인간적 방식으로 세계에 관여하거나 포함되지 못했을 것이라는 뜻이거나, 인간들이 자동적으로 시간의 흐름을 자각한다는 사실은 인간과 세계의 연결이 관심을 통해서 유지된다는 것을 결정한다는 뜻이다. 우리는 얼마 지나지 않아 일시성 문제를 다시 살펴보게 될 것이다.

지금으로서는 관심이 인간과 세계 사이의 본질적 관계라는 것을 발견하는 방법이 대체 무엇인지 알아보는 것이 필요한데, 그 까닭은 우리가 관심을 발견한 방법을 명확하게 이해해야 실제로 관심이 무엇인지에 관해서 더 자세히 말할 수 있기 때문이다. 하이데거는 『존재와 시간』 2장에서 그가 '해석학적 현상학' (解釋學的 現象學, hermeneutic phenomenology)이라고 부르는 철학적 방법을 도입하고 있다.

이 이름에 붙은 '현상학' 이란 용어는 세계 속의 현상들을 조사함으로써 그 현상들에 관한 진실(眞實, truth)을 실제로 들추어내는 것을 의미하는 것으로 해석된다. 하이데거는 "'현상학' 이란 용어는 일차적으로 방법 개념이다 … '현상학' 이란 제목은 '사물 그 자체에로!' 라는 간명한 말로 표현될 수 있다"고 말했다. 여기서 폭로되어야 하는 현상은 물론 존재(Being, 있음)이다.

대다수의 우리는 인간으로서 비록 존재의 경이와 신비를 경험할 수 있고 그런 경험에 몰두하기도 하지만, 그런 경험을 해석이 필요한 것이라고는 생각하지 않는다는 점에서 존재를 망각하고 있다. 우리는 실제로 존재하는 개별 사물들에 둘러싸여 살면서 존재-자체에 관해 물음을 제기하는 것을 잊어버린다. 현상학적 기술은 우리가 몰두하고 있는 것을 해석해서, 우리로 하여금 그것의 의미나 중요성을 깨닫게 해준다. 현상학적 방법은 오직 의미나 중요성을 들추어낸다는 사실 때문에 해석학적이라고 말할 수 있다. 이 세계는 암호(暗號, code)나 일련의 상징(象徵, symbol)으로 간주되고, 현상학적 방법의 목적은 그 암호나 상징의

해석이다. 해석되어야 하는 실제로 존재하는 대상들 전체 중에서 특별한 부분(요소)은 우선 첫째로 *Dasein*, 즉 인간-존재-자체이다. 이런 식으로 하이데거는 '해석학적 현상학'이란 표현을 인간이 인간 자신에게 적용할 수 있는 방법이면서 그에 의해 이 세계에 관한 인간의 지각과 생각의 특징들 — 누구나 친숙하지만 이 방법이 없으면 무시해버릴 특징들 — 을 이해할 수 있는 방법의 이름으로 사용한다. 관심의 결정적 역할을 밝혀내는 것은 바로 이 해석학적 현상학이라는 방법이다.

『존재와 시간』의 서두에 개략적으로 설명되어 있는 이 방법은 오직 현상학이란 용어에 하이데거가 부여한 새로운 의미에서만, 그뿐 아니라 어쩌면 느슨한 의미에서만 현상학이라 할 수 있다. 하이데거가 말하는 현상학은 실은 만일 우리가 사물들에 관해 생각하고 또 세계 속에서 우리의 진정한 처지를 깨닫는다면 사물들이 실제로 어떻게 있는지를 밝혀내도록 고안된 실존주의자의 현상학일 따름이다. 따라서 소크라테스를 본받은 사명 의식과 현상학적 환원의 공평무사한 학문적 계획은 저쪽으로 멀리 밀쳐진 것으로 보인다.

이 철학적 방법에 대해 누구나 곧바로 "이런 식의 방법에서 진실을 가려내는 시험은 어떻게 이루어지는가?"라는 물음을 제기하지 않을 수 없을 것이다. 조사받는 현상들이 제 자신을 드러내므로 선택이 개입할 여지가 전혀 없다 할지라도 우리는 해석학이 제공하는 해석이 올바른 해석이라는 것을 어떻게 확신할 수 있는가? 우리가 할 수 있는 최선의 답은 만일 그 해석이 제대로 작동한다면 또는 그 해석이 승인할 만하다면 옳은 해석이라고 대답하는 것이다. 이 방법과 심리-분석 방법은 비슷한 점이 있다. 이 단계에서조차 인간 삶의 현상들에 대한 하이데거의

해석과 다른 해석이 있을 수 있다는 점과 대부분의 경우에 하이데거가
자신의 특별한 해석을 승인받기 위해 정당화를 시도하는 논증을 제시
하지 않고 로마 교황처럼 독단적 선언을 한다는 점은 명백하다.

　이제 현상들에 관한 이 첫 번째 해석이 밝혀내는 것이 무엇인지, 그
리고 세계에 관한 우리의 관심의 본성이 무엇인지 살펴보기로 하자. 인
간은 제각기 *Jemeinkeit*, 즉 개성(個性, individuality)이라는 특성을 갖고
있다. 이 개성은 한 사람이 지닌 고정적 성질이 아니라 잠재적 성질, 즉
개개의 사람 모두가 지닌 일련의 가능성이다. 어떤 사람이든 끊임없이
자기 자신의 가능성들을 지향하게 된다. 그 모든 가능성은 두 명칭 아
래 두 종류로 나뉘고, 그 두 부류 속에서 체계적으로 정돈된다. 그 두
분류 명칭은 진정으로 실존할 가능성(possibility of authentic existence)과 통
속적으로 실존할 가능성(possibility of inauthentic existence)이다.

　하이데거는 "인간의 본질은 실존한다는 사실 바로 거기에 있다"고
말했다. 우리는 하이데거의 이 말에서 실존주의자의 진짜 목소리를 들
을 수 있다. 인간(*Dasein*)에게는 미리 정해진 본질적 성질이 전혀 없다.
인간의 본질은 자기가 지닌 가능성들을 실현하는 데 있다. 그러나 이
말에는 고려되어야 하는 제한 조건들이 있다. 어쨌든 누구에게나 무엇
이든 가능하다는 것은 사실이 아니다. 사람은 누구나 이런저런 방식으
로 자기가 할 수 있는 선택에 제한을 받는다. 하지만 우리 모두는 약간
의 선택을 할 수 있으며, 그래서 세계에 대한 우리의 관심은 어떤 주어
진 순간의 상황으로부터 미래의 다른 상황으로 옮겨가야 한다는 사실
에 기초를 두고 있다. 관심은 "나는 무엇을 해야 하는가?", "나는 무엇
을 이용할 수 있는가?", "나에게 사태가 유리한가 불리한가?" 등등의

물음을 일으키는 우리의 방식인데, 이 모든 물음은 우리가 선택하지 않은 존재에 대해 묻는 물음이 아니다.

그런데 이런 선택은 진공 속에서 이루어지는 것이 아니다. 이런 선택은 세계 속에서 이루어진다. 『존재와 시간』 앞부분 200쪽은 통속성(通俗性, worldliness, *Weltlichkeit*)에 관한 현상학에 전념하고 있는데, 물론 이 현상학은 하이데거에 의해 수정된 새로운 의미의 현상학이며, 통속성은 인간들이 실제로 살고 있는 이 세상의 통속성이다. 첫째로 사물들은 우리에게 단순히 물질적 대상으로서 나타나는 것이 아니라 우리의 목적을 위한 도구나 우리의 진로를 가로막는 장애물로서 나타난다. 그다음 ─이 점이 더 중요한데─ 우리는 세계 속에서 자신만을 발견하는 것이 아니라 다른 사람들에 둘러싸여 사는 자신을 발견한다. 그래서 우리는 자기의 개인적 가능성들을 개인과 무관한 인간 집단, 즉 인류나 인간-일반으로부터 분리하지 못할 수 있다. 우리는 나날의 생활에서 우리가 살고 있는 사회의 모든 표준·신념·편견을 승인하고 살아갈 수 있다. 우리는 일반 대중에 맞게 디자인된 기성복을 입고, 공공 교통수단과 공용 공원을 이용하고, 일반 독자를 위해 쓴 신문 기사를 읽는 것으로 만족하며 살아가므로, 우리 삶의 모든 세세한 곳에서 우리 자신을 인간 집단으로부터 구별하지 못할 수 있다. 이런 삶은 통속적 실존(inauthentic existence)이다. 우리는 반드시 계속 상황에 맞추어 살아가면서, 우리의 가능성들을 깨달아야 한다. 더 정확히 말하면 이처럼 통속적 형태로 사는 것조차도 우리가 가진 하나의 가능성이라는 것을 깨달아야 한다. 그러나 통속적 실존으로 살고 있는 지금의 우리는 자기의 가능성들을 우리가 지금 동조하고 있는 통속적이고 비개인적인 가능성으로 바꾸어버렸다.

진정한 실존(authentic existence)은 우리가 정말 무엇인지를 깨닫고 또 철저히 이해했을 때에만 시작될 수 있다. 일단 우리가 인간의 실상(human reality)이 개개의 사람 누구나 다른 누구와도 다른 독특한 자기 자신이며, 또 누구나 실현해야 할 자신의 가능성을 갖고 있다는 사실을 특징으로 한다는 것을 파악했다면, 이제 세계에 대한 우리의 관심은 일반 대중이 보이는 관심, 즉 우리 사회에 사는 다른 사람들이 사물들을 생활에 필요한 것으로만 보는 관심이 아니라 세계 속에서 우리의 진정한 가능성을 실현하려는 진정한 관심(authentic concern)이 될 수 있다. 우리 누구나 제 자신의 독특성을 깨닫기 위해 반드시 필요한 진정성(眞正性, authenticity)이란 개념은 키르케고르가 자세히 설명했던 진정성(眞正性, 眞心, 靈性, inwardness), 즉 주체성(主體性, subjectivity) 개념과 분명히 매우 비슷하다. 실존주의의 공통 특성이 발견되는 곳은 사람마다 다른 삶의 개별성과 아무에게나 통하는 일반적인 대용품으로는 독특한 개인을 만족시키지 못한다는 불가능성을 강조하는 이 주장이다.

지금까지 소개한 하이데거의 결론들은 사회 속에 사는 인간의 현상을 조사함으로써 도달한 것이었다. 그러나 하이데거의 해석, 그리고 해석에 의한 관심에 대한 분석은 우리가 사회 상황에 직면할 때 핵심 역할을 하는 여러 가지 태도(態度, attitude) 또는 기분(氣分, mood)에 관한 기술로 더 나아간다. 우리는 말하자면 자신의 상황과 자기를 조율하는 방식을 성찰함으로써만 자신의 상황의 의미(meaning of our situation)를 발견할 수 있다. 우리는 인간과 존재-일반의 관계의 본성을 발견하려는 목표를 추구하는 직접 수단으로 우리의 *Stimmungen*, 즉 기분(氣分, mood)을 분석해야 하는데, 그 이유는 세계로 열려 있는 인간의 중요한 일면이 사람마다 지니는 독특한 기분 속에서 밝혀지기 때문이다.

이 대목에서 기분에 대한 하이데거의 분석이 심리학자가 수행할 수 있는 어떤 분석과도 아주 다르다는 점을 깨닫는 것이 중요하다. 심리학자가 어떤 기분, 예컨대 슬픔이나 기쁨을 조사해서 그 본성과 특징을 논의할 수 있다는 것은 당연하다. 그러나 심리학자의 이런 연구에서는 인지 상태(認知 狀態, cognitive state)와 정서 상태(情緖 狀態, emotional state)가 확연하게 구별되어 있고, 여러 가지 기분은 인지 상태로 간주되지 않는 것이 확실하다. 어쩌면 근본적으로 인식론적 물음에 전념해온 데카르트식 연구 방침으로 말미암아 기분은 지각에 관한 문제와 완전히 단절되어 있었으므로, 기분은 하이데거 이전에는 심리학자들의 진지한 주제로 여겨지지도 않았고 철학자들도 전혀 주제로 삼지 않았다. 하이데거가 혁신한 것은 특정한 기분을 특정한 사실에 대한 인식에 반드시 필요한 통로로 간주한다는 것이다. 이로써 인지적인 것과 정서적인 것의 구별은 무너지게 되었다.

우리는 자신이 어떤 상황에 처해 있다는 것을 깨달을 적에 그 인식에 의해서 어떤 방식으로든 기분을 느낀다. 『존재와 시간』의 이 부분의 현상학이 지닌 중요한 일면은 하이데거가 서로 연관되어 있지만 다른 두 가지 태도, 즉 두려움(fear)과 불안(不安, anxiety, Angst)을 구별했다는 점이다. 우리는 자신의 상황에서 생기는 어떤 특정한 위협, 대표적인 예를 든다면 자기 생명에 대한 위협 같은 특정한 위협을 받으면 두려움을 경험한다. 다른 한편 우리는 자신의 상황에 아무런 특별한 위협이 없는데도 불안을 경험한다. 우리는 두려움에 의해 자신의 안전을 도모하도록 내몰리게 되는데, 이것이 두려움의 의미이자 목적이다. 이와 달리 우리는 불안에 의해서는 일상적인 것, 사회적인 것, 나아가 우리를 통속적 실존으로 전락시키는 모든 것에 빠져들도록 내몰린다. 왜냐하면 세계

로 향한 관심을 경험하는 모든 진정한 방식에 대해 통속적 대응 방식이
있기 때문이다.

통속적 실존으로 살고 있는 사람은 타락한 상태(condition of Verfallen-
sein)에 있다. 그는 보잘것없이 살고 있다. (그러나 하이데거는 이 상태
가 죄로 더럽혀진 상태라는 뜻이 아니라고 말하면서 조심하고 있다.)
이런 사람은 자신과 세계의 진실한 관계를 무시한다. 그는 모호한 태도
로 진실을 대한다. 그는 사물들을 일부는 알고 일부는 모르는데, 그 까
닭은 그가 다른 사람들이 사물들을 보는 방식, 사물들에 세상 사람들이
붙여놓은 꼬리표에 완전히 사로잡혀 있기 때문이다. 그는 어떤 의견도
스스로 올곧게 세울 수 없으므로 그의 진술은 일부는 자신의 것이고 일
부는 세상 사람들의 것이다. 혹시 그가 어떤 것에 관심을 갖는 것처럼
보일지라도 그건 그가 진정한 이해를 추구하기 때문이 아니라 피상적
이고 요령부득의 동기에서 생기는 호기심 때문이다. 통속적으로 사는
사람들의 대화는 *Rede*(discourse) 즉 진지한 의견을 교환하는 담화(dis-
course)와 전혀 다른 *Gerede*(prattle) 즉 실없는 소리를 주고받는 소리일
뿐이다.

어떤 사람이 일생 동안 내내 통속적 상태로 살 수 있고 또 그가 그 상
태에서 빠져나오지 못할 수도 있다. 그러나 그는 반성(反省, reflection)에
의해 자신의 주의를 사태의 실상에 돌릴 수 있으므로 세계 속에서의 자
기 입장을 깨달을 수 있는데, 그 입장은 무엇보다도 책임을 져야 하는
입장이다. 바꿔 말하면, 인간으로서의 자기 입장의 유일무이한 독특성
을 자각함으로써, 그는 한편으로 자기와 세계의 연결 관계는 필연적으
로 관심의 관계이긴 하지만 ― 만일 이 관계를 자각을 하지 못한다면,

예컨대 그가 야망을 가져서 어떤 사물은 장애물로 어떤 사물은 보조물로 간주하지 못한다면 결코 인간일 수 없을 것이다—다른 한편으로 자기의 관심이 다른 종류의 관심일 수 있다는 것을 깨달을 수 있다. 정신적으로 갱생하지 않은 상태에서 그는 다른 모든 사람이 사물들에 부여해 놓은 의미나 중요성을 채용한다. 그가 자기에 관한 진실을 직시했을 때 그는 일반 사람들이 내 인생의 의미의 근원일 수 없다는 것을 깨닫게 된다. 그 사람은 오직 혼자일 따름이고, 그래서 자기가 선택하는 어떤 가치든 사물들에 부여할 수 있다.

인간이 불안을 경험하는 것은 바로 이 시점, 즉 진정한 자기-발견의 문지방을 넘으려는 바로 그때이다. 그 사람을 고민하게 하는 것은 특별한 어떤 사물이 아니다. 그를 고민에 빠뜨리는 것은 단지 그가 세계 속에서 처한 아무런 밑받침 없이 고립되어 있는 상황일 뿐이다. 그는 자기가 이 세계의 진실성의 근원임을 자각하기 때문에 이 세상의 진실성에 대해 의심하기 시작한다. 그는 이 세상 속의 자기 입장마저 의심스럽다고 여기며, 그래서 더 이상 어떤 것도 의심의 여지가 없는 것으로 여길 수 없다. 이 불안한 상황에서 그는 앞에서 살펴본 바와 같이 오히려 일상적인 것·습관적인 것·실용적인 것에 더 맹렬히 열중함으로써 자신을 방어하려고 할 수 있다. 그는 그동안 자기를 지지해주던 것들로부터 떠나는 두려움 때문에 자기가 속한 사회의 공인된 것·중산계급과 그에 전형적인 것을 옹호하면서 철저히 일반 대중의 자비를 청할 수 있는데, 그렇게 해서 통속적 목표들을 미친 듯이 추구해 나갈 수도 있다. 하지만 다른 한편으로 그는 세계를 향한 자기 관심의 성격을 단호히 바꿀 수도 있는데, 그런 다음 자기가 직면하고 있는 외롭게 책임져야 하는 입장을 견지함으로써 그는 결단을 실천에 옮기면서 진정한 실존으로서의 삶을 스스로 시작할 수 있다.

 진정한 실존이 무엇인지 (결코 완전히 명백하진 못할지라도) 좀 더 명확하게 파악하기 위해서는 관심이라는 기초 개념과 관련되어 있는 두 개념을 먼저 이해해야 한다. 첫째는 무(無, nothing)라는 개념이고, 둘째는 시간(時間, time)이란 개념이다. 이 두 개념은 둘 다 맨 처음『존재와 시간』에서 설명되고, 나중에『형이상학이란 무엇인가?』와『칸트와 형이상학 문제』에서 다시 자세히 설명되고 있다. 이 두 개념은 둘 다 하이데거 생각에서 결정적 역할을 하고 있는데, 한쪽에 관한 설명을 다른 쪽에 관한 설명으로부터 분리하기가 매우 어려운 개념들이다.

 무(無, nothing)라는 개념을 이해하는 일부터 시작해보자. 무를 주제로 논의하자고 제안하는 말은 이치에 닿게 말하고 명료하게 생각하는 습관을 지닌 사람이라면 누구나 그 말을 듣자마자 당연히 매우 황당하다고 느낄 것이다. 무를 주제로 논의하는 일은 이상한 나라의 엘리스가 느꼈던 것 같은 어이없는 우스꽝스러움을 느끼게 하는데, 이는 권장할 수 있는 상황은 아닐 것이다. 어쩌면 독일어 *Nights*의 번역 용어로는—어차피 일상 언어의 용법으로 사용되지 않으므로—영어의 'nothingness'(없음)가 더 나을 수 있고, 또는 'non-existence'(실제로-존재하지-않음)도 고려해볼 수 있지만, 어느 것도 아주 좋은 번역 용어는 아니다. 왜냐하면 하이데거의 어떤 진술들은 일상 언어 낱말을 사용하면서 그 낱말이 만드는 혼동이 아니라 애매성에 의존하는 것으로 생각되기 때문이기도 하고, 또한 그가 의도하는 의미의 일부는 한 사람이 세계를 성찰하기 위해서는 개개의 인간들—그 모두가 서로 다른 인간이고 그들을 성찰하는 사람과도 다른 인간들—에 관해서 생각할 필요가 있다는 뜻으로 생각되기도 하기 때문이다. (독자는 존재-일반의 본성에 이르는 실마리로서의 인간의 독특한 역할이 세계를 성찰할 수 있는 능력에 있다는 것을 기억할 것이다.) 인간이 자기 주위의 사물들과 다르다는 생각은 누가 어떻게 세계를 기술하든 간에 그 기술 속에 부정(否定, negation)이 한 요소로 있어야 한다는 생각과 연결되어 있다. 사물에 관한 진실을 발견하는 것은 그것에 숨겨져 있던 것을 드러내려는 시도이고, 그래서 이 일은 그 사물들이 처음에 보이는 대로의 사물이 아닌 사물임(that they are not as they first appear)을 밝히는 일이다. 게다가 잠시 후에 더 자세히 살펴보게 되는 바와 같이, 인간은 세계의 상황 속에서 제 자신을 보면서 그리고 제 자신을 세계 속의 다른 사물들과 다르다고 보면서, 자기가 항상 아직 실현되지 않은 어떤 가능성을 향해 나아가고 있다는 것을 실감하게 된다. 단지 살아 있다는 것만으로도 인간은 아직 실제로 존재하지 않는 사물들로 이루어지는 미래를 실감하고 있다. 변화(變化, change)라는 생각 자체가 부정을 필요로 한다. 앞으로 생길 것은 아직 생기지 않은 것이다.

이 모든 점이 하이데거에서는 분명하지 않다. (우리는 무라는 개념의 이 측면이 프랑스 실존주의자들, 특히 사르트르에 의해 훨씬 더 성과 있게 논의되는 것을 나중에 보게 될 것이다.) 실제로 사르트르는 무라는 관념을 부정(否定, negation)이라는 논리적 관념에서 끌어낼 수 있다는 하이데거의 생각을 부정하는 경향이 있다. 하지만 사르트르가 주장하는 내용의 일부는 인간들이 세계를 발견하면서 그들이 존재(Being, 있음)에 관해 생각하는 것만큼이나 비-존재(Not-Being, 없음, 아님)에 관해 생각한다는 것, 그래서 존재-일반(Being-in-general)에 관한 발견과 사색이 실제로 존재하지 않는 것(what does not exist)에 관한 생각에 깊이 관여한다는 것을 의미한다고 해석되어야 하는 것으로 보인다.

하이데거는 아주 독특한 방식으로 이런 일이 실제로 일어난다고 역설하였다. 왜냐하면 철학적인 인간은 자기가 죽을 운명이라는 것을 아주 초기 단계에서 실감하기 때문이다. 이 깨달음은 자기가 머지않아 존재하지 않을 것이라는 진실에 관한 이해를 수반하는 것이 명백하다. 하이데거는 자기가 미래에는 없다는 것을 진정으로 받아들이는 이 깨달음을 진정한 방식의 삶으로 나아가는 첫 단계로 간주하였다. 이 진실을 받아들이면서 인간은 자기가 혼자라는 것과 세계 속의 모든 다른 사람 및 사물과 다르다는 것을 실감하므로, 더 이상 일반 사람들의 지지를 받는 생활로 되돌아갈 수 없게 된다. 이런 자각에 이른 사람은 홀로 자신의 죽음을 감내해야 한다. 따라서 완전히 존재하지 않는 상태(not existing at all)는 인간의 삶이 궁극적으로 도달하는 마지막 목적지이다. 바로 이런 의미에서의 *Nichts*는 '실제로-존재하지-않음(non-existing)', 즉 '없음'(nothingness)을 의미한다고 할 수 있다.

자기가 미래에는 없다는 진실에 대한 사색은 하이데거의 세계상(世界像, picture of the world)에 필요한 것으로 보이는 무와 관련 있는 다른 의미를 개발하는 데 이른다. 하이데거는 "심신이 심하게 괴로운 나머지 인간은 자기가 무와 직면한 것을 발견하는데, 이 무는 실제로 존재하는 내가 없어질 수 있다는 가능성(possible impossibility of his existence)이다"라고 말한다. 인간은 갑자기—종교적 문필가로부터 자주 들어 익숙해진 의미로—자기가 아무것도 아니라는 것을 깨닫는다. 인간은 이 세계 속으로 던져지는 우연에 의해서 생기고, 더 이상 실제로 존재하지 않을 때 죽음으로 끝난다. 하지만 자기가 없어진다는 것에 더해서 불안을 경험하는 인간은 이 세계의 일상적 대상들조차 퇴각하는 것 같은 느낌을 겪지 않을 수 없게 되고, 그 때문에 이 세계의 일상적 대상들 역시 실제로 존재하지 않게 된다고 여길 것이다. 이 대목에서 하이데거는 인간이 일상적 대상들의 세계에서 자신의 불안정성을 발견하는 사건을 표현하기 위해서 새로운 동사 'nichten' (無化하다. 무로 돌아가다) 즉 'to nothing'을 만들어내는데, 그 일상적 대상들의 세계에서 이 불안이 생겨나며, 그 불안은 통속적 실존의 종말이 보여주는 특징이다.

　진정성은 누구나 세계 속에서 자기가 처해 있는 입장, 즉 자기가 오직 혼자서 고독하게 피할 수 없는 자신의 죽음을 향해 가고 있다는 자신의 처지를 실감하는 것이다. 이 깨달음이 완성되기 전에는 누구나 자신을 허공에 일시 정지해 있는 어떤 것으로 경험하기 마련이다. 세계 속의 사물들은 그 견실성을 (따라서 매력과 또렷하던 중요성을) 상실하지 않을 수 없고, 그래서 사람들은 자기를 둘러싸고 있는 공허(空虛, vacancy)에 심각한 불안을 느끼지 않을 수 없다. 바로 이것이 하이데거가 사용하는 '무'라는 말의 두 번째 의미이자 더욱 극적인 의미이다.

　하이데거는 이 대목에서 무 개념을 해명하기 위해 심연·허공·현기증이란 은유(隱喩, metaphor)를 느닷없이 사용한다. 누구도 이런 은유의 의미를 정확하게 파악했다고 확신하기 매우 어렵다는 것은 두말할 필요가 없다. 항상 그런 것처럼 하이데거를 읽으면서 어떤 독자든 이해했다고 상상할 수 있지만 책을 덮자마자 모든 확신이 금방 사라질 수 있는데, 그 까닭은 이 부분의 하이데거의 언어가 다른 책의 언어와 마찬가지로 아리송한 신조어, 표준 용법에 어긋난 파격 용법, 명백한 혼동으로 가득 차 있기 때문이다. 그렇지만 무에 관한 문제가『존재와 시간』에서보다 더 넓은 맥락에서 논의된 『칸트와 형이상학 문제』에서 하이데거는 두 가지 점에서 칸트를 비판하고 있는데, 둘 다 결국은 동일한 점을 비판하고 있다고 할 수 있다. 첫째로, 하이데거는 앞에서 이미 살펴본 바와 같이 칸트가 후세에 그를 추종한 후설과 마찬가지로 사물들의 세계 속의 인간으로서의 처지를 고려하지 않은 채 '순수하게 지각하는 나' (pure perceptive I)에만 지나치게 집중하고 있다고 비판하였다. 둘째로, 하이데거는 칸트가 인간-존재를 분석할 수 있는 유일한 근거인 무를 깨닫지 못했기 때문에 정도를 벗어나 빗나갔다고 비판하였다.

여기서는 무가 인간의 유한성(人間의 有限性, finitude of human beings)과 명백하게 관련되어 있으며, 인간은 본질적으로 자신의 종말인 죽음을 향해 나아가고 있는 존재이다. 칸트는 어떤 관점에서 보면 인간이 (세계의 시작이나 인간의 불멸성에 관한) 형이상학적 진리를 발견할 수 없지만, 그럼에도 다른 관점에서 보면 인간이 세계에 접근할 수 있는 형식들이나 범주들을 발견할 수 있고, 그 형식들과 범주들을 사용하여 (필연적으로) 세계를 지각하고 또 객관화한다는 생각을 가졌던 것으로 추정된다. 하이데거가 보기에 이것은 인간과 세계의 결합 관계에 대한 지나치게 정적인 그림(static picture)이었다. 인간은 필연적으로 자신의 종말을 향해 나아가고 있기 때문에, 칸트가 주장한 방식으로 세계 속의 일상적 사물들에 관해서 생각할 수 있지만, 그럼에도 존재-일반에 관해서 전혀 달리 생각할 수 있는 가능성이 있는데, 칸트는 이 가능성을 전혀 알아차리지 못하고 말았다. 하이데거는 칸트가 형이상학의 가능성에 관해 의문을 제기한 이유만으로 '인간의 형이상학적 유한성을 고지한 예언자' 의 역할을 했다고 말했다. 그러나 칸트는 인간이 자기가 지각하거나 구성한 대상들로부터 무라는 틈새에 의해 분리되어 있다는 점에 주의를 기울이지 않았다. 다시 말해 인간은 일상적인 사물들과 자기 자신 사이의 거리도 자각해야 하고 ─ 대체로 이것이 앞에서 주목했던 '무'의 첫 번째 의미였다 ─ 또한 존재-일반과 대립하는 것으로서의 개별 사물들이 말하자면 인간의 주변에서 표류하다가 마침내 시야에서 사라져버린다는 것도 자각해야 한다. 사물들을 있는 그대로 봄으로써 그리고 인간을 현실 그대로 봄으로써 야기되는 현기증과 정신적 혼란은 일반적 용어로 말해서 오직 존재-자체에 관한 물음 ─ 칸트가 전혀 제기하지 않았던 물음 ─ 을 제기함으로써만 치료될 수 있다.

이런 물음을 제기하는 단계에 도달하는 일은 하이데거가 '형이상학을 능가하는 일'이라고 언급했던 단계이다. 따라서 두 번째 의미의 '무'는 인간으로서 존재-일반을 탐구하는 권리를 행사하는 누구에게나 본질적으로 중요하다고 상정되어 있다. 인간은 무를 드러내는 중간 매체로서 존재한다는 점을 인식적으로도 정서적으로도 자각해야 한다. 이 점에 관해 하이데거는 이렇게 말했다.

무는 단지 아무것도-아닌-것, 즉 실제로-존재하지-않는-것과 같다고 보는 알기 쉬운 설명을 채택하는 것은 미숙한 판단일 것이다. 우리는 오히려 스스로 단 한 가지 것에 대비해서 준비해야 하는데, 그것은 무에서 모든 존재에게 존재할 허가증을 주는 무한을 경험할 준비를 갖추는 것이다. 이때 경험하는 것은 바로 존재-자체이다.

우리가 도대체 왜 이런저런 개별 사물들이 실제로 존재하는가라는 물음을 고찰할 수 있고, 또 그에 이어서 존재-일반이나 실존-일반에 관한 물음을 제기할 수 있는 것은 아무것도 존재하지 않는 불가해한 심연을 어느 정도 파악할 수 있기 때문이다. 이 의미에서의 '무' 는 아마 '모든 것이 실제로 존재하지 않을 가능성'(possibility of the non-existence of everything)으로 해석하는 것이 적절할 것이다. 하이데거에 따르면 칸트가 알아차리지 못하고 빠뜨린 것이 바로 이것이며, 이것을 파악하는 일이 바로 인간의 고유한 특성이다.

인간이 자신의 유한성을 자각하는 것이 무라는 개념을 인식하는 시작이기 때문에, 그리고 그 유한성은 인간이 죽는다는 것이기 때문에, 이제 무라는 개념과 시간이란 개념이 연결되어 있다는 것도 조금 더 분명해질 수 있다. 하이데거는 모든 저작에 걸쳐 몇 번이고 되풀이하여 인간은 무엇보다도 본질적으로 일시적 존재(一時的 存在, temporal being)라는 점을 역설하였다. 하이데거가 독자의 마음속에 실존주의 철학에 대한 반발에만 나타나는 특징이자 피할 수 없는 반응으로 지금도 언급되는 그 분노감을 유발하는 것은 다른 어떤 논의보다도 아마 시간에 관한 논의에서일 것이다. 독자는 하이데거가 인간은 연속적으로 존재한다는 사실, 즉 과거와 미래를 갖는다는 사실을 너무 장황하게 설명하고, 게다가 사람은 죽기 마련이어서 미래가 영원히 연장되지 않는다는 사실을 지나치게 강조한다고 지적하고 싶은 마음에 휩싸인다. 하이데거는 미래를 향해 과거를 초월해야 한다고 말하지만, 어떤 독자든 "이 말이 인간은 일정한 시간 동안 존재한다는 뜻 이외에 대체 무얼 의미하는가?"라고 물을 수 있을 것이다. 하이데거는 죽음을 향해 자기 자신을 내던져야 한다고 강조한다. 하지만 우리가 아직 죽지 않고 살아 있는 동안에 도대체 어떻게 이 일을 구체적으로 할 수 있단 말인가?

그렇지만 우리는 두 가지 점에 주의를 기울일 필요가 있다. 첫째는 이 반발은 당연한 것이긴 하지만, 또한 실존주의가 우리의 관심을 이미 명백하지만 자주 잊어버리거나 당연하다고 생각하고 있는 인생의 어떤 특징에 집중케 함으로써 성취한 독특한 성과이기도 하다는 점이다. 둘째는 시간이란 주제가 항상 철학자들에게는 매력적인 주제이었는데도, 비-철학자들이나 평범하게 사는 철학자들에게는 사소한 것으로 취급되었다는 점이다. 하이데거는 자신의 시간 개념이 일상적인 시간 개념과 매우 다르다는 것을 잘 알았고 또 그 차이를 인정하였다. 하지만 시간 개념에 대한 하이데거의 해설에는 우리가 생각해보아야 할 점이 여전히 있다. 시간에 관한 상식적 견해는 하이데거의 시간 이론을 불합리한 이론으로 보이게 할 만큼 직접적인 충돌을 일으키지 않는다. 먼저 우리는 하이데거의 시간 이론이 어떻게 나오게 되었는지, 그리고 그 이론이 관찰된 현상들을—정말로 설명한다면—어떻게 설명하려고 노력했는지 알아볼 필요가 있다. (상식에 의존하는 똑같은 방식으로, 무어 (G. E. Moore, 1873-1958)는 '시간은 실재하지 않는다'는 맥타가르트(J. M. E. McTaggart, 1866-1925)의 시간 이론을, 단지 "오늘도 어떤 사건은 다른 사건 전에 일어났다"라는 말로 뒤엎으려고 시도하는 잘못을 저질렀다. 맥타가르트는 이 사실을 다른 누구보다도 잘 알고 있었지만 그 이상의 생각을 제시하고자 하였다.) 이제 하이데거의 시간 이론을 살펴볼 차례가 되었다.

일시성(一時性, temporality)은 시간이 인간 실존 속에 존재하는 방식을 가리키는 용어이다. 만일 일시성이 없다면 관심은 전혀 생겨날 수 없다. (이미 살펴본 바와 같이 관심은 인간과 세계 사이의 기본 관계이다.) 우리는 과거·현재·미래를 세 가지 다른 방식으로 자각한다. 그래서 그 세 가지 방식에 따라 우선 첫째로 세계 속의 우리 자신의 '처지의 실상'(facticity), 즉 우리가 이 세계에 태어났다는 것, 아버지와 어머니가 있다는 것, 교육을 받았다는 것 등등의 사실을 깨닫고, 둘째로 우리 눈앞에서 실제로 일어나는 현재의 직접 사건을 깨달으며, 마지막 셋째로 세계 속에서 우리가 실제로 하는 일의 성취를 지향하는 우리의 가능성들을 깨닫는다. 가장 중요한 자각인 미래에 관한 자각의 기초가 되는 것은 마지막 세 번째 방식의 관심이다.

세계에 대한 관심(concern with the world)은 '내가 이루어놓은 것이 있다'(there is something to be done)는 생각이다. 그리고 이러한 생각은 미래 시간(未來 時間, future time)에 관한 생각을 수반한다. 만일 인간이 본래 항상 다음 것을 향해 나아가기 마련이라면 항상 나아간다라는 말은 말하자면 인간에게 "나는 이것을 가질 것이다"라는 일반적 생각이 충만하여 있을 경우에만 이치에 맞게 이해될 수 있다. 따라서 세계에 관한 해석은 미래 시간의 자각을 필요로 한다. 세계에 대한 관심과 세계에 영향을 미칠 자유(freedom to do things in the world)는 완전히 동일한 것이다. 나무나 바위는 제 속의 어떤 가능성도 깨달을 수 없어서 가능성을 실현하려고 노력할 수 없다는 바로 그것 때문에 세계에 관심을 가질 수 없다. 나무나 바위는 제 자신의 본질을 창조할 수 있는 인간과 달라서 결코 제 자신의 본질을 창조할 수 없다.

하이데거는 상식의 경우에는 시간이 순간들의 계열(series of instants) ─제각기 지금이거나 지금으로 되려고 하면서 각기 따로따로 평가되는 순간들의 계열─로 이루어져 있다고 말함으로써 미래에 관한 자신의 견해를 상식적 인간의 견해와 대비시킨다. 하이데거는 미래가 단지 지금 이 순간이 되려고 하는 순간들의 계열이기는커녕 미래 시간(未來

時間, future time)으로 말미암아 현재 시간(現在 時間, present time)이 실제로 결정되며, 그래서 미래 시간은 논리적으로 현재 시간보다 선행한다고 주장하였다. (그래서 나는 하이데거가 적어도 이 점만은 실제로 주장했다고 보아도 좋다고 생각하는데, 그는 누구도 '현재'가 의미하는 것을 파악했으면서도 '과거'와 '미래'가 의미하는 것을 더 근본적인 방식으로 파악하지 못한 사람을 결코 생각할 수 없다고 주장하였다.) 보통 사람, 즉 '타락한 상태'나 통속적인 상태로 사는 사람은 시간에 관해 생각한다 할지라도 시간은 근본적으로 현재라고 생각한다. 그는 자기가 실제로 직면한 것에 골몰하고 있어서, 과거는 상대적으로 시시한 것으로 간주하고, 미래는 단지 곧 현재로 오는 것으로 간주한다. 그러나 진정한 사람에게는 현재는 과거와 미래의 종합(synthesis of past and future)이다. 왜냐하면 진정한 사람은 자기가 어떤 사람이었고, 자기가 결심하고 있는 것이 무엇이며, 또 자기가 지금 집중하고 있는 것이 바로 그것이라는 것을 알기 때문이다. 하이데거는 이 자기-인식(自己-認識, self-knowledge)을 지칭하려고 *Gewissheit*라는 용어를 사용했는데, 영어권에서는 흔히들 'conscience'(양심, 良心)라고 번역한다. 이렇게 번역한 사람들은 'conscience'라는 용어로 인간이 최종의 외로운 목표, 즉 죽음을 향해 나아간다는 것을 전달하려고 한다. 그러나 이 말은 양심이 우리에게 수행하라고 명령한 무언가가 있다는 것을 의미하지 않는다. 바로 이 점이—하이데거가 도덕적 암시를 위해 이 용어를 특별히 선택한 것이 당연하다 할지라도— 맥락에 따라서는 *Gewissheit*(良心, conscience)라는 용어가 오해를 일으키는 표현인 이유이다. 하이데거는 만일 인간이 자신을 과거 사실들에 기초하고 있는 존재로 자각하면서도 또한 자기가 선택하는 미래에 대한 계획을 가진 존재로 자각한다면 자신의 삶에 대한 완전한 책임을 느끼게 될 것이고, 그래서 일반 대중이

선택하거나 기대하는 것을 더 이상 명령으로 여기지 않으면서 자신의
선택은 제 자신의 것이라는 사실을 깨달을 것이라고 암시하고 있다. 이
런 식으로 양심은 인간에게 자기 행동의 의의를 스스로 선택한 방식으
로 살아가는 그 사람만의 유일한 인생행로의 일부로서 보여줄 것이다.
자기 행동의 의의에 대한 이 자각은 맨 먼저 한 사람이 세계 속에서 사
는 자신의 불안정성에 압도되어 느끼는 불안을 경험했을 경우에만 이
루어질 수 있다. 그러므로 진정한 자기-인식은 무 개념과 시간 개념을
결합시키고, 그와 함께 인간이 세계와 유지하는 관계의 본성, 다시 말
해 인간이 세계에 대해 갖는 관심의 본성을 결정한다.

지금까지 시도한 『존재와 시간』의 해석학적 현상학에 대한 설명은
전적으로 인간에 대한 하이데거의 분석만 해설한 것이다. 그러나 미완
성 상태로 출판된 『존재와 시간』에서도 하이데거는 인간-존재(Human-
Being)에 관한 이러한 분석을 시작하게 했던 근본적 물음, 즉 존재-일반
(Being-in-general)에 관한 물음에 관련된 이야기를 많이 했다. 인간은 유
일하게 "존재-일반의 본성은 무엇인가?"라는 물음을 제기할 수 있다
는 특징을 갖고 있고, 그래서 인간의 본성은 존재-일반의 본성을 밝히
는 실마리를 제공할 수 있다. 예를 들면, 지금까지 일시성에 관해 설명
한 모든 내용은—관심에 관해 설명한 모든 내용이 그런 것처럼—특별
히 인간-존재와 관련해서만 이치에 맞게 이해될 수 있다. 그러나 하이
데거는 인간의 일시성과 존재-일반의 시간 구조 사이에 어떤 종류의
평행 관계(平行 關係, parallelism)가 있다고 주장하고 싶었던 것으로 보인
다. 이 주장이 이치에 닿게 이해될 수 있는 생각이라면, 이것은 실제로
존재하는 모든 것 속에 활력(活力, dynamism)이 있다고 보는 견해, 즉 존
재의 계기(存在의 契機, a moment of Being)를 마치 고립된 사물들의 상태에

있는 것처럼 결코 기술할 수 없다고 보는 역본설(力本說, dynamism)을 암시한다고 생각해볼 수 있다. 이 생각이 칸트에 대한 하이데거의 비판의 뿌리를 이루고 있는 것으로 보인다. 하이데거에 따르면, 칸트는 사물들을 인간에 대립시켜 객관화할 수 있는 범주들과 구조들을 모조리 밝힐 수 있다고 생각했지만, 인간은 그와 반대로 사물들이 없어질 가능성을 파악하고 있고, 또 사물들은 유한한 것이어서 시간 속에서 변하고 있다는 것도 파악하고 있는 존재이다. 그렇지만 이 모든 것이 매우 분명치 않은 이야기라는 것을 인정할 필요가 있다. 사물들 자체가 시간 속에서 변하고 진화한다는 하이데거의 말은 대체 무슨 뜻인가? 칸트에 대한 하이데거의 비판은 결국 인간의 사고 범주들이 역사의 진행에 따라 변하기 때문에, 인간은 생각할 때 (영원히) 따라야 하는 범주들에 결코 고착될 수 없다는 말이나 매한가지 아닐까?

어쨌든 이런 주장이 하이데거가 말하는 것이라면 이해할 수 있는 것이긴 하지만, 이런 주장은 후설이 하이데거에게서 낌새를 챘던 의심, 즉 철학이 점차 인류학에 자리를 내주게 될 것이라는 의심에 힘을 실어준다고 하겠다. 왜냐하면 누가 이룰 수 있든 간에 도달할 수 있는 최대의 성과는 인류 역사의 특정한 시점에 존재하는 대상들에 관한 사고의 구조를 밝혀내는 것일 수밖에 없기 때문이다. 이 점은 하이데거가 후설의 목표, 즉 전제 가정 없는 철학(presuppositionless philosophy)을 바람직한 것이 아니라고 거부한 사실에 의해 증명된다. 하이데거는 누구나 자신의 전제 가정을 계속 사용할 수밖에 없으며, 그래서 그 전제 가정으로부터 끌어낼 수 있는 것만 증명할 뿐이라고 말했다. 세계에 관한 우리 사고의 배후에 있는 것에 대하여 시간을 초월하는 최종 분석에 도달한다는 것은 허망한 공상이다. "철학은 결코 철학의 전제 가정들에 이의를 제기하지 않을 뿐만 아니라, 철학이 전제 가정들을 그냥 무조건 인정하는 것도 허용하지 않을 것이다. 철학은 전제 가정들을 이해해서, 그것들이 전제 가정으로 작동하고 있는 생각들을 전제 가정들을 갖춘 통일체, 즉 인상에 남는 건축물로 만들어낸다." 해석학적 방법은 전제 가정들의 진짜 의미와 전제 가정들을 어쩔 수 없이 계속 사용해야 하는 진짜 이유를 밝혀내는 일과 정확히 일치한다.

하이데거는 『존재와 시간』 마지막 부분에서 일시성 개념과 밀접하게 관련되어 있는 또 하나의 개념, 즉 역사(歷史, history)라는 개념을 끌어들인다. 하이데거는 나중에 마지막에 실린 이 장이 모든 내용 중에서 가장 중요한 내용이며, 우리가 인간에 관한 연구로부터 존재-일반에 관한 연구로 나아갈 수 있는 길을 밝히고 있다고 시사했었다. 인간의 역사성과 일시성이라는 두 관념에 무슨 차이가 있는지 깨닫기는 정말 쉽지 않다. 이미 살펴본 바와 같이, 하이데거는 인간은 이 세계에 던져져 존재하기 시작하면서부터 필연적으로 최종 사건, 즉 자신의 죽음을 향해 홀로 나아간다고 믿었다. 만일 인간이 진정한 실존으로 살아간다면 자신의 과거와 미래 사이에서 균형을 잡고 있는 자기를 자각하겠지만, 그는 자신의 과거에 의해서보다 미래에 의해서 더 많은 영향을 받아 결정된다. 여기까지는 모든 개인에 대해서 옳은 말이다. 그러나 존재-일반이 역사를 갖는다는 것 역시 옳은 말이고, 그래서 그 역사는 개인의 역사와 마찬가지로 일련의 사건 발생을 단지 수동적으로 기다리기만 하지 않으므로 존재-일반에 의해 결정된 것이면서 창조된 어떤 것이다. 바꿔 말하면, 인간이 과거를 이용했던 효과가 존재-일반의 미래를 결정할 것이다. 그러나 이 말은 인간의 관심이 없으면 역사가 전혀 성립할 수 없으므로 존재-일반의 역사도 성립할 수 없다는 견해를 확실하게 공언하는 것이다. 왜냐하면 (방금 위에서 사용되었던 '이용하다' 라는 표현 그대로) 인간 아닌 어떤 것도 과거를 이용할 수 없다고 생각하는 것은 터무니없기 때문이다.

실재하는 것과 역사를 가진 것은 그게 무엇이든 인간이 들추어낸 것이다. 인간은 과거를 더 많이 이해하지만 그 이해에 의해서 과거를 자신의 현재의 구상이나 계획에 짜넣는다. 따라서 사물들의 역사는 미래를 향한 길로서 발견된다. 사람이 역사로부터 배울 수 있다는 말이나 역사 자체가 반복한다는 말은 사실이 아니다. 오히려 우리는 일단 일어난 사건에 대한 완전한 이해에 의거하며, 그 이해를 미래에 대한 우리의 결심으로 확대한다. 결심은 우리가 고려 중인 과거와 현재를 간직할 경우에만 찾아올 수 있는 각자의 운명에 대한 자각이다. 바로 이것이 아래 구절에서 하이데거가 전하려는 뜻이라고 생각된다.

실존은 사실상 이 세계에 던져졌기 때문에, 역사가 지닌 가능한 것의 숨겨진 힘(quiet power of the possible)으로서의 본성은 분명하게 드러날수록 더욱 구체화되며, 특히 과거 삶은 미래 가능성으로 환산하여 이해된다.

또 하이데거는 이렇게 말한다.

역사의 주제는 그저 한때 일어난 사건과 관련이 없을 뿐만 아니라 사실들 위에 떠도는 어떠한 일반성과도 관련이 없으며, 현재 실제로 존재하는 과거 가능성(past possibility)과만 관계가 있다. 그 과거 가능성은 시간을 벗어난 창백한 모형으로 변하는 한에서는 결코 역사의 주제와 관련될 수 없으므로 진정으로 역사적으로 이해될 수 없다. 오직 정말 진정한 역사, 즉 굳게 결심한 운명으로서의 역사만이 가능한 것의 힘이 반복해서 사물들의 존재 방식에 강하게 영향을 미칠 수 있도록 과거 역사를 들추어낼 수 있으며, 그래서 미래에 영향을 미치는 것을 허용할 것이다.[3]

단호한 결심과 이해는 우리에게 전통(傳統, tradition)의 형태로 과거를 회복하는 것과 완전히 다시 파악하는 것을 허용할 수 있다. 결심에 대해 하이데거는 어떤 형태의 충실성이어서, 같은 것을 되풀이할 수 있는 가능성에 대한 숭배 같은 것에 이르게 한다고 말했다. 숭배되는 그것은 인간의 자유로운 선택에 좌우될 것이다. 하이데거는 '제각기 자신의 영웅을 선택하는 인간'의 중요성에 대해 언급하였다. 그러나 적어도 『존재와 시간』에서는 이 영웅을 선택하는 방식에 관해 어떤 실마리도 제공하지 않았고, 또 이 영웅을 선택하거나 저 영웅을 선택하는 것이 미래에 일으킬 차이도 제시하지 않았다.

어쨌든 1949년 이후 하이데거 철학의 발전을 건너뛰어 1949년 이전의 하이데거 철학을 되돌아볼 때, 어떻게 하이데거가 자신의 철학이 마르크스의 생각과 다소간 정면으로 충돌을 일으킬 소지를 갖추고 있다는 것을 깨달을 수 있는지는 매우 분명하다. 하이데거는 적어도 마르크스와 같은 게임을 하고 있고, 그뿐 아니라 마르크스가 사용한 바로 그 언어, 즉 동일한 언어(same language)를 사용하면서 게임을 하고 있다고 볼 수 있다. 왜냐하면 하이데거의 철학은 세계 속의 사물들로 둘러싸인 환경 속에서 사는 인간의 피할 수 없는 역할을 논하고 있기 때문이다. 진정한 실존의 본질을 이루는 결심을 강조하는 것은 실은 인간이 사물들

---

3 *Being and Time*, trans. J. Macquarrie and E. Robinson (London, 1967), p. 392.

과 일반 대중 둘 다로부터 독립해야 한다는 주장이다. 통속적 실존의 징표인 세계 속 사물들의 지배는—불안으로 인한 혼란과 마찬가지로—마르크스의 변증론이 사람들을 그로부터 해방시키려고 했던 소외 현상(疏外 現象, phenomenon of alienation)과 명백히 비슷하다. 마르크스주의가 실존주의의 정확한 귀결로 보이는 지점은 실존주의가 철학적 사상에 역사를 개입시키는 바로 그 지점이다.

하이데거가 『존재와 시간』을 포기한 이후부터 그의 저작 형태는 점점 체계적인 모습이 줄어들면서 더욱더 시적인 모습으로 변해갔다. 하이데거가 원래 탐구에 전념했던 존재-일반은 이제는 점점 더 사람들에게 드러날 수 있는 어떤 것, 게다가 제 자신을 사람들의 순간적 직관에 드러낼 수 있는 어떤 것이라고 간주되는 것으로 보인다. 때로 하이데거는 존재-자체가 무언가를 창조하는 어떤 것, 즉 실제로 존재하는 모든 개별 사물들이 그것 덕분에 정말로 존재하게 되는 어떤 것이라고 말한다. 이 대목의 하이데거에게서 우리는 방금 설명한 견해와 존재는 실제로 존재하는 모든 사물에 공통하는 것이나 공유되는 것이라는 견해 사이를 왔다 갔다 하는 플라톤적 성향을 볼 수 있다. 그러나 오직 개별적으로 존재하는 사물들에만 관심을 갖는 사람은 누구나 단지 '계산적 사고'(calculative thinking)만 할 뿐이지 '창조적 사고'(creative thinking)를 하지 않는 사람인데, 하이데거가 일찍이 『형이상학이란 무엇인가?』에서 역설한 바와 같이 이런 계산적 사고는 항상 잘못된 설명을 하기 마련이다.

결국 철학 자체는 하이데거가 '존재에 관한 사고'(thinking of Being)라고 부른 것으로 대체된다. 이 사고는 단지 만일 우리가 들을 귀를 갖고 있다면 존재가 우리에게 말을 할 수 있는 '존재의 개척지'(a clearing of Being)에서 인간으로서 사는 것을 깨닫는 일이다. 하이데거는 시인-사상가(詩人-思想家, poet-thinker)가 목양자(牧羊者, shepherd)이자 감시인(監視人, guardian)이라고 선언하는데, 이 선언은 아마 신탁의 말, 가장 성스런 목소리, 선민을 통해 전해지는 정상-의식과 같은 것이다. 우리가 하이데거를 따라 이 영역으로 들어갈 필요는 없다고 하겠다. 왜냐하면 실존주의가 이 노선으로 나아가지 않은 것이 확실하기 때문이다.

그렇다면, 요컨대 하이데거만의 독특한 형태의 실존주의는 대체 무엇인가? 우리는 1장에서 실존주의 사상에 필수적인 것으로 주목했던 요소들 중의 많은 것을 적어도 하이데거의 초기 저작들에서 볼 수 있다. 그와 동시에 하이데거가 후설의 현상학으로부터 아주 멀리 이탈했지만, 하이데거는 스스로 자신의 글에 후설이 없었으면 자신의 철학이 나올 수 없었을 것이라고 썼다. 따라서 우리가 하이데거를 최초의 실존주의 철학자로 부르는 것, 더 정확히 말해 현상학을 실존주의 수로에 유입시킨 최초의 철학자로 간주하는 것은 당연한 일이다.

이 노선에서 하이데거가 이룩한 가장 중요한 발전은 자유 개념의 현상학(phenomenology of the concept of freedom)을 도입한 것이다. 이것은 사실상 결국은 하이데거를 후설로부터 이탈하게 하였고, 또 다리를 놓을 수 없는 간격으로 두 사람을 갈라놓았던 변화이다. 후설은 첫째로 주체와 어떤 주어진 시점에 주체가 파악한 자신의 지각 세계와 정서 세계 사이의 관계에 관심을 가졌다. 당연히 후설은 주체의 시간 자각에 관한 물음을 제기하지 않을 수 없었지만, 그는 이 물음을 주로 "세계는 어떻게 해서 관찰하는 '나'에 대해 객관적인 것이 되는가?"라는 일반적 물음의 일부로서 관심을 가졌을 뿐이다. 만일 후설이 시간 개념의 문제를 해결할 수 있었다면, 선험적 환원 이후에 그랬던 것처럼, 후설은 그 해결책에 의해서 세계 속 대상들의 구성 문제를 해결할 수 있을 것이라고 믿었다. 그러나 후설이 탐구를 시작하는 출발점은 환원의 규칙에 따라 필연적으로 주어진 현재 순간(given present moment)일 수밖에 없었다. 이미 살펴본 바와 같이, 하이데거에게는 미래에 대한 주체의 관계(subject's relation to the future)가 현재에 대한 주체의 관계(subject's relation to the present)보다 결정적으로 중요했다. 따라서 하이데거는 여기 지금의 세계 구성이 아니라 자기에게 다가오는 시간을 위한 주체의 계획을 강조하였다.

  하이데거는 현실적인-것의 범주(category of the actual)보다 가능한-것의 범주(category of the possible)에 더 관심을 가졌다. 그는 "우리가 어떻게 지금-실제로-존재하는-것(what is now in existence)을 자각하는가?"가 아니라 "우리는 어떻게 아직-실제로-존재하지-않는-어떤-것(something which *does not yet exist*)을 존재하게 하는가?"를 밝히는 것을 목표로 하였다. 바로 이 점이 하이데거가 실제로-존재하지-않는-것의 새로운 범주(new category of the non-existent)를 역설한 진짜 중요한 뜻이다.

  그런데 인간 주체(人間 主體, human subject)가 아직 실제로 존재하지 않는 미래를 그저 생각해보는 것으로 그치지 않는다는 것은 명백하다. 인간 주체의 미래 계획은 실천하려는 계획이다. 인간 주체는 아직-사실이-아닌-것을 실제-사실로 만들어낸다. 그런 까닭에 후설로부터 하이데거로의 발전을 인식(認識, cognition)에 관한 생각에서 행동(行動, action)에 관한 생각으로 발전했다고 보는 견해는 오해를 하고 있는 것이 아니다.

그뿐 아니라 이런 방식으로 생각해야만 하이데거 철학에서 인간 주체가 다른 무엇보다도 특히 자유로운 주체(free subject), 즉 일을 일으킬 수 있는 주체, 세계에 변화를 만들기 시작할 수 있는 주체로 생각되는 이유를 이해할 수 있다.

하이데거가 가능한-것의 범주를 도입한 일은 매우 넓은 철학적 활동 분야를 열었다. 우선 첫째로 이제 인간 주체가 근본적으로 능동적 행위자로 생각되기 때문에 윤리 이론(倫理 理論, ethical theory)이 전개될 길을 열었다. 둘째로 윤리 이론 쪽보다 훨씬 더 미심쩍기는 하지만 미학 이론(美學 理論, theory of aesthetics)이 발전할 길도 연 것으로 생각된다. 왜냐하면 심미적 관점에서 대상을 관조할 수 있다는 것은 세계를 탐색하여 무언가 발견하는 것을 필요로 한다고 생각되기 때문이다. 사물들이 주어진 시간에 어떻게 존재하는가에만 완전히 몰입되어 있는 사람은 예술 작품을 창조할 수 없을 뿐 아니라, 자기가 보았거나 읽었거나 들었던 것이 실은 예술 작품이라는 사실을 깨닫지 못한다. 실존주의자는 실제로-있지-않는-것이 가능한 미래에서의 행동에 관한 이론뿐만 아니라 세계의 가능하고 초시간적인 면을 묘사하는 표현에 관한 이론, 즉 미학 이론으로 자연스럽게 안내한다고 역설한다.

그러나 하이데거의 독특한 실존주의에는 단지 윤리학과 미학의 가능성을 열었다는 것과 실존주의에 현상학을 도입했다는 것 이상의 것이 있다. 특별한 종류의 윤리가 세계 속 인간의 입장에 대한 설명에서 논리적으로 추론된다고 생각함으로써 하이데거 자신과 실존주의 일반을 위해 설정되었다. 바로 이 점이 앞에서 이미 살펴본 바와 같이『존재와 시간』만이 하이데거의 철학적 저작들 중에서 특별히 유일한 실존주의 저작으로 인정되는 이유인데, 『존재와 시간』이 세계 속에서 사는 인간의 입장을 탐구하는 일을 목표로 삼았기 때문이다.

그다음으로는 하이데거의 반-데카르트주의를 주목할 필요가 있다. 이 책의 1장에서 나는 어떤 종류의 주관주의(主觀主義, subjectivism)가 실존주의 철학자의 독특한 징표라고 미리 간접적으로 말했다. 1장에서는 이 주관주의가 한 사람의 개인적 느낌들이 어떻게 사물들이 존재하고 있는가에 대한 증거로 취급될 수 있으며, 또한 남과 공유하는 지식의 증거에 관해서는 그러한 증거에 부여된 만큼의 무게를 갖는 것으로 취급될 수 있다는 주장을 뜻하는 것으로 해석되었다. 이제 우리는 '주관주의'라는 명칭이 약간 오해를 일으킨다는 것을 조금 더 명료하게 깨달을 수 있을 것 같다. 하이데거가 세계에 대한 인간의 관계를 자신의 인식 능력이나 자신의 지각을 통해서 탐구한 그만큼 자신의 기분을 통해서 탐구한 것은 확실한 사실이다. 실제로 하이데거는 더 이상 인식(認識, cognition)과 정서(情緖, emotion)와 의지(意志, will)를 구별할 수 없는 입장으로 나아갔다. 바로 이 입장이 하이데거의 반-데카르트주의이다.

데카르트가 (마음속에 있는) 내적인 것과 (세계 속에 있는) 바깥의 것을 가른 구별은 이미 후설에 의해 파괴되었다. 그런데 실존주의는 한 걸음 더 나아가 정신과 신체의 구별, 즉 생각하는 것으로서의 사람(man as res cogitans)과 공간을 차지하는 것으로서의 사람(man as res extensa)의 구별까지도 파괴하는 것으로 보인다. 철학을 위해 근본적으로 색다른 구별을 하는 일은 더 이상 필요하지 않다. 세계에 대한 인간의 관계는 다른 사물들에 둘러싸인 한 사물이 다른 사물들과 맺고 있는 총체적 관계(總體的 關係, total relation)이다. 하이데거가 인간과 세계의 연결 고리로서 기분을 강조했음에도 불구하고, 그는 또한 인간이 존재-일반의 단지 일부분으로 보일 만큼 높은 올림포스 산 정상에서 내려다보며 이 연결 관계에 대한 분석을 시도하고 있다. 인간의 특징이 홀로 자신의 독특한 운명인 죽음을 향해 나아가야 하는 것임은 확실하다. 여기까지는 사람은 저마다 세계에 대한 다른 사람의 관계에 의해서가 아니라 세계에 대한 자신의 관계에 의해서 세계와 관계를 맺어야 한다. 이 자명한 이치를 자각하는 것이 삶의 진정성의 비결이다. 그러나 하이데거에게 이 일은 한 사람이 인격을 확립하고 주체성을 확보할 수 있게 해주는 모든 것이다. 하이데거가 관심을 갖고 있는 것은 모든 개인이 사고·지각·감정·행동 등을 통해 총체적으로 세계에 참여해야 한다는 것이다.

마지막으로 하이데거의 저작에는 독자에게 충격을 주어 자기-만족에 사로잡힌 채 얼빠져 사는 삶의 방식에서 탈출하도록, 다시 말해 존재에 대한 방심 상태에서 깨어나도록 하려는 실존주의자의 욕망이 분명히 있다. 진정한 실존주의자의 사명에 찬 열정을 실제로 하이데거의 『존재와 시간』보다 더 명백하게 드러낸 책은 어디에도 없다. 하이데거가 사람들로 하여금 세계 속의 자신의 입장을 재평가하도록 하는 데 성공한 범위는 아마 사람들이 하이데거에게 들은 것에 따라 행동하기 전에 그의 말을 이해했다고 주장하는 정도에 달려 있다고 할 수 있을 것이다. 허버트 슈피겔버그가 자신의 책의 하이데거에 관한 장을 다음과 같은 말로 마무리한 것에 많은 사람이 상당한 공감을 느낄 수 있을 것이다.

독자로 하여금 현상들에 관해 실감하도록 각성시키고 충격까지 가하는 하이데거의 명백한 의도는 너무나 자주 자신의 목적을 좌절시켰다. 현재의 낱말들에 대해 어원상의 글자 뜻 그대로 해석해서 그 의미를 짜내고 굴절시키는 일은—어원학적으로 정당화되든 안 되든—정의나 실례를 통해 독자에게 추가 설명을 제공하지 않는다면 속기 쉬운 사람들에게는 무비판적인 어설픈 이해로 말미암은 몽롱한 상태를 만들어내기 쉽고, 훨씬 비판적인 사람들에게는 적의를 가진 오해로 말미암은 몽롱한 상태를 만들어내기 쉽다.[4]

하이데거 철학과 관련해서 공감적 시도가 하이데거 철학을 더 쉽게 이해할 수 있는 설명을 아무리 많이 만들어낸다 하더라도, 전혀 쓸데없이 장황해서 해설하기 아주 어려운 핵심 표현들은 그대로 남을 것으로 생각되는데, 그런 표현들은 실존주의 사상에 절대로 필요한 것은 아닌데도 너무 자주 실존주의 사상을 구성하는 필수 요소로 간주되고 있다.

---

4   *The Phenomenological Movement*, vol. i. p. 351.

모리스 메를로퐁티

영어권 사람들은 사회적·정치적·문학적 이유 등 여러 가지 이유로 말미암아 실존주의를 대체로 프랑스 실존주의와 동일시하였다. 지금까지의 세 장에서 실존주의는 행위에 영향을 미치려 했다는 의미에서 항상 실천 철학(實踐 哲學, practical philosophy)이자 도덕(道德, morality)이었다는 점이 강조되었다. 그래서 2차 세계대전 이후 실존주의자의 이미지는 비록 느슨하게 결합되어 있긴 했으나 철학과의 연결이 없었던 것은 아니다. 실존주의의 독특한 분위기는 사르트르의 소설과 희곡으로 표현되었을 뿐만 아니라 프랑스 실존주의자들의 실제 생활에서도 적절한 방식으로 표현되었다. 이 분위기가 분명히 독일에서 시작되긴 했지만 프랑스 특유의 분위기라고 간주하는 것은 당연하다. 그러므로 이 책의 후반부에서는 프랑스 실존주의자들, 그중에서도 특히 사르트르의 철학을 자세히 검토할 필요가 있는데, 거의 모든 철학자가 실존주의 사상은 사르트르 철학에서 정점에 도달했다가 종말을 고했다고 주장하고 있기 때문이다.

　　그렇지만 그보다 먼저 사르트르의 동료이자 공동 편집자이며 친구인 모리스 메를로퐁티(M. Merleau-Ponty, 1908-1961)의 저작을 간략하게라도 살펴보는 것이 바람직하다고 생각된다. 메를로퐁티는 사르트르의 특징인 놀라운 상상력을 갖추진 못했지만 몇 가지 방식으로 사르트르보다 훨씬 더 진지한 철학자였으며, 참으로 철학자로서의 실존주의자라고 간주해야 하는 인물이다. 후설을 맨 처음 프랑스 철학자들에게 소개한 사람이 메를로퐁티가 아니라 사르트르였기 때문에 메를로퐁티를 사르트르보다 먼저 살펴보는 것은 약간 불합리하다고 여길 수도 있다. 더욱이 사르트르는 메를로퐁티보다 몇 살 연상인데다가, 사르트르의 탁월한 실존주의 저작인 『존재와 무』가 메를로퐁티의 『지각의 현상학』(Phenomenology of Perception)보다 먼저 출판되었을 뿐만 아니라 『지각의 현상학』마지막 부분은 『존재와 무』에 관해 독특한 비판을 전개하고 있다. 이 모든 이유를 고려하면 사르트르를 먼저 살펴보는 것이 온당할 수 있다. 그러나 다른 한편으로 메를로퐁티가 하이데거의 방식에 따라 존재-일반을 논의하고 해석하는 매우 웅장한 목표를 지향한 것으로 보이는 『보이는 것과 보이지 않는 것』(The Visible and the Invisible)이란 저술을 진행하다가 1961년에 사망했는데, 이 계획은 평가 대상으로 삼을 만큼 완성된 것으로 보기에는 부족하다. 그러므로 우리는 메를로퐁티를 『지각의 현상학』의 저자로서 검토해야 하며, 이것은 프랑스 실존주의로 들어가는 훌륭한 통로가 될 것이다.

　　그렇지만 메를로퐁티는 몇 가지 점에서 전형적인 실존주의자와 다르다. 그는 진지했지만 예언자처럼 행세하지 않았다. 다시 말해 그는 자신의 탐구 주제를 철저히 연구하고 있지만 어떤 점에서도 사명 의식을 드러내지 않았다. 그의 저작은 윤리에 상당히 영향을 주는 내용이 있긴 하지만 키르케고르나 니체 어느 쪽의 영향도 전혀 보이지 않는다. 그럼에도 우리는 그의 저작에서 다양한 자료로부터 주제를 끌어내는 경향과 실존주의자의 특성이면서 또한 프랑스의 특성이기도 하는 다양한 주제를 파고들어 연구하는 경향을 볼 수 있다. 메를로퐁티는 사르트르처럼 철학적 소설이나 희곡을 쓰지도 않았고, 가브리엘 마르셀(G. Marcel, 1889~1973)처럼 철학을 일기 형태로 발표하지 않았음에도 불구하고 영어권 철학자들에 비교하면 여전히 학문적 정통 형식을 갖추지 못하였다. 확실히 이 학문적 엄격성의 결여는 이해를 방해하는 요소로 작용한다. 그가 과제로 삼고 있는 일은 영어권 철학자의 눈에는 너무나 모호한 것 같고, 증명의 표준은 너무 낮으며, 논증의 정확성과 경제성을 확보하는 데 들인 시간과 수고는 너무 적은 것 같다. 그의 글은 지나치게 되풀이되고 있다. 그렇지만 그의 글의 전체 맥락은 일관성이 있으며, 그래서 가장 초기의 책에서 시작된 주장의 분명한 노선을 확인할 수 있다. 이 주장 노선은 훌륭한 비판적 부연 설명이 없어도 그 나름대로의 반-데카르트주의로 간주될 수 있다.

나는 후설이 몇 가지 점에서 의식(意識, consciousness)에 관한 데카르트적 생각을 고수한 것처럼 보인다 할지라도 훨씬 더 중요한 점에서는 데카르트의 입장을 완전히 파괴해버렸다는 사실을 앞에서 이미 설명한 바 있다. 메를로퐁티는 확실히 후설을 그런 방식으로 해석했으며, 또 자신을 후설의 직계 혈통이라고 생각하였다. 1938년에 출판된 그의 첫 번째 책『행동의 구조』(The Structure of Behaviour)에서 그는 철학의 토대를 형성하려는 의도를 갖고 있었지만, 실은 이 책은 아무리 보아도 철학적 저작이기는 어려운 책이었다. 메를로퐁티는 이 책에서 주로 행동주의(行動主義, Behaviourism)를 비판하면서 행동주의를 전혀 이해할 수 없는 이야기라고 주장하였다. 특히 그는 자극-반응 관계를 일-대-일 상호 관계(one-to-one correlation)로 보는 행동주의자의 생각을 공격하였다. 또한 이와 함께 인간의 행동에 관해 인과적 설명(因果的 說明, causal explanation)이 가능하다는 전제 가정을 공격하였다. 메를로퐁티는 특수한 실험실 상황에서 자극-반응의 원형이 발견될 수 있다는 것을 부정하진 않았다. 그는 다만 우리의 실제 생활에서 신체(身體, body)를 항상 바깥의 원인에 반응을 나타내기만 하는 수동적 대상으로 생각하는 것은 불가능하다고 주장했을 뿐이다. 우리는 자신의 신체를 우리가 평소에 신체에 대해 실제로 생각하는 그대로의 존재, 더 정확히 말하면 지각 덕택으로 자기 둘레에 자신의 세계를 조직하는 능동적인 존재라고 생각해야 한다. 메를로퐁티는 이렇게 해서 그 후 일생 동안 계속 추구했던 자신의 '일반적 목표, 즉 의식과 자연의 유기적·심리적·사회적 관계를 이해하는 목표'를 분명히 드러내었다.

행동주의자들의 주장에서 틀린 점은 행동 자체를 잘못 생각하고 있다는 것이다. 메를로퐁티에 따르면 "행동은 물리적 실재나 심리적 실재 어느 것도 아니며, 바깥 세계나 내적 생활 어느 쪽에도 완전히 속하지 않는 구조(構造, structure)이다." 이 의미의 행동은 '실제로 살아가는 방식'(manner of existing)이다. 오직 인간만이 행동을 하며 사는 존재인 것은 아니지만, 유일하게 인간만이 '행동의 상징적 형식'(symbolic form of behaviour)을 명백하게 보여준다. 이 행동 형식 속에서 주어진-자극에 대한 반응은 말하자면 신중하게 선택될 수 있고 또 신중한 의지 행사에 의해 바뀔 수 있는 규칙이나 원칙에 의해서 조정된다. 그러므로 이 새로운 행동 개념은 이 세계에 의미를 부여하고, 또 (주어진 의미를 '넘어서기 위해') 새로운 시각으로 이 세계를 성찰하는 독특한 인간 능력과 관계없는 어떤 형식으로도 완벽하게 기술될 수 없는 삶(실존)의 방식이라는 개념이다.

『행동의 구조』속에는 나중에 『지각의 현상학』에서 다시 채택한 몇 가지 기초 개념이 있다. 그중에서 첫 번째 개념은 지각 자체에 관한 생각인데, 이 지각 개념에 도달한 분석 과정은 자기가 공언한 목표를 성취하는 메를로퐁티의 방법이 되는 것이며, 의식과 세계는 어떤 관계에 있는지 의식과 세계 사이의 관계에 대한 이해에 관한 생각이다. 둘째로는 주어진 것을 '넘어선다' (dépassement)는 개념이다. 인간은 자신의 의도와 해석을 자기 앞에 물리적으로 존재하는 것에 투사할 수 있고, 또 어떤 특정한 투사(particular projection)에 의지하지 않을 수 있다. 인간은 어느 정도 제 자신의 세계를 만들 수 있으며, 그러므로 이 세계에 관한 사람의 지각은 항상 분명치 않고 애매하다. 이 세계에 관한 인간의 지각은 전적으로 생리적인 것도 전적으로 심리적인 것도 아니다. 인간의 세계 자체가 처음에 그렇게 보였던 것과 다른 것으로 항상 판명된다. 우리는 누구나 지각되는-것이 있을 때에만 지각할 수 있다. 그러나 우리가 지각한-것(what one perceive)은 거기에-있는-것(what is there)과 동일하지도 않고 또 거기에-있는-것에 한정되지도 않는다. 이것이 나중의 저작에 지각의 본성을 알려주는 실마리로서 나타나게 되는 애매성(曖昧性, ambiguity)이다.

이 지각의 애매성과, 지각에서일지라도 인간이 이미 의지하고 있는 지각자의 세계라는 개념은 —내가 2장에서 간략하게 언급했던 대로— 후설의 저작 전체에서 물려받은 것이 아니라, 후설이 사후에 남긴 논문들, 그중에서도 특히 메를로퐁티가 특히 열심히 연구했고, 후설 사후에

『근대 과학의 위기와 선험적 현상학』(*The Crisis in Modern Science and Tran-scendental Phenomenology*)이란 제목으로 묶어 출판된 논문들에만 등장하는 생활-세계(*Lebenswelt*)라는 개념으로부터 물려받은 것이다. 그러나 메를로퐁티는 후설의 초기 사상과 후기 사상에 대해 명확한 구별을 전혀 하지 않았다. 메를로퐁티가 자신의 목적을 위해 후설을 잘못 해석한다고 자주 비난받았던 것은 바로 이 이유 때문이었을 것이다. 실은 그가 지적받았던 만큼 후설을 잘못 해석했던 것은 아니었다. 현상학·후설의 저작의 중요성·자기가 후설에게서 물려받은 것에 대한 메를로퐁티의 견해는 『지각의 현상학』(1945)의 머리말에 상당히 자세하게 설명되어 있다. 머리말의 바로 서두에 적은 현상학에 대한 정의에서 메를로퐁티는 후설 사상의 두 측면, 즉 '현상학적 환원'과 '생활-세계'를 결합시켜 놓았다. 그는 현상학에 대해 다음과 같이 말했다.

초월적 철학(超越的 哲學, Transcendent Philosophy)은 자연적 태도를 지닌 사람들이 하는 주장들이 중지된 곳에 자리 잡는데, 그런 주장들을 더 잘 이해하는 철학이다. 그러나 초월적 철학은 또한 반성이 시작되기 전에 세계가 —인간에게서 빼앗을 수 없는 실재로서— 항상 '이미 거기'(already there)에 있다는 사실에 대한 철학이기도 하다. 그리고 이 철학의 모든 노력은 세계와의 직접적이고 원초적인 접촉에 도달하는 일과 그 접촉에 철학적 자격과 위치를 부여하는 일에 집중된다.[1]

메를로퐁티는 현상학의 이 두 가지 목표, 즉 세계를 괄호로 묶어 성찰로부터 배제하는 일과 그와 동시에 모든 사고 분석에 세계를 포함시키

---

1 *Phenomenology of Perception*, trans. C. Smith (Routledge, London, 1945), p. vii.

는 일이 언뜻 보아도 서로 모순된다는 것을 인정한다. 그는 어떤 사람은 첫째 목표와 연관시켜 후설을 떠올리고, 둘째 목표와 연관시켜 하이데거를 떠올릴 수 있다고 말한다. 그러나 메를로퐁티는 결국 후설이 현상학의 최종 목표로 간주했던 생활-세계 개념 자체가 그 모순을 화해시키거나, 아니면 적어도 생활-세계 개념 자체가 이 두 부분으로 이루어진 것으로 이해될 수 있다고 암시한다.

메를로퐁티는 계속해서 어쨌든 철학자는 제각기 단독으로 제 자신의 현상학을 발견해야 한다고 말한다. 그는 스스로 실존주의자로 인정받기를 바랐고, 그러므로 누구나 메를로퐁티의 책을 읽을 때에는 실존주의자의 현상학을 발견하려고 주의하면서 읽어야 한다. 이것은 의심의 여지없이 옳은 말이다. 메를로퐁티의 말은 실존주의의 한쪽 부분은 — 실존주의자의 현상학이 후설의 현상학이나 다른 특정 철학자의 현상학과 정확히 일치하지 않을 수 있다 할지라도 — 어쨌든 현상학과 구별될 수 없다는 명제를 확인해주는 말일 따름이다.

다시 『지각의 현상학』의 머리말로 돌아가 살펴보자. 메를로퐁티는 자기의 현상학이든 다른 누구의 현상학이든 현상학의 가장 중요한 특징은 '과학의 거부'(rejection of science)에 있다고 역설하였다. 그런데 만일 이 말이 후설의 저작의 직접적인 결론으로 생각된다면 이 말은 정말 뜻밖의 말로 들리는데, 그 까닭은 후설의 목적이 철학을 완전히 과학적인 학문으로 만드는 것이었기 때문이다. 그러나 과학의 거부는 나중에 살펴보게 될 '지각의 우선성'(primacy of perception)에 관한 기본 주장과 직접 연결되어 있다. 메를로퐁티는 과학 전체가 직접 경험된 대로의 세계(the world as directly experienced)에 의지한다고 지적한다.

  과학은 존재에 관한 형식으로서는 우리가 지각하는 세계와 동등한 의의 (가치)를 갖지 못하고 결코 가질 수도 없는데, 그 까닭은 과학이 단지 우리가 지각하는 세계에 관한 이론적 설명이기 때문이다. 나는 '살아 있는 피조물'도 아니고, '인간'도 아니며, 더 나아가서 동물학이나 사회 해부학이나 귀납 심리학이 자연적 과정이나 역사적 과정에 의해 생긴 이런 다양한 산물에서 알아낸 모든 특성을 간직하는 '의식'조차도 아니다. 나는 절대적 근원(絶對的 根源, absolute source)이므로 내 존재 방식은 조상으로부터 유래하지도 않고, 주위의 물리적 환경과 사회적 환경으로부터 유래하지도 않는다. 그렇기는커녕 나만이 단독으로 내가 지속되도록 택한 전통(傳統, tradition), 또는 만일 응시하면서 세밀히 조사하는 내가 거기에 없다면 (나로부터의 거리는 지평(地平, horizon)의 속성이 아니므로) 나로부터의 거리가 완전히 없어져버릴 지평을 (나에 대해서 '생기다'라는 말이 지닐 수 있는 유일한 의미로) 생기게 하기 때문에, 내 존재 방식은 그 모든 특성을 향해 밖으로 움직이면서 그 모든 특성을 떠받쳐 유지시킨다.[2]

이 말은 어쨌든 실존주의의 순수한 목소리인 것이 명백하다. 또한 이미 말했던 바와 같이, 키르케고르와 메를로퐁티 사이에 직접적인 연결이 없다 할지라도, 적어도 이 구절에는 키르케고르의 특징을 이루었던 열정적이고 반-과학적이면서 개인적인 태도로 세계에 접근하는 모습을 어렴풋이 떠올리게 하는 정도를 훨씬 넘어선 아주 명확한 태도가 드러나 있다. 키르케고르는 종교와 윤리에 관해서 "나는 절대적 근원이다!"라고 말한 셈이지만, 메를로퐁티는 나는 지각의 근원이기 때문에 지식 전체에 관해서 "나는 절대적 근원이다!"라고 주장하기 때문이다.

---

2 op. cit., p. viii.

지각을 분석하면서 분명히 메를로퐁티는 철학에서 자신이 추구하는 일반적 목표, 즉 의식과 세계의 관계를 이해하는 목표를 추구하고 있다고 공언하였다. 지각에 대한 분석이 진행되기 위해서는 우리가 지각하는 세계 그리고 우리의 모든 지식을 밑받침하고 있는 지각적 토대에 관한 우리의 통상적 전제 가정을 알아보려는 노력이 필요하다. "사물들 자체로 되돌아가는 것은 지식에 선행하는 세계, 즉 지식이 항상 언급하고 있는 세계로 되돌아가는 것이다." 『지각의 현상학』 전체가 오로지 '지식에 선행하는 세계'를 밝히려는 시도에 전념하고 있기 때문에 이 계획을 가능한 한 정확하게 이해하는 것이 매우 중요하다.

메를로퐁티가 이 대목에서 하고 있는 일을 이해하는 일과 관련해서 우리가 부딪칠 수 있는 어려움의 일부는 어떤 점에서 너무나 명백해서 거의 언급할 가치가 없다고 여겨지는 '지식은 지각에 기초를 둔다'는 말을 정확하게 이해하는 일이다. '경험적 지식의 기초' (*The Foundation of Empirical Knowledge*)라는 어구는 실제로 에이어의 책 제목인데, 로크(J. Locke, 1632-1704)나 흄이나 러셀이 펴낸 책의 제목으로 사용되어도 같은 정도로 적절할 수 있는 어구이다. 따라서 우리가 이 철학자들이 펴낸 어느 책이든 지각에 관한 논의가 그 책의 대부분을 차지할 것이라고 예상하는 것은 당연할 것이다.

그러나 지각은 절대적 확실성(絶對的 確實性, absolute certainty)을 확보하기 위한 후보로서 매우 자주 검토되었다. 만일 경험적 지식이 지각에 근거를 두고 있고 또 무언가 경험적 지식이 실제로 있다면, 적어도 약간의 지각 판단(知覺 判斷, perceptual judgement)은 반드시 확실해야 하며, 그렇지 않으면 지각 판단들은 기초로서의 역할을 할 수 없다고 주장되었다. 그런데 확실성을 확보하기 위한 후보로서 일상적 지각 판단이 지닌 명백한 결점으로 말미암아 경험주의 철학자들은 다른 일에 앞서 만일 어떤 상황에서 발언되면 명료하고 애매하지 않으면서 옳다고 확실하게 알려질 수 있는 지각 판단으로 바꿔 진술하는 일을 하지 않을 수 없었다. 따라서 기초에 대한 탐구는 적절한 과학적 언어(properly scientific language)를 발명하는 쪽으로 진행되었고, 그 언어는 지각들을 이론 속에 기록하는 데 사용될 수 있었다. 그런 언어의 목적은 항상 대상이 아니라 감각-자료(感覺-資料, sense-data)에 관해 말함으로써 지각된 것을 실제로 주어진 것을 넘어서지 않으면서 고정하는 것이었고, 또 가능한 한 시간상의 특정한 순간, 즉 지각하는 그 순간에 관해 언급하는 것이었다.

이런 이론적 언어(theoretical language)를 논했던 어떤 철학자도 그런 언어가 일상 언어(ordinary language) 대신 사용될 수 있다고 주장하지 않았다. 어떤 철학자도 우리가 세계에 관해서 일상적 진술로 말할 때 감각-자료-언어(sense-data-language)를 일상-사물-언어(ordinary-object-language)로 번역하고 있다고 주장하지 않은 것은 확실하다. 그런 언어가 우리의 일상적 지식을 표현하는 일상 언어보다 '선행한다'고 말하는 것은 어불성설이다. 20세기 경험주의 철학자들이 인정받고 싶어 했던 가장 중요한 주장은 그런 언어가 없다면 지식 같은 것이 성립할 수 없다는 것이었다.

메를로퐁티가 지각을 기술할 때 지향하는 목표는 영국 경험주의 철학자들의 목표와 전혀 다르다. 그는 확실성(確實性, certainty)에는 특별한 관심이 없었다. 메를로퐁티의 주장은 '만일 과학이 확실하다면—과학은 지각에 근거를 두고 있으므로—우리는 지각이 어떻게 확실할 수 있는지 밝혀야 한다'는 것이 아니다. 그는 오히려 과학조차도 과학자의 한계에 의해 속박되어 있다고 말한다. 과학 그리고 지식-일반은 의식-있는-존재와 세계 사이에 형성되는 약간 형식화된 한 가지 관계일 따름이다. 그러나 지식이라 하든 과학이라 하든 그렇게 부를 수 있는 무언가가 생기기 전에 이미 의식-있는-존재와 세계 사이에 훨씬 더 기초적인 것, 즉 지각이 있었다. 지각이 지식에 선행한다는 것은 글자 뜻 그대로 사실이다. 젖먹이는 지각은 하면서도 지식을 갖고 있지 않다. 이 사실은 원시 인류나 유인원에서도 그대로 성립한다고 생각할 수 있는데, 그들 역시 지각은 하면서도 지식을 갖고 있지 않았다. 이런 사실의 강조는 실은 메를로퐁티의 과업이 논리적인 것이라기보다 오히려 역사적인 것임을 알려준다. 그래서 지각을 분석하려고 할 때 메를로퐁티는 우리가 지각 판단을 표현하는 방법에는 관심을 갖지 않는다. 다시 말해 우리가 그러한 지각 판단을 의심할 여지가 없는 상태로 만들 수 있는 방법에는 관심을 갖지 않는다. 메를로퐁티는 (지각) 판단에는 전혀 관심을 보이지 않고, 오직 가능한 한 지각 그 자체, 즉 지각이 어떠한지에만 관심을 갖는다. 그의 과업은 우선 무엇보다도 기술 작업(記述 作業, description)이다. 물론 지각을 기술하는 일과 지각을 과학적 지식으로부터 분리해서 유지하는 일은 결코 쉬운 일이 아니며, 더욱 어려운 일은 지각을 언어로부터 분리하는 일이다. 하지만 메를로퐁티가 시도하고 있는 것은 바로 이 일이다.

메를로퐁티가 세계를 괄호 속에 묶어 제쳐놓는 '판단 중지 기법'을 사용하는 것은 바로 이 대목이다. 그의 관심사인 이 지식-이전의-지각에 관한 기술 작업에서 피해야 할 가장 큰 위험은 단편적인 과학적 지식이 아니라 세계가 대상들로 구성된다는 과학 전체의 가정인데, 이 가정은 관찰하는 주체와는 완전히 다른 것이기 때문이다. 메를로퐁티가 생활-세계 개념을 이용하고, 또 주체와 세계의 관계에 관한 자신의 신조를 종종 애매하게 이용하는 것은 이 위험을 피하려고 노력할 때인데, 주체와 세계의 관계의 본성을 분명히 밝히는 일이 그의 최종 목표이다.

메를로퐁티는 『지각의 현상학』 머리말에서 자신의 궁극적 신조를 다음과 같이 요약해서 진술하고 있다.

세계는 내가 대상을 만드는 법칙을 내 소유물로 갖고 있는 그런 대상이 아니다. 세계는 내 모든 사고와 모든 명백한 지각의 자연적 환경이자 현장이다. 진실은 '정신으로서의 인간'(inner man)에만 존재하지는 않으며, 아니 더 정확히 말하면 실은 정신으로서의 인간은 존재하지도 않으며, 인간은 세계 속에서 그리고 오직 세계 속에서만 제 자신을 알 수 있다. 내가 독단적 상식의 영역이나 과학의 영역으로 이탈했다가 내 자신에 되돌아왔을 때, 나는 본래 갖추어져 있는 진실의 근원이 아니라 세계 속에 존재할 수밖에 없는 운명을 가진 주체를 깨닫는다.[3]

머리말의 이 특별한 구절은 누구나 쉽사리 감지할 수 있는 바와 같이 약간 수사적인 어투이다. 이 구절에는 수사적 문장이 흔히 그렇듯이 사고가 상당히 불명확하게 이어지고 있다. 예컨대 '정신으로서의 인간이 거기에 있음'과 '인간이 세계 속에 있음' 사이에는 인용 구절이 암시하는 것과 같은 실질적 대립은 없다. 상식은 과학과 함께 관찰하는 주체

---

3 op. cit., p. xi.

로부터 분리되어 존재하는 대상을 상정하는 것으로 혹평을 받고 있는데, 상식은 사람들이 '세계 속에' 있다는 것과 '정신으로서의 인간'이 있다는 것, 바꿔 말해 반성적 의식의 가능성과 인간은 생각하는 존재라고 생각하는 사람의 가능성이 둘 다 성립한다고 당연히 주장할 것이다. 그렇지만 (흔히 메를로퐁티와 사르트르 둘 다 그런 것처럼) 논증은 그릇된 것일지라도 그 의미는 명료하다. 『지각의 현상학』의 주제는 우리가 세계 속의 인간의 입장을 이해하려면 지각을 반드시 이해해야 하며, 따라서 우리가 지각하는 주체(perceiving subject)와 지각된 대상(object perceived)의 절대적 구별을 고집하는 한 지각을 결코 이해할 수 없다는 것이다. 과학은 이런 절대적 구별을 한다는 바로 그 이유 때문에 거부되며 '독단적 상식'도 마찬가지 이유로 거부된다. 머리말의 마지막에서 메를로퐁티는 반-과학적 견해를 "우리는 세계 속에 있기 때문에 의미(意味, meaning)를 추구해야 하는 운명을 타고 났다"는 말로 요약하였다. 이제 후설에 고무되어 이루어진 우리와 세계의 관계에 관한 이론이 메를로퐁티를 인도해서 도달한 곳을 자세히 살펴볼 때가 되었다.

『지각의 현상학』은 독자의 기대를 저버리는 책인데, 특히 영어권 독자에게는 실망스러운 책이다. 이 책은 머리말에서 많은 것을 약속하고 출발한다. 이 책의 주제인 지각 자체는 친숙하고 흥미로운 주제이고, 흄과 데카르트에 대한 비판은 영어권 독자의 입장에서 보면 ─ 이상할 정도로 증거 자료를 제시하지 않고 있긴 하지만 ─ 그래도 분명하게 깨닫게 해주는 바가 있다. 그러나 이 책의 적극적 주장은 독자가 그걸 확인했을 때 딱할 정도로 빈약하게 느껴진다. 세계에의 참여(engagement in the world)는 지각을 이해하는 실마리로서 몇 번이고 반복해서 강조되지만 서술된 내용 이외에 우리의 이해를 향상시키는 다른 무언가가 거

의 없다고 느끼지 않을 수 없다. 그래도 이 책은 그 모든 지루한 반복에
도 재미있게 읽히는데, 그 이유는 대체로 서술 방식이 매우 실감 나는
경험적 서술이기 때문이다.

독자는 이 책의 목표가 언어를 논의하는 것이 아니라, 반대로 우리
모두가 (어떤 의미에서) 완전히 잘 알고 있는 지각 작용, 즉 사물들을
지각하는 상태를 조사하는 과정을 드러내 보이는 것임을 기억해야 한
다. 이 일을 수행하는 중요한 방법은 정상 지각(正常 知覺, normal percep-
tion)이 어떠한지 대비(對比, contrast)를 통해 깨닫게 하기 위해서 비정상
적이고 결함 있는 지각을 하는 사람의 사례를 제시하는 것이다. 이것은
뛰어나게 매혹적인 방법이다.

『지각의 현상학』에서 고찰하고 있는 환자 사례(Schneider case, 재단사 사
례)는 시각과 운동 신경의 결함으로 입은 상처 때문에 고통을 받는 사
람의 경우이다. 이 사례는 원래 심리학자 겔프(A. Gelb, 1887-1936)와 골드
슈타인(K. Goldstein, 1878-1965)이 기록하고 검토했는데, 나중에는 골드슈
타인 혼자 검토하였다. 메를로퐁티는 사례사(事例史, case history)에서 발
췌한 초록을 굉장히 많이 이용하고 있지만, 나는 그 사례들 중에서 하
나만 인용하겠다.[4]

만일 환자가 만년필을 보고 있는데 끼움쇠가 보이지는 않는 뒷면을 보고
있다면 그 인식의 위상은 다음과 같을 것이다. 환자는 우선 "이것은 검고

---

4 *Uber den Einfluss des vollstandingen Verlustes des optisches Vorstellungsvermo-
gens auf das tactile Erkennen Psychologische Analysen hirpathologischer Falle*, Chap-
ter II.

파랗고 반짝거린다"고 말한다. 그다음 "그 위에 흰점이 있고, 길쭉하고, 막대기 모양이다. 도구의 일종인 것 같다 … "라고 말한다. 만년필이 더 가까워지고 반대편으로 돌려져 끼움쇠가 보이면, 그는 계속해서 "이것은 펜이나 만년필임에 틀림없다", (상의 가슴에 달린 호주머니를 가리키면서) "이것은 무언가를 기록하기 위해 여기에 꽂고 다니는 것이다"라고 말한다. 언어가 인식의 각 단계마다 실제로 본 것에 가능한 의미를 제공하기 위해 개입한다는 것과 인식이 언어적 연결과 발을 맞추어 전진한다는 것은 분명하다. '길쭉하다'로부터 '막대기 모양이다'로, '막대기'로부터 '도구'로, 그로부터 '무언가를 기록하는 데 쓰는 도구'로, 마지막으로 '만년필'에 도달한다. 감각-자료는—사실이 물리학자에게 가설을 암시하는 것과 마찬가지로—이런 의미를 암시하는 일을 할 수 있을 뿐이다.

메를로퐁티는 그다음에 이어서 위의 지각과 정상 지각의 경우를 대비시키면서 묘사한다.

이 절차는 … 정상 지각의 자발적 방법, 즉 대상의 본질을 즉시 인식할 수 있게 해주고, 그 대상의 '감지할 수 있는 속성들'(sensible properties)이 그 본질을 통해서만 보이도록 허락하는 '의미들의 살아 있는 체계'(living system of meanings)를 선명하게 보여준다. 이때에 차단되는 것은 대상과의 이 익숙함과 친밀함이다. 정상적 주체의 경우에는 대상이 '말하고' 의미를 보여주므로 색깔들의 배열은 직접 어떤 것을 '의미하는 데' 반하여, 환자의 경우에는 의미가 해석 행위에 의해서 어딘가 다른 곳으로부터 끌어들여져야 한다. 거꾸로 말하면 정상적인 사람의 경우에는 주체의 취지가 지각 현장(perceptual field)에 곧바로 반영되면서 지각 현장에다 그 취지에 맞는 특별한 의미를 띠는 문장을 찍어 봉인하거나, 전혀 힘들이지 않고 지각 현장에 의미의 물결을 일으킨다. 환자의 경우에는 지각 현장이 의미를 형성하는 이런 힘을 상실해버린 상태이다.[5]

환자가 경험하는 지각 방식은―가령 지각이 경험주의 철학자들의 논리에 따라 발생한다고 가정한다면―현상주의 철학자나 감각-자료 철학자가 지각에 대해 상상해볼 법한 지각 방식과 매우 비슷하다는 것을 이 구절로부터 분명히 알 수 있다. (다시 한 번 독자는 감각-자료 철학자들이 이런 식으로 지각이 발생한다고 상정하지 않았다는 사실을 기억해야 한다. 그들은 지각의 실제 발생(occurrence in fact)이 아니라 지각에 관한 언어(language of perception)에 관심을 가졌을 뿐이다. 그러나 논리적 관점에서 보아 어떤 사람의 지각 진술이 감각-자료 진술로 '구성된다'면, 적어도 만년필 같은 사물에 관한 지각이 어떻게 그 사람의 '길쭉하고·검고·반짝거리고' 등등의 기초 자료로부터 '구성될 수 있을지' 상상해보는 것은 가능하다고 하겠다.) 이와 반대로 메를로퐁티는 어떤 대상이 곧바로 우리에게-의미-있는-대상으로 지각되는 정상 지각을 묘사하고 있다. 바로 이것이 우리가 '사물들과 운명적으로 결합되는 방식'이다.

우리는 의미 없는 지각이나 의미를 고생해서 구성해야 하는 지각은 비-정상 지각이라고 분간할 수 있기 때문에 올바른 지각은 의미 있는 지각을 구성한다고 말할 수 있다.

병이 '시각 영상 영역'을 공격할 때에는 실제로 의식의 어떤 내용이나

---

5 op. cit., pp. 131 f.

시각 표상이나 조망을 파괴하는 데에서 멈추지 않는다. 병은 이런 것들을
단지 모델이나 상징 … 그저 대상을 설정하거나 자각하는 어떤 방식에 불과
한 것으로 보는 비유적 의미의 시각에도 영향을 미친다.[6]

그러나 환자의 결함은 시각 능력(視覺 能力, visual power)뿐만 아니라 운
동력(運動力, motor power)에도 있는데, 이 점이 중요하다. 메를로퐁티에
따르면, 그 이유는 우리가 세계에 의미를 부여하는 것은 우리 자신의
손발을 움직이는 능력을 통해서 이루어지기 때문이다. 그는 후설이
"의식 작용은 첫째로 '나는 …라고 생각한다'(I think that)가 아니라 '나
는 …을 할 수 있다'(I can)이다"라고 말했다고 인용하고 있는데, 이 말
은 출처가 분명치 않은 말이다. (이 인용은 누구도 후설에게서 이 말을
정확하게 찾아낼 수 없다는 점에서 분명치 않은데, 메를로퐁티가 후설
의 강의에서 들은 말을 상기한 것이거나 아니면 잘못된 인용일 것이
다.) 어쨌든 지금 우리에게는 시각과 운동이 둘 다 우리가 세계와 관계
를 맺는 통로라는 점이 중요하다.

대상들은 우리를 향하여 예컨대 '우리의 앞길에' '우리를 지탱해줄
수 있는' '손이 닿지 않는' '지렛대처럼 적절히 사용할 수 있는' 등등
의 상태로 존재한다. 이런 모든 개념은, 우리 자신의 신체 크기·활동
력·팔 길이 등등에 의존하는 것과 마찬가지로, 대상 자체에 관한 지식
이 아니라 자신의 본능적 지식(instinctive knowledge)에 의존한다. 세계 속
의 사물들은 잠재적인 도구이며, 이 도구 개념은 근본적으로 우리 자신
의 신체적 특징과 공간 속에서의 위치라는 개념에 의존한다. 우리 자신

6   op. cit., p. 136.

의 신체에 관한 이런 자각은 메를로퐁티가 발견하려고 골몰하는 세계
와의-지식-이전의-관계(pre-knowledge relation to the world) 같은 것으로
보인다.

　그렇지만 메를로퐁티의 사례들 속에서 언급되는 여러 종류의 지식
사이에는 무시할 수 없는 혼동이 있는 것으로 생각되며, 그 여러 가지
지식 모두가 그가 주장하고자 했던 방식으로 우리의 세계-지각(our per-
ception of the world)에 대한 반성-이전의-지식(pre-rational knowledge)이거
나 기초적-지식(basic knowledge)인 것은 결코 아니다.

　메를로퐁티는 맨 먼저 우리 손발의 실제 위치에 대한 지식에 관해서
말한다. 이 지식에 관해서는 엘리자베스 앤스콤(E. Anscombe, 1919~2001)
역시 '관찰 없는 지식'(knowledge without observation)이란 이름으로 부르
면서 우리의 의도에 관한 지식과 관련시켜 유비 논증을 통해 검토한 바
있다. 우리가 지각의 수준에서 자기 손발의 위치에 관해 (반드시 실제
위치는 아닐지라도) 어떤 종류의 기초적 자각을 하는 것은 사실로 보
인다. 그러나 이것 이외에도 메를로퐁티는 자기가 정확히 똑같은 종류
라고 생각하고 있는 여러 종류의 지식을 검토하고 있다. 예컨대 그는
만일 어떤 사람의 신체가 연장되어 있다면 (한 예로 모자에 긴 깃털을
꽂고 있다면) 그 사람은 문의 상단에 깃털이 걸리지 않고 어떻게 문을
통과해야 하는지에 관한 지식을 잘 알게 된다는 사실을 주목한다. 또는
어떤 사람이 특정한 자동차 운전에 익숙하다면 그 자동차를 마치 '자
기 신체의 확장된 일부'인 것처럼 느낄 수 있으므로 어떤 공간을 통과
할 수 있는지 없는지 잘 알 것이다. 그러나 이런 사례의 난점은 실제로
그 지식이 틀릴 수 있으며, 때로는 정말로 틀린다는 사실이다. 아마 긴

깃털을 꽂은 모자를 처음으로 착용한 사람은 그 깃털이 문의 상단에 부딪칠 가능성이 매우 클 것이다. 또한 문제가 어떤 사람의 신체 자체의 상상적 연장에 관한 것이 아닌 경우일지라도, 여전히 그 사람이 예컨대 어떤 간격을 통과할 수 있는지 없는지, 손이 특정한 나무 가지에 닿을 수 있는지 없는지, 그 밖에 무엇이든 그걸 할 수 있는지 없는지는 항상 직관적으로 확실하지는 못하다. 물론 우리는 이런 종류의 가장 일상적인 문제를 아주 잘 해결하기 때문에 거의 문제라고 여기지도 않는다. 그러나 분명히 우리가 어떤 일을 할 수 있는지 없는지 추측해보지 않을 수 없고, 그래서 실제로 시도해봄으로써 정말 할 수 있는지 없는지 알게 되는 경우나 알 수 없어서 난처한 경우가 드물게라도 있다. 이런 경우가 실제로 있다면, 우리가 어떤 일을 할 수 있다고 확실하게 알 때 갖는 그런 종류의 지식은 경험에 의한 지식(knowledge by experience)이다. 그 지식은 분명히 지각에 의존하지만 그 지식이 지각이었다는 주장은 틀린 말일 것이다. 왜냐하면 어떤 경우에는 우리가 보고 추측하고 시도하고, 게다가 때로는 실패도 하는 여러 단계를 실제로 발견할 수 있기 때문이다.

때로 자동차가 나 자신의 연장일 수 있다는 사실은 (그래서 예컨대 만일 당신이 내 자동차 속에서 나에게 "모퉁이를 돌아라!"라고 말하면 당신이 나한테 두 발로 걸어서 "모퉁이를 돌아라!"라는 말을 한 것처럼 이해해서 거의 생각하지 않고 쉽사리 당신 말에 따라 운전할 수 있지만) 세계가 내 몸과 그 연장을 통해서 '지식에-선행하는-방식'으로 화합된다는 사실을 수반하지 않는다. 때로 자동차가 나 자신의 연장일 수 있다는 것은 단지 우리가 오랜 훈련을 쌓아 운전 기술과 습관을 몸에 익혔다는 것만 보여줄 뿐이다. 메를로퐁티는 오르간 연주자가 새로운 오르간을 보자마자 음전들의 위치를 금방 확인하고 이전에 연주하던 오르간과 마찬가지로 연주할 수 있는 사례를 사용한다. 이 사례는 진짜 훌륭한 오르간 연주자가 어떤 오르간에나 도전해서 그 새로운 오르간을 제 자신의 몸을 부리듯이 그가 연주하는 음악을 표현하기 위해 사용한다는 것을 보여주는 것으로 상상되고 있다. 하지만 실은 이 사실이 보여주는 것은 숙달된 운전자가 어떤 자동차든 운전할 수 있는 것과 마찬가지로 숙련된 오르간 연주자는 어떤 오르간이든 잘 연주할 수 있다는 것뿐이다. 왜냐하면 오르간 연주나 자동차 운전과 관련해서 가장 중요한 사항들이 그 모든 경우에 공통하고 있다는 점이기 때문이다. 음전들이 어디에 몇 개 있는지 아는 것은 엄청나게 중요한 것이 아니다. 만일 당신이 오르간을 연주할 수 있다면 한 오르간에 관해 알고 있는 것을 다른 오르간에도 확장해서 적용할 수 있을 텐데, 이는 기본적으로 모든 오르간이 비슷하기 때문이다. 훈련을 통해 습득된 이 종류의 지식은 속을 들여다보면 우리가 우리 몸에 관해서, 다시 말해 우리의 손발이 있는 곳에 관해서 아는 지식과는 아무런 관련이 없다고 생각된다.

메를로퐁티는 같은 문맥에서 다른 종류의 지식도 논의한다. 이것은 다양한 종류의 비-언어적-지식(非-言語的-知識, non-verbalized knowledge)이다. 우리가 어떤 문의 상단을 피할 줄 아는 지식, 또는 익히 알고 있는 집에서 어둠 속에서도 어떤 방에서 다른 방으로 갈 수 있는 지식은 언어로 표현되지도 않고 정확하게 표현될 수도 없다. 그뿐 아니라 우리가 하고 있는 것을 언어로 설명할 수 없는 활동 속에는 아주 복잡한 기술이 많이 있다는 것은 분명하다. 타자수가 타자기에 글자들이 어떤 순서로 찍히는지 말하는 것이나 숙련된 연주자가 어떤 악기에 관해서 어떤 음계의 운지법을 말로 재현하는 것은 사실상 불가능할 것이다. 그러나 다시 한 번 말하자면 우리가 실제로 하는 것을 말로 서술할 수 없다는 사실은 우리 몸과 세계 사이의 '지식-이전의-관계'(pre-knowledge rela-tion)를 수반하지 않는다. 우리가 실제로 하는 것을 말로 서술할 수 없다는 사실은 단지 우리는 어떤 사태가 성립해 있다(that certain things are the case)는 것을 배우는 것과 마찬가지로 사태를 처리하는 방법(how to do things)을 배울 수 있다는 사실만 수반할 뿐이다. 만일 메를로퐁티가 하고 있는 모든 일이 우리 누구나 '…라는 사태를 아는 능력'(knowing that) 뿐만 아니라 '…을 할 줄 아는 능력'(knowing how)도 갖고 있다는 것을 주장하는 것이라면 우리는 그 주장을 논박할 필요가 없다. 그러나 그는 그 책의 이 부분에서 아주 중대한 기본 주장, 즉 지각의 본성을 이루는 기본 요소가 '우리 신체의 환경으로서의 세계'에 관한 지각이라는 기본 주장을 논증하고 있는 것으로 보인다. 그래서 세계와의 이러한 관계는 논리에서가 아니라 사실에서 지식에 실제로 선행한다고 주장하는 것으로 보인다. 나는 지각에 대한 메를로퐁티의 설명에 진실이 있다는 것을 부정하고 싶지는 않다. 다만 내가 보기에 그가 매우 정밀한 결론을 끌어내기에는 너무 많은 종류의 지식 — 학습, 습관-획득, 기술-사용 등등 — 을 혼동하고 있다는 점을 지적하고 싶을 뿐이다.

그렇지만 메를로퐁티의 일반적 결론은 명확하다. "내 자신의 몸은 유기체 속의 심장처럼 세계 속에 있다. 내 몸은 눈에 보이는 광경을 항상 생생하게 유지한다." 우리의 신체를 통한 우리 자신과 세계의 이 연결이 세계에 의미를 부여하는 것이다. 이 세계는 우리에게 항상 의의(意義, 重要性, significance)를 지님으로써 '항상 생생하게 유지된다.' 다시 한 번 '의미'보다는 '의의'에 관해 말하는 편이 더 낫다고 하겠는데, 이유는 '의미'는 정확하고 질서 정연하기까지 한 어떤 것을 암시하는 반면에 '의의'는 그렇지 않기 때문이다. 우리가 경험한 세계의 매우 작은 부분들은 질서 정연하다. 우리가 지각하는 것 대부분은 흥미로운 것·적대적인 것·두렵게 하는 것·매력적인 것 등등인데, 이 모든 특징은 '의의'라는 용어에 의해 무리 없이 언급될 수 있다. 의의는 우리가 세계에 간섭하고자 할 경우에 우리의 신체나 손발이나 도구로 간섭하기 때문에 우리 몸을 통해서 들어온다. 만일 우리가 어떤 대상을 자기를 두렵게 하는 것으로 본다면 이것은 그 대상을 그로부터 실제로 달아날 준비를 갖추게 하는 어떤 것으로 보는 것이다. 우리가 어떤 것을 위협적인 것으로 보자마자 우리는 팔을 들어 그 대상을 피하려고 할 것이다. 그 대상을 보는 것·그 대상을 의의 있는 것으로 보는 것·그 대상을 팔을 들어 피해야 하는 것으로 보는 것은 모두 똑같은 일이고, 그것들 모두가 진정한 지각이다.

지각 자체에 관한 메를로퐁티의 견해에 비추어 보면 잘못된 지각(mistaken perception)이야말로 흥미롭고 상당히 복잡한 주제인데도, 그는 잘못된 지각에 관해서는 이상하게도 거의 말하지 않는다. 내가 어떤 대상이 실은 그렇게 단단하지 못한데도, 내 몸이 내가 생각한 것보다 더 무겁기 때문에, 또는 그 대상의 표면이 단단한 것으로 오해하도록 보이기 때문에, 내 몸을 충분히 지탱할 정도로 단단하다고 잘못 생각할 수 있는 경우처럼, 내가 자신의 몸에 관해 잘못 생각한 경우, 또 내 몸과 관련 있는 세계 속의 특징에 관해 잘못 생각한 경우가 상당수 있다고 보아야 할 것이다. 하지만 메를로퐁티가 이 구별을 인정할 것인지는 분명치 않다. 이 점이야 어쨌든 메를로퐁티를 곤경에 빠뜨리는 문제는 지각이 틀릴 수 있는 이 두 가지 방식을 인정하는 것이—내가 이미 지적한 바와 같이—우리가 할 수 있는 일에 관한 '지식'이 항상 지식인 것이 아니라 때로는 어림짐작이라는 것을 인정하게 된다는 데 있다.

그러나 메를로퐁티가 정상적으로 틀린 지각(normally mistaken perception)에 관해서는 거의 말하지 않았을지라도 『지각의 현상학』의 마지막 부분에서 '환상'(幻像, hallucination)에 관해서는 흥미로운 논의를 하였다. 그는 "환상은 실재하는 것(the real)을 우리 눈앞에서 분해해버린 다음, 그 자리에 유사-현실(類似-現實, quasi-reality)을 내놓는데, 이 두 가지 점 모두에서 우리에게 지식의 논리-이전의-기초(pre-logical basis of knowledge)를 상기시킨다"라고 말한다. 메를로퐁티가 환자로 하여금 자신의 환상을 이해하도록 도와주는 환자 자신의 환상 묘사가 흔히 실려 있는 정신병 치료 사례집에서 가져온 상당수의 실제 사례를 제시한 사실은, 예컨대 ('맥베스의 단도'를 예로 든) 무어나 (환상을 신기루로 분류했던) 에이어가 전개했던 약간 엉성한 설명을 배웠던 영어권 독자들의 마음에 들 만한 새로운 변화이다. 사례 예시의 주된 목적은 환자가 자신의 환상 경험과 현실 경험을 아주 명확하게 구별한다는 것을 보여주는 데 있다. "정신 착란의 상태에서 의사의 손을 기니피그(쥐와 비슷한 실험용 동물)라고 믿는 주체는 진짜 기니피그가 자신의 다른 손에 놓여 있다는 사실을 곧바로 자각한다."

이 경우와 다른 경우들에서 진짜 경험과 환상 경험 사이에 질적 차이가 있다는 사실을 메를로퐁티는 환상에 관한 '경험주의자의 설명'(empiricist account)도 '지성주의자의 설명'(intellectualist account)도 밝히지 못한 사실을 보여주는 증거로 취급한다. 경험주의자는 환상 경험을 그저 정상적 방식이 아닌 어떤 방식으로 생긴 감각-자료로서 취급할 수 있는 것으로 간주한다. 그 감각-자료는 경험주의자에 의해서 정상적 감각-자료와 질적으로 구별될 수 없는 것으로 간주된다. 그 감각-자료는 정상적 감각-자료와 차이가 있는 뜻밖의 이상한 특징들, 이를테면 다른 사람에게 이용될 수 없다는 특징, 또 처음에 사용된 감각 기관과는 다른 감각 기관의 증거에 의해 검증될 수 없다는 특징 (예컨대 환청의 목소리가 아무런 시각적 대상이 없는데도 들리는 특징) 같은 것들을 지녔을 뿐이다. 지성주의자는 환상을 헛된 믿음(false belief), 다시 말해 실제로는 아무것도 보이지 않는데도 어떤 것을 보고 있다는 헛된 믿음, 또는 의사의 손이 기니피그라는 헛된 믿음이라고 단언한다. 그러나 모든 증거가 암시하는 바와 같이, 환자가 어떤 의미에서 그가 아무것도 보고 있지 않을 때 어떤 것을 보고 있다고 믿지 않는다든가, 의사의 손이 기니피그라고 진짜로 믿지 않는다는 것이 사실이라면 지성주의자의 설명은 당연히 거부되어야 할 것이다. 여기까지의 메를로퐁티의 논의는 전적으로 비판적 논의인 한에서 흥미롭기도 하고 수긍되는 바도 있다. 그러나 『지각의 현상학』에서 자주 일어나는 것처럼, 환상에 관하여 거부된 설명 대신에 메를로퐁티 자신의 적극적 설명(positive account)을 제시하는 데 이르면 우리는 다시 과장된 비유적 표현들의 홍수에 완전히 휩쓸리고 마는데, 새로이 제시되는 것은 단지 지각하는 주체가 환상 속에서는 바깥 세계와 어떤 근본적으로 이상한 관계에 있다는 (매우 옳음 직한) 진술을 한 번 더 듣는 것뿐이다.

환자는 '객관적 세계'가 아니라 자기에게 충격을 주는 것, 자기에게 영향을 주는 것에 사로잡혀 있다. 환자는 우리 대다수가 현실에 부여하는 가치를 오직 자기에게만 중요한 신화(神話, myth)에 부여한다. 그렇지만 환자의 경우는 우리 자신의 경우와 전혀 다르지 않은데, 그 까닭은 우리 모두가 세계를 지각할 적에 제 자신의 가치를 세계에 부여하기 때문이며, 그뿐 아니라 가장 중요한 신화는 이미 살펴본 바와 같이 완전히 객관적인 세계(perfectly objective reality) 같은 것이 실제로 있다는 신화이기 때문이다.

환자는 삶의 중심에서 쫓겨나서, 단독으로 가공의 환경을 창조하면서 제 자신의 실체를 고립된 채 소비할 뿐이므로 (우리 인간에 관한 지식을 전혀 갖고 있지 않아) 다루기 힘들게 완강히 저항하는 세계와의 거래를 통해 더 이상 제 역할을 하지 못하는 상태로 산다. 그러나 이 허구는 오직 현실 자체 가 정상적 주체에서도 비슷한 과정을 겪는다는 그 이유만으로 현실적인 가 치를 가질 수 있다.

환상은 지각 속의 세계를 아무 때라도 잘못 해석하거나 왜곡할 가능성 이 있지 않는 한 우리 모두에게 가능하지 않을 것이다. 지각은 항상 바 로 지금을 넘어서 내가 지각하는 것이 대상이나 도구의 상태로 기다리 고 있을 미래로 나아가기 때문에 언제나 애매하며, 그래서 지각의 일부 는 주관적이고 일부는 '초월적'이다. 우리로 하여금 환각이나 환상으 로 고생하게 만드는 근원은 바로 이 애매성(曖昧性, ambiguity)이다.

다른 경우와 마찬가지로 이 경우에도 메를로퐁티가 공격하는 대상은 객관적이고 정적인 바깥 세계에서 오는 진짜 메시지를 자신의 투명한 의식에 수용하기만 하는 순수한 데카르트적 주체(pure Cartesian subject) 이다. 주체의 의식은 어쩔 수 없이 자신의 신체에 붙어 다니고, 그래서 신체를 통해서 세계와 접촉하고 있기 때문에 '순수하지' 않다. 또한 바 깥 세계는 항상 단 한 사람의 대상일 뿐이고, 그러므로 그 사람의 개인 적 관점에 입각해서 지각되며, 그 사람의 편견·욕망·두려움에 의해 물들기 때문에 순수하지 못하다. 만일 우리가 이런 식으로 자기 자신을 고립되어 있지 않고 세계 속에서 그것도 제 자신의 세계 속에서 사는 지각의 주체라고 이해했다면, 우리는 그다음 문제, 즉 "우리는 다른 주체들을 어떻게 이해해야 하는가?"라는 문제에 부딪히고 만다. 다시 말해 "어떻게 '나'라는 일인칭 대명사를 복수 인칭대명사로 번역할 수 있는가?" 이 물음에 대한 메를로퐁티의 대답은 지극히 단순하다. "만일 내가 내 의식이 내 신체 속에 그리고 내 세계 속에 내재한다는 것을 경험했다면 다른 사람의 지각과 의식의 다수성은 더 이상 아무런 어려움도 일으키지 않는다 … 만일 내 의식이 신체를 갖는다면 왜 다른 신체가 의식을 '갖지' 못한단 말인가?" 바꿔 말하면, 다른 신체들이 세계 속에 있고, 그 신체들이 의식으로부터 개념상으로 분리될 수 없는 것은 내 자신의 경우에 내가 자신의 '신체'로부터 자기의 '정신'을 분리할 수 없는 것과 마찬가지다. 데카르트적 신화의 파괴는 유아주의(唯我主義, so-lipsism)의 파괴를 수반한다.

　메를로퐁티는 이러한 자신의 주장이 다른 사람이 실제로 존재한다는 것을 입증하려는 오래된 유비 논증(類比 論證, argument by analogy), 즉 내가 다른 사람의 신체나 그의 모자와 우산을 보고 있다는 사실을 근거로 해서 다른 사람도 내 자신의 정신과 똑같은 정신을 갖고 있다는 것을 알게 된다고 주장하는 논증이 아니라고 주장한다. 메를로퐁티는 내가 자신의 경우에서 신체적 움직임이 사고나 의도와 서로 관련 있다는 것을 배우기 이전에 다른 사람의 행동을 인지하고 이해하기 때문에 다른 사람의 존재에 관한 유비 논증은 있을 수 없다고 암시한다. "젖먹이는 자기 자신의 행동들에 관해 따로따로 분리된 개념을 갖기 오래 전에 어른의 행동을 모방할 수 있다." "젖먹이는 자기 신체 속의 자신의 의도, 그리고 나 자신의 의도를 가진 내 신체를 지각한 다음, 그에 의해서 젖먹이 자신의 신체 속의 내 의도를 지각한다." 여기서 인간의 행동(human behaviour)은 작용해서 영향을 미치는 것(the operative thing)으로 이해되고 있다. 나는 다른 사람의 신체의 움직임을 곧바로 '행동'으로 해석하며, 이 사실은 그 본성상 간주관적 의미를 지닌 용어로만 이치에 닿게 이해될 수 있다. "내 시선이 살아서 행동하고 있는 신체를 발견하자마자 그 신체를 둘러싸고 있는 대상들은 즉각적으로 의미의 새로운 층을 형성하는 일을 떠맡게 된다. 다시 말해 그 대상들은 더 이상 단순히 내가 그것들을 만들 수 있는 대상이 아니라, 이 다른 패턴의 행동이 바로 그때 그것들을 만들려고 하는 대상이다." 이 모든 일은 언어가 있기 때문에 더 쉽사리 일어나는데, 언어는 사물들이 혼자 사는 단 한 사람만을 위해서가 아니라 다른 사람들에 둘러싸여 사는 한 사람을 위해서 갖는 의미를 명백하게 공식적인 것으로 만들려고 고안된다.

그렇다면 세계에 대한 어떤 사람의 관계를 이해하는 것은 다른 무엇보다도 다른 사람들에 대한 그 사람의 관계를 이해하는 것을 의미한다. 따라서 철학은 전체적으로 사회 철학(社會 哲學, social philosophy)이어야 한다. 『지각의 현상학』의 둘째 부분은 이 점을 주목하면서 마무리된다. 메를로퐁티는 지금까지 주체에 관한 설명·다음에 세계에 관한 설명·그다음에 대상에 관한 설명을 제시함으로써 지각에 관한 전통적 편견을 폭로하였다. 『지각의 현상학』의 셋째 부분은 이 책의 마지막 부분이면서, 주체와 대상이 어떻게 결합하는가에 대한 설명과 주체와 대상의 진정한 관계에 대한 설명을 (이 주장에 관한 많은 근거가 이미 이 책의 앞부분을 자연스럽게 차지하고 있지만) 상당히 간결하게 진술하고 있다.

셋째 부분은 세 장으로 나뉘어 있는데, 첫 장은 *Cogito*에 관해서, 둘째 장은 일시성(一時性, temporality)에 관해서, 마지막 셋째 장은 자유(自由, freedom)에 관해서 논의하고 있다. 이 책의 산문체는 이 단계에서 역설과 신탁 같은 발언이 가득해서 매우 과장된 표현으로 바뀌어 있다. 이제는 사례가 거의 제시되어 있지 않으므로 사례의 도움을 받아 원문의 분석에 정확성을 도모하기가 쉽지 않다. 그러나 *Cogito*에 관한 장과 일시성에 관한 장의 중요한 결론은 동일하며, 『지각의 현상학』 전체의 결론과 다르지 않다.

메를로퐁티는 데카르트의 '*Cogito*'의 의미를 미약한 자의식(vestigial self-consciousness) — 앞으로 살펴볼 사르트르가 '반성-이전의-*Cogito*'라고 언급했던 것 — 으로 해석해서 관심을 갖는데, 이 미약한 자의식은 나의 모든 행동과 사고, 그리고 세계의 의미에 대한 나의 모든 이해에 수반한다. 이 의식은 나의 신체와 분리될 수 없고, 모든 지식의 기초가 되는 것과 마찬가지로 모든 지각의 기초가 된다. 나는 지각할 때 이 의식을 갖는다. 그러나 이 의식은 데카르트의 '*Cogito*'와 달리 의심의 여지가 없는 명제(indubitable proposition)의 근원이라고 상정되지 않으며, 아예 명제를 만들어내는 근원일 수조차 없다. 메를로퐁티는 그 이유를 명제는 언어를 필요로 하는데, 내 자신의 이 미약한 자의식은 나의 실존과 동일한 것이어서 언어 이전에 존재하기 때문이라고 말한다. 언어를 배울 적에 나는 이미 이 의식을 갖고 있으며, 그 때문에 나는 세계로부터 나 자신을 구별할 수 있고, 또 내가 배우고 있는 말을 적용하게 될 세계의 부분에 관한 생각을 떠올릴 수 있다. 예컨대 어린이가 '싸락눈'(hail)이란 낱말을 배울 적에 그 어린이는 어느 날 하늘에서 쏟아지고 있는 것에 그 말을 적용하면서 올바르게 적용하고 있다는 것을 갑자기 깨닫는다. 어린이가 이 행동을 할 수 있는 전제 조건은 그 어린이가 이미 세계를 실제로 지각하고 있다는 것과, 그러므로 제 자신을 세계에 대해 관찰하고 기술하는 사람으로 자각하고 있다는 것이다. 순수하게 지성적인 자의식은 있을 수 없는데, 그 까닭은 자의식은 지각과 동행하고, 지각은 실제로 존재하는 내 신체에 의존하기 때문이다. 그러므로 메를로퐁티는 데카르트의 자기 신체에 대한 의심은 바깥 세계의 존재에 관한 의심의 일부를 이루고 있지만 완전히 헛된 의심이라고 주장한다. 왜냐하면 신체가 없다면 'Cogito'도 결코 있을 수 없기 때문이다.

그런데 신체는 공간 속에서 일정한 위치를 차지하는 특별한 공간적 대상이므로, 모든 지각과 모든 자각은 어떤 공간적 점에서 생겨나 공간 속의 다른 점들과 관련되어 있다. 똑같은 방식으로 지각은 또한 필연적으로 특정한 시점에서의 지각이고, 그래서 지난 시간과 다가오는 시간에 관련되어 있다. 신체에 시간적 연속성이 없으면 주체는 그가 관찰하는 세계에 관한 어떤 의미도 만들 수 없다.

메를로퐁티는 자기 논증의 이 대목에서 하이데거의 말을 빌려 그대로 사용한다. 메를로퐁티의 기본 주장은 과학의 관점에서 볼 때 시간 같은 것은 전혀 있을 수 없다는 것이다. 과학은 관찰할 수 있는 객관적 사실, 즉 지금 여기에 있는 사태를 연구한다고 상정된다. 왜냐하면 미래는 아직 존재하지 않고 과거는 더 이상 존재하지 않으므로, 미래 사건이나 과거 사건은 엄밀히 말해서 과학의 관심사일 수 없기 때문이다. 객관적 세계는 현재 사건들의 계열, 즉 "오직 '지금'의 수많은 실례" 이상의 것일 수 없다. 이런 사건들을 우리가 이해하기 위해서는 연속성 개념, 즉 시간 개념을 받아들여야 하고, 시간 개념을 받아들이는 것은 바로 주체성을 받아들이는 일이다. 이는 시간이 바로 내 직접 경험의 일부이고, 똑같은 방식으로 공간도 내 직접 경험의 일부이기 때문이다. "과거 사건과 미래 사건은 오직 내가 그것들에 접촉할 때만 갑자기 나타난다." "현재 순간에서 다음 순간으로 옮겨가는 것은 내가 마음속으로 생각하는 일이나 방관자로서 구경하는 일이 아니라 내가 직접 내 몸으로 겪는 일이다." 나는 이 세계를 이해할 수 있고 쓸모 있게 만드는 세계의 박자 빠르기를 설정한다.

따라서 최소한의 자아 의식과 시간 의식은 세계 속에서 지각할 수 있고 행동할 수 있는 존재로서의 인간에게 절대로 없어서는 안 된다. 메를로퐁티는 그다음에 시간 개념을 자신의 최종 주제인 자유를 끌어들이는 통로로 사용한다. 그러나 다른 사람에 대한 생각과 사회 철학에 관한 생각을 받아들이는 것도 바로 이 대목에서이다. 자유는 행위의 가능성이고, 이 가능성은 이미 살펴본 바와 같이 본질적으로 시간을 필요조건으로 한다. 하지만 공간과 달리 단일한 시간(a single time)은 한 사람 이상의 많은 사람을 포함할 수 있다고 상정된다. 엄밀하게 해석된 '여기'라는 공간적 개념은 한 사람 이상의 사람들이 차지하는 '똑같은 여기'를 배제하지만, '지금'이란 시간적 개념은 한 사람 이상의 사람들이 차지하고 있는 '똑같은 지금'을 배제하지 않는다.

메를로퐁티는 『지각의 현상학』 마지막 장에서 내 행동과 세계 사이에 인과적 결합이 있을 수 있다는 견해를 부정함으로써 자유에 관한 논의를 시작한다. 어떤 것이 다른 것을 일으키기 위해서는 그것들이 반드시 두 개의 분리된 사물이나 사건으로 생각되어야 한다. 예컨대 불타는 성냥개비는 산불을 일으키고, 지진은 건물 붕괴를 일으킨다. 이런 경우마다 인과 판단(因果 判斷, causal judgment) 속에는 두 개의 분리된 요소가 있다. 메를로퐁티의 논증은 나와 세계의 관계는 너무 밀접한 관계이기 때문에 물리적 세계가 내 행동을 일으킬 수 없다는 것으로 보인다. 세계와 나는 하나다. 나는 따로따로 분리되어 있는 두 개의 대상인 주체와 세계로 되어 있지 않다. 그러므로 만일 나의 행동들을 세계가 일으키지 않는다면 내 행동들은 자유롭다. 그리고 만일 행동들 중 어느 행동이라도 자유롭다면 — 적어도 어떤 점에서는 — 모든 행동이 자유롭다.

내 자유에 가해지는 제한이 실제로 있다는 것은 의심의 여지가 없지만, 그 제한은 실은 그걸 제한이나 방해라고 알아보는 사람이 나 자신이기 때문에, 오직 내가 자유롭다는 것이 확실할 때에만 실제로 존재한다. 방해라는 개념은 일반적으로 오직 자유로운 존재, 그러므로 어떤 일을 할 수 있고 다른 것도 하기를 열망하지만 실패할 수 있는 존재에 대해서만 발생할 수 있다. 방해는 자유 의지에 대한 방해로서가 아니고서는 실제로 있을 수 없다.

나는 내가 자유롭다는 것을 아는 것과 마찬가지로, 이번에는 다른 사람들도 자유롭다는 것을 명백히 아는데, 그 까닭은 내가 나 자신을 아는 과정에서 동시에 다른 사람들을 알게 되기 때문이라고 메를로퐁티는 대담하게 주장한다. "나는 반드시 … 가장 철저한 반성을 통해 나의 개체성 주위에서 일반성의 후광이나 사회성의 대기를 이해해야만 한다." 내가 다른 사람들에게 적용되는 것을 이미 알고 있는 공적인 분류 표시를 내 자신에게 적용할 수 있는 것은 나 자신에 대한 자각 속에서 '사회성'(社會性, sociality)을 자각하기 때문이다. 예컨대 우리 누구나 자신 속에서 자각하는 감정들을 '질투'나 '권태' 등으로 분류하는 것을 배울 수 있고, 또 우리 누구나 제 자신을 다른 사람들과 함께 '중산 계급 시민'이나 '지식인'으로 분류하는 것을 배울 수 있다. 역사적 변화·혁명·개혁의 기원은 바로 이러한 분류에서 시작된다. 메를로퐁티는 혁명이 일어나기 오래 전에 착취가 실제로 있기 마련이라고 말한다. 혁명은 무산 계급 시민이 제 자신을 착취당하는 존재로 확인하게 되었을 때에만 일어난다. 우리는 이 생각이 사르트르에서 더 충분히 검토되었다는 것을 알게 될 것이다.

이 대목에서 메를로퐁티는 양립할 수 없는 것으로 보이는 두 가지 생각을 주장하고 있다. 첫째는 인간은 완전히 자유롭다는 주장이고, 둘째는 인간은 전적으로 자신의 물리적 환경과 사회적 환경의 일부이므로, 반드시 자기가 그 환경의 일부라는 것을 깨닫지 않고서는 아무것도 할 수 없고 어떤 것도 될 수 없다는 주장이다. 이 두 번째 주장은 결정론(決定論, determinism)에 매우 가까운 견해로 보인다. 따라서 우리는 메를로퐁티가 이 충돌하는 두 생각을 조화시키려고 어떻게 노력했는지 살펴볼 필요가 있다.

첫째, 메를로퐁티가 비록 인간은 완전히 자유롭다고 말하긴 했지만, 이 부분의 논의 도중에 한 인간은 그 사람을 결정하는 것이 아무것도 없는 시초 상태에서 '제 자신을 선택한다'는 것을 부정한다. 한 인간은 단지 의식에 불과한 게 아니라 행동할 가능성이다. 인간이 그런 존재라면 인간은 자신을 선택한다고 진정으로 말할 수 있다. 그러나 이미 반복해서 들었던 바와 같이, 인간은 현실 세계에 이미 깊숙이 들어와 있어서 자기 의지에 따라 벗어날 수 없는 책무·전제 가정·태도·습관을 갖고 있다. 그렇다면 인간의 자유는 무얼 뜻하는가? 메를로퐁티의 대답은 비범한 것 같지만 매우 분명하지 못하다.

  자유는 애매성이다. 메를로퐁티의 초기 저작인 『행동의 구조』에 처음 나타난 자유의 모습도 이 애매성의 일면을 분명히 보여준다. 거기서는 애매성이 비록 내가 오직 내 앞에 있는 것만 지각할 수 있다 할지라도 지각에서는 내가 내 앞에 실제로 있는 것을 넘어섰다는 사실로부터 생겼다. 마찬가지로 행동에서는 만일 내가 환경에 의해 전적으로 좌우되거나 결정된다 할지라도 내가 하게 되는 것(해야 하는 것)을 넘어선다. 내가 물체나 기계 같은 존재라면 못 할 테지만 나는 앞을 내다본다. 그러나 내가 행동 과정을 시작했을 때에는 다시 한 번 나는 그 행동을 출발시킨 것에 좌우되며, 그래서 매 순간마다 나는 좌우되는 것 같기도 하고 자유로운 것 같기도 하게 보인다. "역할의 일반성과 상황의 일반성은 결국 결심(決心, decision)의 도움을 받게 되고, 그래서 상황과 그 속에 사는 사람 사이의 이 '주고받기'에서 '상황이 기여한 몫'과 '자유가 기여한 몫'을 정확하게 산정하는 것은 불가능하다."[7] 사람들에 둘러싸인 나의 세계 속에서, 그리고 나에 대한 그들의 기대와 기술에 의해 지지되는 나의 세계 속에서 나는 과거와 미래를 똑같이 숙고할 수 있기 때문에 미래에 대한 계획을 자유롭게 추구한다. '순수한 의식'은 오로지 현재만 관심을 갖기 마련이라서 이런 식의 행동하는 가능성(possibility of acting)을 갖지 못할 것이다.

  『지각의 현상학』 마지막 장의 끝 부분에 이르면 의식·일시성·사회성·자유가 결코 수반 관계(隨伴 關係, entailment)라고는 할 수 없고, 단지

---

7   op. cit., p. 453.

수사학적 연상 관계(rhetoric association)에 더 가깝다고 보아야 할 어떤 방식으로 모두 화해하고 있다. 이 연상 관계의 이름은 '내가-세계-속에-있음'(my being in the world)이다. 『지각의 현상학』의 마지막 쪽에는 후설의 *Lebenswelt*(생활-세계)와 하이데거의 *Dasein*(인간)이 함께 등장하고 서로 연결되어 논의되고 있다.

『지각의 현상학』을 출판한 후에 메를로퐁티는 프랑스 철학회에서 "지각의 우선성"(*The Primacy of Perception*)이란 제목으로 강연을 했는데, 그 내용은 자신의 『지각의 현상학』을 요약하면서 옹호하는 것이었다. 강연의 대부분은 지각이 우리와 세계를 결합하는 고리, 더 나아가 우리와 과학의 세계를 결합하는 고리라는 것, 그리고 이 결합 관계는 순수한 주체와 순수한 대상의 관계가 아니라 세계의 한 부분인 사람과 사람을 한 부분으로 하는 세계와의 관계라는 자신의 기본 주장을 단순히 요약하고 강조하였다. 메를로퐁티는 "나는 '지각의 우선성'이란 말이 지각 경험은 사물·진실·가치가 우리를 위해 구성되는 그 순간의 우리 자신의 실제 모습(our presence)이고, 지각은 발생하고 있는 초기 로고스(nascent *logos*)라는 것, 지각은 우리에게 모든 독단주의를 제외하고 객관적 실재 자체의 진정한 상황(true conditions of objectivity itself)을 알려준다는 것, 지각은 우리에게 지식과 행위의 임무(task of knowledge and action)를 가르쳐준다는 것을 함축하는 표현으로 이해되기 바란다"라고 말했다. 그는 이어서 『지각의 현상학』은 우리가 이 주제에 처음 들어선 것일 뿐이라고 말한 다음, 특히 『지각의 현상학』에서 사용된 방법을 문화(文化, culture)와 역사(歷史, history)에 적용하는 일이 그대로 남아 있다고 말했다. 또한 메를로퐁티는 이런 연구를 하면 도덕을 위한 결론도 분명해질 것이라고 암시하였다.

　　이런 말 속에서 우리는 실존주의가 헌신하는 것·관련된 것·실천하는 것이 무엇인지 쉽게 깨달을 수 있다. 주체성의 본성과 인간 자유의 본성은 실존주의자가 추구하는 진정한 주제인데, 『지각의 현상학』에 그에 대한 실천적 결론이 구체적으로 제시되어 있진 않지만, 적어도 그 연구가 어떻게 이루어질 수 있는지에 관한 암시와 그런 연구가 반드시 이루어져야 한다는 절대적 선언은 제시하고 있다. 실제로 메를로퐁티의 마지막 저작인 『보이는 것과 보이지 않는 것』(*The Visible and the Invisible*)이 존재-자체(Being itself)의 분명치 않은 영토로 특별히 인간 영역을 남겨둔 것으로 보이긴 할지라도, 이 책에서조차도 지각이 가진 궁극적인 설명적 본성에 대한 신앙, 그리고 (사람마다 제 처지를 그 속에서 깨닫는) 세계에 개인이 노출되는 방식을 밝히려고 했던 탐구와 기술에 대한 신앙을 완전히 상실하지는 않은 것으로 보인다.

장폴 사르트르 [1]

우리는 앞에서 메를로퐁티가 지각에서 이루어지는 인간과 세계의 결합에 관한 성찰로부터 자유와 개성 즉 주체성이라는 중요한 실존주의적 두 개념을 어떻게 끌어냈는지 살펴보았다. 한 사람과 다른 사람들의 관계도 고찰되긴 했지만, 인간이 자신의 세계와 맺는 관계에 대한 일반적 검토의 한 부분으로서만 고찰되었다.

이제 메를로퐁티보다 연상이면서도 1970년 현재 생존해 있는 사르트르에 주의를 돌리면, 우리는 동일한 주제에 대해 새로운 점을 강조하는 주장을 만나게 된다. 그렇지만 사르트르의 주요한 실존주의 저서인 『존재와 무』(*Being and Nothingness*)는 짜임새가 복잡한 책이어서, 먼저 대상들의 세계에 관한 분석을 다루고, 그다음에 다른 사람들의 세계(the world of other people)에 관한 분석을 다룬다 하더라도, 이 구분이 선명할 수 없다는 것을 알게 될 것이다. 왜냐하면 무(無, Nothingness) 개념과 자유(自由, freedom) 개념은 동전의 앞뒷면과 같은 두 부분이고, 실제로 이 책 전체에 걸쳐 반복되는 주제를 이루고 있기 때문이다. 게다가 이 책에서 탐구되고 있는 모든 생각은 여러 가지 방식으로 서로서로 맞물려 있다.

나는 먼저 사르트르가 사용하는 무 개념을 설명하고 나서, 무 개념과 관련되어 있는 사람과 의식-없는-구체적-사물들의-세계를 가르는 구별에 대해 설명하고자 한다. 다음 장에서는 세계 속에서 더불어 살고 있는 사람들 상호 간의 관계를 다룰 텐데, 그와 함께 거기에 함축되어 있는 사르트르의 윤리적 견해, 그리고 (간략하게 살펴볼 수밖에 없지만) 사르트르의 생각대로 진행된 실존주의 철학의 마지막 붕괴에 대해 살펴보겠다. 비록 사르트르의 후기 저작인『변증적 이성에 대한 비판』(辨證的 理性에 대한 批判, The critique of Dialectical reason)에 관해 약간 설명할 필요는 있겠지만, 내가 다음 장에서 할 일의 대부분은『존재와 무』에 분명하게 진술된 견해만 자세히 검토하는 작업이다. 사르트르가 상상(想像, imagination)과 정서(情緒, emotion)에 관하여 이보다 더 이른 시기에 출판한 저작들은, 비록 그 책들을 통해서 후설의 철학이 프랑스에 처음 소개되긴 했지만 전혀 검토하지 않겠다.

사르트르의 탁월한 저작에 붙여진『존재와 무』라는 제목은 과연 그를 실존주의자라고 부르는 것이 적절한지에 대해 의문을 일으킬 수 있다. 왜냐하면 이 책은 하이데거로 하여금 자신의 철학을 실존주의라는 이름으로 부르는 것을 거부하게 했던 존재-일반(Being-in-general)에 관한 사르트르의 관심에 기초를 두고 있는 것이 틀림없기 때문이다. 그러나 사르트르가 이 책의 이름에서 그리고 이 책 속에서도 존재에 관한 생각(notion of Being)을 탐구할 것을 제안하고 있긴 하지만 사르트르는 순전히 인간의 입장(human position)에서 탐구하고 있다. 다시 말해 사르트르는 일차적으로 인간의 존재 방식(human existence)에 관심을 갖고 있다. 그래서 존재-일반은 단지 인간의 존재 방식과 다른 존재 방식들을 엄격하게 구별하는 맥락에서만 논의되고 있을 뿐이다.

어쨌든 우리는 존재가 아니라 무와 함께 출발해야 하는데, 그 까닭은 무라는 개념이 사르트르 실존주의의 핵심 개념이기 때문이다. 독자는 하이데거에 관한 장에서 '무'라는 낱말이 두 가지 의미로 사용된다고 설명했던 사실을 기억할 것이다. '무'의 첫 번째 의미는 어떤 사람과 세계, 더 정확히 말하면 어떤 사람의 의식과 그가 자각한 대상들의 세계 사이에 있는 간격이나 분리 같은 것이었다. '무'의 두 번째 의미는 세계 속 대상들의 헛됨·덧없음·소멸과 거의 같은 것이었다. 그리고 어떤 사람이든 이 두 번째 의미의 무를 자각하지 못하면 통속적 존재로부터 진정한 존재로 나아가기 시작할 수 없었다. 만일 이 두 가지 의미의 특징을 전자는 인식론적 의미이고 후자는 정서적 의미라고 말할 수 있다면, 사르트르는 무라는 낱말을 주로 인식론적 의미로 사용하였다고 말하는 것이 옳을 것이다. 앞으로 보게 되는 바와 같이 사르트르는 세계 속의 어떤 사람이든 세계를 대하는 어떤 정서적 태도를 가져야 한다고 역설했지만, 사르트르의 경우에는 그 사람이 세계에 대해 느끼는 정서를 결정하는 것은 무에 관한 느낌이 아니다.

그렇지만 사르트르가 인간과 세계의 관계를 무 개념의 정서적 의미를 사용하지 않고 설명하는 일은 불가능하다. 인간은 의식을-가진-존재(conscious being)이자 '자신의-의식을-자각하고-무화하는-존재'(Being-for-itself)이므로 존재-자체(Being-in-itself)인 의식을-갖지-않은-대상(unconscious object)과 구별된다. (또한 세 번째 종류의 대상이 아니라 세 번

째 존재 방식인 '다른-사람을-의식하는-존재'(Being-for-others)라는 존
재 방식도 있지만, 이에 대한 검토는 다음 장으로 미루겠다.) 물론 하
이데거의 철학에서 본 바와 같이 의식을-가진-존재와 의식을-갖지-
않은-대상들을 가르는 가장 중요한 특징은 의식을-가진-존재가 제 자
신을 발견하는 세계를 숙고하고 또 자신을 의식을-갖지-않은-대상들과
다른 것으로 생각하는 능력이다. 그러므로 의식을-가진-존재의 의식은
존재-자체로부터 의식을-가진-존재를 분리하는 간격이나 공간, 즉 허
공 같은 것으로 볼 수 있다. 이러한 측면에서 보면 무는 공간과 비슷하
다. 그것은 의식을-가진-존재의 바깥에 있으면서 의식을-가진-존재와
그의 세계를 분리하는 거리를 만든다. 다른 측면에서 보면 무가 자신
의-의식을-자각하고-무화하는-존재의 내부에 있는 것으로 생각된다.
그것은 자신의-의식을-자각하고-무화하는-존재가 제 자신의 행동·사
고·지각으로 채우려 하고 있는 자신의-의식을-자각하고-무화하는-존
재의 내부 허공이다. 자신의-의식을-자각하고-무화하는-존재가 세계
를 지각할 수도 있고, 세계 속에서 자기가 상상하고 있는 미래를 고려
하여 결정하는 행동 진로에 따라 행동할 수도 있는 것은 그 자신 속에
이 허공을 소유하고 있기 때문이다. 자신의-의식을-자각하고-무화하
는-존재의 자유(freedom)는 제 자신의 잠재적 가능성(potentiality)에 의해
서 규정된다. 사르트르의 경우에는 하이데거의 경우와 마찬가지로 인
간-존재는 아직 실현되지 않은 잠재력을 가진 존재이다. 반면에 존재-
자체는 단단한 덩어리로 완전히 굳어 있는 것(a solid *massif* thing)이다. 존
재-자체의 미래는 이를테면 (탁상에 붙박아놓은) 잉크병이나 공처럼
현재의 사실에 의해서 완전히 결정된다. 하지만 인간-존재는 전혀 본
질을 갖고 있지 않다. (인간은 '실존이 본질에 선행한다.') 그러므로
인간은 통째로 결정되는 것이 아니라, 그가 어떤 방식을 선택하든 그

선택한 방식으로 자신의 본성 속에 있는 내적 허공을 채우는 자유를 누리는 존재이다.

　그러므로 이 점에서 인간 본성의 무는 역설적으로 인간의 가장 중요한 특징이다. 의식을-가진-존재는 외부와 내부 양쪽 모두에서 무를 통해 자기와 자신의 세계의 차이(差異, difference)를 자각한다. 그래서 지각하는 능력을 가진 인간은 아무리 미약한 정도로라도 지각하고 있는 자신을 항상 자각할 것이다. 인간의 지각 대상이 바깥 세계인지 제 자신의 어떤 면인지 자각하는 것은 아직 일차-질서 자각(一次-秩序 自覺, first-order awareness)의 수준이며, 자각하는 자기를 다시 자각하는 이차-질서 자각(二次-秩序 自覺, second-order awareness)이 있다. 사르트르에 따르면, 이 이차-질서 자각이야말로 의식 자체를 본질적으로 규정하는 특성이다. 그래서 그는 이 이차-질서 자각을 '반성-이전의-*Cogito*'라는 이름으로 지칭하는데, 이 용어는 우리가 신체와 대립하는 정신에 관한 직접적이면서 확실한 지식을 갖는다는 데카르트의 이론을 올바르게든 그릇되게든 연상시키는 것이 사실이다. 이 용어는 사르트르와 메를로퐁티가 공유하는 것이 얼마나 많은지 분명하게 보여준다.

　하지만 무 개념에는 아직 다른 한 면이 더 남아 있는데, 사르트르는 이 점에서 하이데거의 학설로부터 이탈한다. 우리는 앞에서—비록 사람들이 무 개념을 부정(否定, negation) 개념과 동일시하고 싶어 한다 할지라도—하이데거가 '무'와 '부정'의 결합을 받아들이지 않고 거부한 사실을 주목했었다. 이와 반대로, 사르트르는 무 개념과 부정 개념을 아주 쉽게 결합시킨다. 부정은 실제로『존재와 무』I부의 주제를 이루고 있다. 그 결합은 먼저 인간이 물음을 제기하는 성향을 갖고 있고, 따

라서 자신의 물음에 긍정 대답(positive reply)과 마찬가지로 부정 대답
(negative reply)도 할 준비가 되어 있다는 사실에 의해서 규명된다. 더욱
이 사르트르는 사람들이 두 가지 방식으로 비-존재(Not-being, 아닌-것),
즉 이러이러하지-않은-존재(Not-being-such-and-such)를 만난다고 강조
하였다. 첫째로 사람들은 이러이러하지-않은-존재를 세계에 관한 자신
의 생각에서 만나고, 또 그 생각에 관한 분류에서 만난다. 왜냐하면 누
구나 결국 예컨대 상록수는 활엽수-아닌-나무라고 생각하지 않고서는
기본적인 분류를 시도할 수 없기 때문이다. 그러나 일반적으로 사람들
은 세계에 대한 자신의 지각 속에서 비-존재(아닌-것), 즉 이러이러하지-
않은-존재를 직접 실제로 경험한다.

　사르트르는 내가 친구 피에르를 만나러 카페에 가서 지각에 의해서
친구가 거기에 있지 않다는 것을 직접 발견하는 상황을 기술한다. 카페
와 모든 다른 사람은 곧바로 배경으로 물러나고, 나는 피에르가 그 배
경을 등지고 돋보이기를 기대한다. 그러나 피에르는 그렇지 못한다.
"나는 내 눈앞의 모든 대상, 특히 얼굴들의 계속적인 소멸을 목격하는
데, 그 얼굴들이 잠깐 동안 '저 얼굴이 피에르인가?' 하고 살피는 내
주의를 끈 다음, '저건 피에르의 얼굴이 아니다'라는 이유로 곧바로 분
해되기 때문이다 … 직관에 분명한 것은 '비-존재'(피에르-아닌-것) 그리
고 '비-존재-배경'(피에르-아닌-것들의 짜임새)의 펄럭이는 움직임이며,
'비-존재'(피에르-아닌-것)의 '무화'(無化, nihilization)는 배경 표면 위를
'사물-아닌-것'(no-thing)처럼 미끄러져 지나가는 '어떤 형태', '그 형태
의 형식', 그러니까 '실제로-존재하지-않는-존재'(non-existence)를 불
러낸다." 물론 피에르 이외의 수많은 다른 사람이 어떤 특정한 순간에
그 카페에 있지 않다. 그러나 그 다른 사람들이 있지 않다는 것은 내가

지각하는 것이 아니라 생각할 수 있는 것일 따름이다. 사르트르는 내가 보고 싶은 사람의 부재(不在, absence)는 지각된 부재(perceived absence), 다시 말해 실제로 경험된 부정이나 무(actual experienced negation or nothingness)이고, 그 명료성에 의해서 부정(否定, negation)이 세계에 관한 우리의 지각 경험에 개입할 수 있고 실제로 개입한다는 일반적 사실(general fact)이 단적으로 드러난다고 주장한다.

이렇게 해서 지극히 독특하고 구체적인 방식으로 우리 모두가 세계 속에서 무와 부정을 자각한다는 사실이 확립되었기 때문에, 사르트르는 이어서 무나 부정과 연결되어 있는 가장 중요한 개념인 자기-기만(自己欺瞞, bad faith)이란 개념을 끌어들인다. 사르트르의 『존재와 무』나 다른 저작에서 그의 논증이 어느 방향으로 움직이고 있는지 완전히 분명하게 밝히기는 매우 어렵다. 그는 매우 자주 밀접하게 관련된 두 개념을 끌어들여서, 그 두 개념 중의 한 개념이 성립한다고 인정한 다음에 그것을 근거로 삼고 다른 개념을 추리할 수 있다고 주장하기도 하고, 또 방향을 거꾸로 바꿔 주장하기도 한다. 그러나 이 일은 얼핏 그렇게 보이는 것처럼 혼란스럽거나 불가사의하다고 할 수 없는데, 왜냐하면 결국에는 사르트르가 몇 번이고 거듭해서 사물들은 (그가 말하는 대로) 존재한다는 것, 즉 구체적인 경험적 사례(a concrete empirical example)로서 존재한다는 것을 최종적으로 증명하려고 노력하기 때문이다. 참으로 실존주의 철학 전체의 뚜렷한 특징으로 간주되어야 하는 것은 궁극적으로는 개별적인 것(the particular)과 구체적인 것(the concrete)에 호소하는 바로 이 점이다. 그렇다면 자기-기만에 관한 논의 과정은 그 자체로서 흥미로울 뿐만 아니라 사르트르 철학의 방법을 보여주는 유용한 사례이자 핵심적인 사례이다. 왜냐하면 사르트르는 몇 번이고 거듭

보강하고 또 종종 진정한 논증을 제시하면서 독자로 하여금 실제 현실 (reality)은 일화(逸話, anecdote)나 언어-그림(verbal picture)이 보여주는 것과 정말로 똑같다는 것을 깨닫게 하려고 시도하기 때문이다. 하지만 사르트르가 그런 일화나 언어-그림에서 참으로 중요시하는 것은 삶의 질 (quality of life)이지 삶에 대한 사실 그대로의 기술(bare description of life)이 아니다.

　예컨대 사르트르는 후설의 저작을 대단히 존경함에도 불구하고, 세계를 괄호 속에 넣어 제쳐놓는 '현상학적 판단 중지'가 순전히 심리적 과정인 한에서는 현상학적 판단 중지와 관련된 생각 전체를 반대한다. 사르트르는 반대하는 이유를 세계 속의 사물들이 괄호 속에 묶이는 것에 따르지 않기 때문이라고 주장한다. 세계 속의 사물들은 완전하게 존재하고 또 우리에게 장애물로서 존재한다. 세계 속의 사물들을 '의식의 순수한 내용'으로 고립시키려고 하는 것은 쓸데없는 짓이다. 의식의 순수한 내용 같은 것은 없다. 사르트르는 여기서 메를로퐁티보다도 더 나아가 실존의 현상학(existential phenomenology), 즉 세계 속의 현실 존재(real existence)에 관여하는 현상학을 목표로 삼으며, 그래서 후설이 추구했던 순수 현상학(true phenomenology)에 관한 그의 관심은 『존재와 무』를 집필할 무렵에는 거의 시들어버린 상태였다. 하지만 후설에 대한 사르트르의 반론은 돌멩이를 걷어참으로써 버클리의 관념론을 반박했던 사무엘 존슨(S. Johnson, 1709-1784)의 반론과 비슷하다고 할 수 있는데, 이 비교가 아주 부당하지는 않을 것이다. 사르트르는 이전의 철학자들이 세계 속의 사물들이 어떻게 존재하는지 고찰하는 일을 완전히 무시했기 때문에 세계에 관한 납득할 수 있는 설명을 제시하는 데 실패했다고 말하고 있다. 사르트르가 철학적으로 제공하려는 것은 현실의 생생함(realité Vécue) 바로 그것이다.

사르트르는 메를로퐁티와 마찬가지로 인간과 세계의 상호 작용, 즉 자신의-의식을-자각하고-무화하는-존재(Being-for-itself)와 존재-자체(Being-in-itself)의 상호 작용을 어떻게 기술할 수 있는가라는 물음에 답하려고 노력하였다. 사르트르는 이 물음에 답하려고 노력하면서 자기가 실제로 그렇다고 상정하는 (바로 이 자신의-의식을-자각하고-무화하는-존재와 존재-자체의 차이와 같은) 세계의 아주 일반적인 특징과 세계 속의 개별 상황들의 특수성을 둘 다 주장하였다. 또한 사르트르는 특수한 장면의 묘사에서 출발하면서도, 그 묘사는 그대로 진정한 기술일 수 없으므로, 세계가 사르트르가 말하는 대로 일반적으로 그렇게 존재하지 않는 한 우리는 그 묘사가 진정한 기술이 아님을 알아차린다고 주장한다. 이런 패턴의 논증에서 사르트르는 사람들이 실제로 어떻게 행동하는지에 대한 관찰—종종 예리하고 계몽적인 힘을 가진 관찰—에서 시작하여, 세계 전체의 구조가 이러이러하지 않는 한 사람들은 그런 방식으로 행동할 수 없다고 주장한다.

이런 두 종류의 논증 모두에 커다란 난점이 있을 수 있다고 지적되었다. 왜냐하면 만일 사람들이 세계의 구조에 의해서 사르트르가 기술하는 그런 행동을 하게 된다면, 사람들을 생명 없는 존재-자체로부터 구별하는 차이점으로 여겨지는 특징인 인간의 자유는 어떻게 확보되는가? 이 난점은 다음과 같이 표현될 수도 있다. 만일 사르트르가 사용하는 (예컨대 자기-기만에 관한) 일화가 실제로 그런 것처럼 계몽적인 힘을 갖는다면, 또 만일 그 일화가 인정받을 수 있는 부류의 특정한 사람에 의해 실천된 특정한 종류의 인간 행동을 활성화한다면, 그 종류의 행동을 모든 사람이 언제나 반드시 한다고 생각하는 것은 올바를 수 없다. 만일 우리 모두가 언제나 자기-기만에 빠져 있다면, 자기-기만은 어떤 개인을 책잡아 나쁘게 말하는 비난일 수 없으며, 실은 아예 비난일 수조차 없을 것이다.

그러나 이 점은 얼핏 그렇게 보이는 것만큼 진정한 난점이 아닐는지도 모르겠다. 왜냐하면 사르트르는 무가 부분적으로 섞여 있는 인간의 의식에 존재하는 자기-기만의 가능성(possibility of Bad Faith)을 근거로 삼아 주장하고 있으며, 또 자기-기만은 어떤 사람이 실제로 자기-기만에 빠졌다는 것이 밝혀짐으로써만 가능하다고 밝혔기 때문이다. 이번에도 사르트르는 의식의 일반적 특징으로부터 자기-기만의 개별적 가능성, 즉 자기-기만이 모든 경우에 반드시 성립하지는 않는다는 것을 논증하고 있다.

그렇다면, 우선 일반적인 것으로부터 개별적인 것으로 나아가는 사르트르의 논증은 다음과 같이 진행된다고 할 수 있다. 먼저 그로부터 자기-기만이란 구체적 사실을 끌어낼 수 있는 자신의-의식을-자각하고-무화하는-존재의 어떤 특징이 있다. 이미 보았듯이 자신의-의식을-자각하고-무화하는-존재는 적어도 미약한 반성-이전의-방식으로 제 자신을 필연적으로 의식하며, 또한 그에 의해서 제 자신이 다른 사람들이나 다른 사물들과 다르다고 의식한다. "나는 이러이러하지 않다"라고 혼잣말을 하는 힘은 의식 속에 있는 허공이나 간격이 만들어낸 경험된 결과이다. 내부에 실제로 있는 무는 이미 알고 있는 바와 같이 의식을 구성하는 것이다. 의식에 무가 없다면 사람은 지각이나 자기-결심을 할 수 없는 단단한 덩어리로 굳은 것일 것이다. 사르트르가 그렇게 말하진 않았지만, 그는 의식을-가진-존재를 언어를-사용하는-존재(language-using being)와 동일시하는 것으로 보인다. 왜냐하면 부정인 무가 나타나는 것은 어떤 사물과 다른 사물을 구별하는 데 쓰이는 범주들을 형성하는 능력에서인데, 이 범주-형성(category-formation)은 언어 사용(use of language)과 결정적으로 연결되어 있는 것이 명백하기 때문이다. 사르트르가 사용하는 의식이란 용어로는 동물이 의식을 갖는다는 것은 의심스러운데, 이는 사리에 맞지 않는 말이다. 그러나 만일 우리가 의식을-가진-존재를 언어를-사용하는-존재와 분명하게 동일시한다면, 동물은 의식을 갖고 있지만 자신의-의식을-자각하고-무화하는-존재는 아니라고 말할 수 있다. 이 분류에 따르면 의식은 자신의-의식을-자각하고-무화하는-존재가 되기 위한 필요 조건이지만 충분 조건은 아니다. 따라서 동물은 의식을 명백히 보여줌에도 불구하고 (언어를 사용하지 않기 때문에) 존재-자체와 더 많이 닮았다는 것이 확실하다.

인간-존재의 핵심에 있는 무에는 무수히 많은 가능성이 있다. 인간은 본래부터 주어진 본성이 없기 때문에 한 사람이 다른 방향은 배제하고 한 방향으로만 자신의 행로를 결정해야 하는 필연성은 있을 수 없다. 그 사람의 가능성은 그에게 제시되는 모든 제안에 대해서, 즉 그가 행해야 하는 것에 대한 제안만이 아니라, 그가 생각해야 하는 것에 대한 제안이나, 더 나아가 그가 세계 속에서 지각하는 것을 기술하고 분류하는 방법에 관한 제안에 대해서조차도 "아니다!"(No!)라고 말할 수 있는 가능성을 포함한다. 사람은 이 무가 자신 속에 존재한다는 것—바꿔 말하면 자기가 무엇을 선택하든 행동하고 생각하는 데 자유롭다는 것—을 진정으로 깨달을 때 심한 고통을 겪는다. 그는 자신의 무한

한 자유에 관한 생각을 감당할 수 없어서, 그 고통을 피하기 위해 종종 자기-기만이란 은신처를 택한다. 이런 자기-기만은 자기는 실제로 자유로운 만큼 자유롭지는 못하다고 자신을 속이는 형태를 취한다. 그러니까 자기-기만은 사르트르식 비-진정성(非-眞正性, in-authenticity)에 해당하는 것이다.

이 대목의 사르트르를 정확하게 해석하기는 매우 어렵다. 왜냐하면 그의 독특한 과장 표현이 자유에 관한 일반적 논의에서만큼 많은 어려움을 만들어낸 곳은 없기 때문이다. 만일 우리 모두 제각기 자신의 범주를 구성한다면, 다시 말해 누구나 세계를 고찰하는 자신의 방식과 세계에 관해 느끼는 자신의 방식을 결정한다면, 우리 대다수는 이 중 어느 일에서도 조금도 자유롭다고 느끼지 못하기 때문에 우리 모두가 자기-기만(bad faith)과 허위-의식(虛僞-意識, self-deception)에 깊이 빠져 있어야 할 것이다. 예컨대 우리는 파란색과 노란색을 구별하는 행동을 할 적에 어떤 선택도 전혀 못한다고 느낀다. 그러한 색깔 구별을 할 수 있는 언어를 갖지 못했던 사람들이 있었다고 주장하는 것은 이 논의에 부적절한 당치 않은 말이다. 파랑과 노랑이란 색깔-범주는 세계에 대한 어느 기술에나 절대적으로 필수불가결하다고 말할 사람은 전혀 없을 것이다. 이 논의에 필요한 전제 가정은 오직 우리가 현재의 뜻대로 쓰이는 '파랑'과 '노랑'이란 두 낱말을 가진 종족에 속하면서 장님도 색맹도 아니므로 그 두 낱말을 사용하는 사람들 사이에서 그 두 낱말의 정상적인 사용 방법을 배우며 성장했다는 것뿐인데, 그렇다면 우리가 그 두 낱말을 일상적 방식으로 사용하는 행동은 실제로는 전혀 선택 사항이 아닌 것처럼 보인다. 분명히 누구나 그 두 낱말의 잘못된 사용 방식을 선택할 수 있고, 또 그 두 낱말을 서로 바꾸어 사용하거나 닥치는 대로 무질서하게 사용할 수도 있다. 그러나 이런 사람은 동료들이 사용하는 언어로 소통하기를 거부하는 쪽을 선택한 것과 같다. 그렇다고 그 사람이 자기만의 새로운 기술 방법(new method of description)을 채택하는 일을 선택하고 있는 것은 아닐 것이다. 만일 어떤 것이 파랗게 보이고·파랗다고 동의했을 때 파랗다고 기술할 수밖에 없다고 느끼는 느낌, 또 노랗게 보이고·노랗다고 동의했을 때 노랗다고 기술할 수밖에 없다고 느끼는 느낌이 자기-기만이라면, 우리 모두는 입을 열어 이런 낱말을 사용할 때마다 자기-기만에 빠지는 것이 확실하다. 올바른 낱말을 선택하는 일은 개인적인 공상에 따르는 선택이 아니라 그 낱말이 약속된 의미나 관습적 의미로 사용될 때 가장 훌륭한 정보 전달 낱말이 된다는 것을 선택하는 일이다. 어쨌든 이것이 정상적인 경우이다. 한편으로 인간은 누구나 자기 주위의 세계를 범주화하는 자신만의 방식을 발명할 수 있고, 이 일을 할 때 누구나 반드시 따라야 하는 단 하나의 방식은 있을 수 없다고 말하는 것과, 다른 한편으로 각각의 인간은 누구나 제 자신의 범주를 선택한다고 말하는 것은 엄청난 차이가 있다. 전자는 어쩌면 옳을 수 있지만, 후자는 확실히 그른 말이다.

하지만 사르트르가 이 대목에서 혼동에 빠졌거나 적어도 심한 과장을 했다는 사실이 분명하다 할지라도, 우리가 스스로 생각하는 것보다 훨씬 더 자유롭다는 것을 자각할 때 느끼는 고통을 막아주는 장치로서의 자기-기만 개념만큼은 당연히 주의 깊게 살펴볼 필요가 있다. 우리는 언제나 또는 가끔이라도 아무도 자신의 자유에 관한 고통스러운 자각을 겪지 않는다고 믿을 수 있다. 우리는 대개 우리가 날마다 사용하는 바로 그 언어에 의존하는 것과 마찬가지로 많은 것에 관해 자신의 삶의 방식 그리고 자신의 취미와 가치에 따라 산다고 느낀다. 가치들은 우리가 어느 방향으로든지 걸음을 떼게 되면 '우리 주위에 메추라기들처럼 튀어나온다' 고 사르트르는 말한다. 그러나 사람들은 때로 어쩌면 전쟁이나 혁명 때문에, 어쩌면 어떤 개인적 위기 때문에 자신이 신봉하던 가치들에 관해서 생각하지 않을 수 없게 되고, 그런 때에는 고통스럽게 자신의 자유에 직면하게 될 것이다. 사람들은 모든 일상적 사고방식, 그리고 누구나 활용해야 하고, 누구나 충성을 바쳐야 하며, 누구나 자기 가족을 부양해야 하고, 누구나 사람의 생명을 신성하게 여겨야 한다는 위로와 편안함을 주는 모든 신념을 빼앗겼다는 것을 깨달을 것이다. 그들이 자기 마음대로 무엇이건 평가할 수 있다는 것, 게다가 자기가 단독으로 선택하는 방도 이외에는 자신의 선택을 지도해줄 사람이 전혀 없다는 것, 자기가 어떤 직업이나 집단에 참여할 수 없도록 완전히 막혀 있다는 것을 깨닫는다면, 그들은 자신의 공허함과 덧없음에 그리고 자신의 자유와 마찬가지로 자신의 비-존재(아무것도-아님)에 대해서 고통을 경험한다.

그러므로 사르트르의 인간은 무가 모든 것의 종말이기 때문에 섬뜩하게 느끼는 것도 아니고, 사물들에 관해 생각할 때 존재와 비-존재 사이에서 소용돌이치는 사물들을 보기 때문에 무를 섬뜩하게 느끼는 것도 아니다. 무는 우리 자신의 일부이므로 피할 수 없는 것이면서도 우리가 어떤 다른 계획에 제 자신을 완전히 빼앗기는 일로부터 보호해주기 때문에 우리를 소스라치게 놀라게 한다. 나는 아무것도 아니다. 나는 나무가 나무로 되고 잉크병이 잉크병으로 되는 피할 수 없이 부득이한 방식으로 무언가로 완결될 수 없다. 인간은 의식의 본성 때문에 (또는 내가 암시한 바와 같이 언어를 사용하는 본성 때문에) 무엇을 하든 간에 자기가 지금 하고 있는 것을 다른 사람들과 사물들이 하고 있는 것·

자기가 할 수 있었지만 하지 않은 것·자기가 존재-자체라면 그랬을 법한 것과 항상 대비시켜 생각할 수 있으며, 이런 것들은 그의 행동에 관한 기술에 의해서 완전히 기술될 수 있다. 자기-기만은 최소한의 반성-이전의-방식으로 자의식을 가질 수 있는 존재, 그리고 부정(否定, negation)을 할 줄 아는 존재가 아니고서는 가능하지 못할 것이다. 왜냐하면 자기-기만은 현재의 자기를 깨달으면서 그 현재의 자기를 부정하는 것을 깨닫는 것이고, 따라서 자기는 현재의-자기가-아닌-것이라고 주장하는 것이기 때문이다.

이 두 가지 능력 외에도 사르트르에 따르면 인간에 관한 단순한 사실이 또 하나 있는데, 그것은 인간이 두 개의 모순되는 신념(two contradictory beliefs)을 동시에 유지할 수 있다는 사실, 즉 동일한 것을 동시에 믿으면서 믿지 않는다는 사실, 그러므로 어떤 사람이 두 개의 모순되는 신념을 동시에 갖고 있다고 말하더라도 그 사람이 분명히 정당할 수 있다는 사실이다. 그래서 비록 우리가 고찰하고 있는 종류의 논증에서 사르트르가 존재-자체와 자신의-의식을-자각하고-무화하는-존재의 구별에 포함되어 있는 세계의 매우 일반적인 특징으로부터 분명히 나아가고 있다 할지라도, 그는 이번에도 인간이 어떻게 행동하는지에 관한 매우 일상적인 심리 관찰에 호소하고 있으며, 이 심리 관찰은 사르트르 논증의 전제의 일부를 형성한다. 사르트르의 형이상학적 직관은 변함없이 인간의 개인적 특이성(human idiosyncrasy)에 대한 소설가적 관찰력에 의해서 뒷받침된다. 일반적인 것으로부터 개별적인 것으로 나아가는 논증의 결론은 인간이 아주 특이한 종류의 자기-기만에 빠질 수 있으며, 그래서 인간과 세계의 일반적 관계가 인간이 자기-기만에 빠질 수밖에 없는 처지를 피할 수 없는 것으로 만든다는 것이다.

자기-기만에는 냉소적인 거짓도 속이려고 꾸민 교활한 생각도 없다. 그
와 반대로 자기-기만의 첫째 행동은 피할-수-없는-것을 피하는 행동, 현
재-주어진-의식을 피하는 행동이다. 바로 이 도주 계획이 나의 현재-주어
진-의식의 핵심에서 일어나는 내적 붕괴를 누설하며, 그래서 자기-기만이
바라는 것은 바로 이 현재-주어진-의식의 내적 붕괴이다. 실제로 우리가 자
신의 현재-주어진-의식에 직면하여 즉시 취할 수 있는 두 가지 태도는 현
재-주어진-의식의 본성과 본래의-자기-의식(the in-itself)에 대한 현재-주
어진-의식의 관계에 의해 결정된다. 정상 의식(正常 意識, Good faith)은 원
래 나의 현재-주어진-의식이어야만 하는데도 지금은 현재-주어진-의식이
아닌 본래의-자기-의식 쪽으로 진행하는 내적 붕괴를 피하려고 한다. 자
기-기만은 나의 현재-주어진-의식의 내적 붕괴에 의해서 본래의-자기-의
식을 피하려고 한다. 하지만 자기-기만은 제 자신이 자기-기만이라는 것을
부정하기 때문에 이 붕괴를 부정한다 … 만일 자기-기만이 가능하다면 그
건 자기-기만이 인간의 모든 계획에 대한 사라지지 않는 직접 위협이기 때
문이다. 이는 의식이 자신의 현재-주어진-의식에 자기-기만의 항구적 위험
을 숨기고 있기 때문이다. 이 위험의 기원은 의식의 본성이 그 상태이면서
동시에 그 상태이지 않다는 사실에 있다.[1]

사르트르는 다른 곳에서 "'자기-기만'은 본질적으로 어떤 생각과 그 생
각의 부정을 하나로 통일하는 모순적 개념(contradictory concept)을 만들
어내는 일종의 기술"이라고 말하고 있다. 이런 식으로 자기-기만이 인
간 실재의 궁극적 구조로부터 유래하기 때문에 사르트르는 그다음에

---

1 *Being and Nothingness*, pt. i, ch. 2, sec. 3. The translations from this work are
by Mrs. Christine North. Except for this passage and the next, they were first pub-
lished in Mary Warnock: *The Philosophy of Sartre* (Hutchinson, London, 1965).

몇 가지 매우 유명한 본보기 일화(exemplary anecdote)를 통해서 예시적 해명을 할 수 있다.

　앞에서 언급했던 나의 반론을 잠깐 다시 생각해보면, 사르트르가 자기-기만은 의식의 본성에 붙박여 있는 위험(risk)이라고 말한 사실을 주목해야 할 것이다. 사르트르는 우리가 언제나 자기-기만에 반드시 빠져 있다고 주장하지 않는다. 그와 반대로 그는 방금 위에서 인용한 구절에서 정상 의식(Good faith)이나 정직성(honesty)은 통상 그 자체가 단지 다른 형태의 자기-기만, 즉 자신의 잘못을 자백함으로써 자유의 고통을 피하는 다른 방법일 뿐이며, 그렇게 해서 세계 속의 대상들이 피할-수-없는-특징을 갖는 방식으로 제 자신의 사악함이 자기에게-어쩔-수-없이-주어진-특징인 것처럼 위장한다고 암시하기도 한다. 사르트르는 '정직한 사람'(honest man)에 관해 다음과 같이 말한다.

　　그래서 그 사람은 정직한 사람이 바로 그 정직한 행동으로 사물-상태를 피하기 위해서 스스로 사물을 자청한다는 것을 알아차릴 수 없다. 자기가 사악하다고 고백하는 사람은 자신의 교란된 '의지의 자유'를 사악함의 생명 없는 특성과 맞바꾼다. 그래서 그는 사악하고 제 자신을 고수하며 제 자신의 현재 상태에 머문다. 그러나 고백을 하는 사람이 제 자신이기 때문에 그는 바로 그 고백에 의해서 현재 상태로부터 피하는데, 그 까닭은 고백을 유지하거나 고백을 무수한 개별 행동으로 분해하는 일은 그에게 의존하기 때문이다. 그는 자신의 정직성으로부터 장점을 끌어내며, 그래서 칭찬할 만한 사람은 그가 사악한 한에서는 사악한 사람이 아니지만, 오직 그가 자신의 사악함을 넘어선 한에서만 그렇다.[2]

따라서 자기-기만과 이른바 정상 의식이나 정직성은 정말로 현실 도
피의 두 가지 다른 형태이며, 그 도피는 인간-존재의 불완전하고·공허
하고·'어떤-것도-아닌' 본성 때문에, 바꿔 말하면 인간이 세계에 관해
기술하고 말하는 지성과 능력을 갖고 살 수밖에 없다는 본성 때문에 가
능하고 또 쉽게 일어난다. 혹시 진정성, 즉 이 커다란 함정을 피하는 방
식이 있다 하더라도 사르트르는 그 방식을 밝히지 않는다. 실제로 사르
트르는 『존재와 무』의 각주에서 이 책에는 진정성에 관해 기술할 자리
가 없다고 말하였다. 인간의 일반적 본성을 근거로 삼는 논증에 대해서
는 이 정도로 마치겠다.

다음으로 개별적인 것으로부터 일반적인 것으로 나아가는 논증들을
살펴보면 우리는 논증 상태가 더 좋은 것을 알 수 있다. 만일 자기-기
만이 인간의 가능성이라면 사르트르는 무가 의식의 필수 부분이라는 자
신의 결론을 끌어낼 수 있는데, 자기-기만이 무 없이는 가능하지 못하
기 때문이다. 그러므로 사르트르는 두 종류의 자기-기만을 기술하기에
이른다. 첫 번째 종류의 자기-기만에서 인간은 자기가 사물이라는 것
과 그 때문에 자기가 행동하고 있는 대로 행동하지 않을 수 없다는 것
이 거짓 핑계임을 알면서도 정말로 그렇다고 믿으려고 한다. 이 형태의
자기-기만이 사르트르가 정직한 사람의 정상 의식이라고 기술했던 것
에 매우 가깝다는 것은 명백한데, 그 일화 속의 정직한 사람은 자신이
정말로 무력하고 사악하며 동성애 성향이고 또는 이 비슷한 어떤 상태
라고 고백하고 나서, 그것을 핑계로 이런 상태에 관한 책임이든 다르게
되려는 시도에 관한 책임이든 제 자신을 책임으로부터 면제한다. 또한

2 op. cit., pt. i. ch. 2, sec. 2.

누구나 의식 있는 자유로운 존재가 아니라 사물인 양 가장할 때에는 인과 관계라는 개념을 끌어들여 핑계로 삼는다는 것도 분명하다. 이 설명에 따르면 이런 인간의 행동은 튕겨지는 공이나 바람에 날아가는 종이의 움직임과 마찬가지로 순전히 물리적 원인에 의해서 결정된다.

사르트르는 이 형태의 자기-기만을 남자의 초대로 레스토랑에 간 처녀가 치솟는 흥분을 느끼면서도, 그 남자에게 "예!" 또는 "아니오!"라는 말로 명확한 결심을 표현해야 하는 순간을 미루기 위해서 자기에 대한 그 남자의 의도를 모르는 척 가장하는 이야기를 예로 들어 설명한다. (덧붙여 말하면 이 예화는 시몬느 보브와르(S. de Beauvoir, 1908-1986)도 사용하였다.) 마침내 그가 그녀의 손을 잡는 순간이 온다. 결심의 순간이 오는 것을 알아차린 그녀는 바로 그 순간 지적 대화에 온통 열중하면서, 마치 그가 단지 식탁에서 어떤 물건을 잡고 있다는 듯이 잡힌 손을 모른 체하며 그대로 놔둔다. 그녀는 자기 자신을 잡힌 손으로부터 당분간 분리해 놓고 그 손이 자기와는 전연 관계가 없는 체한다. 그녀의 손은 움직이지 못하는 물체처럼 그의 손에 잡혀 있는 것이다. 만일 그녀가 손을 옮기거나 있던 곳에 일부러 놔둔다면 어느 쪽이든 어떤 결심을 명백히 표현하게 될 것이다. 그러나 그녀의 손과 거기에 일어난 일에 대한 책임을 전혀 지지 않음으로써 그녀는 결심할 필요를 회피하였다. 이 경우는 그녀가 즉시 깨달을 수 있고, 우리 또한 더 나아가서 "이는 내가 아는 전형적인 경우다"라고 말할 뿐만 아니라 "내 경우인 것 같다"라고 말한다는 점에서 실제로 작동하는 일화이다. 따라서 자기-기만은 우리가 동의하는 바와 같이 실제로 일어나기 때문에 가능하다. 그러므로 인간의 의식은 주어진 상황을 이 독특한 '주장하기-부정하기 방식'(asserting-denying manner)으로 숙고할 수 있어야 한다. 그런

다음에 사르트르는 이번에는 자기-기만 방식을 사실이-아닌-것을 부
정하거나 주장하는 자유 능력(自由 能力, free power)으로부터 끌어낸다.

두 번째 종류의 자기-기만은 과장하여 연기하는 웨이터에 관한 사르
트르의 기술에 의해 소개된다. (다시 한 번 이러한 인물이 시몬느 보브
와르의 책에도 바텐더로서 등장한다.) 웨이터의 모든 동작과 제스처는
약간 과장된 것이다. 그의 행동은 본질적으로 의례적이다. 그는 고객들
에 대한 관심과 경의를 너무 노골적으로 표현하는 방식으로 머리를 숙
인다. 그는 음식 나르는 쟁반을 약간 불안정하게 보이는 방식으로 균형
을 잡는다. 그의 동작은 모두 무언극이나 게임에서의 동작과 비슷하다.
그가 하고 있는 게임은 '웨이터-되기 게임'(game of being a waiter)이다.
그는 아주 의식적으로 웨이터의 역할을 수행하고 있고, 그래서 독특한
'웨이터 춤'(waiter's dance)을 추고 있다. "카페에서 근무하는 웨이터는
자신의 사회적 지위를 실현하기 위해서 연기하고 있다." 다시 말해 그
는 자신의 사회적 지위를 현실로 만들기 원하며, 그 때문에 그는 선택
의 여지가 없게 되겠지만 웨이터-되기에 완전히 철저하게 열중할 것이
다. 그는 이런 자기 자신을 정말로 원할 뿐만 아니라 그에게 그렇게 하
도록 밖으로부터 가해지는 압력을 받는다. 왜냐하면 일반 대중은 그를
그저 웨이터로서만 생각할 수 있기를 바라기 때문이다. 일반 대중은 그
를 자유로운 행위자로 생각하고 싶어 하는 것이 아니라 오직 그의 직업
이 요구하는 인물이어야 한다는 것을 더 좋아한다.

사르트르는 모든 상점 점원에 대해 다음과 같이 말한다. "일반 대중
은 점원이 자신의 사회적 지위를 의례적 행동으로 생생하게 보여주기
를 요구한다. 식료품 상인 춤·양복점 재단사 춤·경매인 춤이 있고, 그

에 의해서 그들은 자신이 식료품 상인·경매인·재단사일 뿐이라는 것을 고객에게 납득시키려고 노력한다. 꿈을 가진 식료품 상인은 자기가 전적으로 식료품 상인인 것만은 아니라고 의식하기 때문에 고객을 무례하게 대한다 … 마치 우리가 그 사람이 자신의 사회적 지위를 회피할 수도 있고, 자신의 사회적 지위를 이탈하여 갑자기 그 사회적 지위를 던져버릴 수도 있다는 두려움을 끊임없이 느끼며 살았던 것처럼, 어떤 사람을 '당신은 이런 사람이다'라고 구속하는 데에 대처하는 참으로 많은 예방책이 있다."

다른 한편으로, 웨이터는 마음속으로 잉크병이 잉크병인 것처럼 결코 완전히 철저하게 웨이터일 수도 다른 어떤 것일 수도 없다는 것을 안다. 왜냐하면 그가 자신의 사회적 지위를 반성할 수 있다는 바로 그 사실이 그 상황 속에서 그러한 완전히 굳은 실존(solid and total existence)을 미리 배제하기 때문이다. 웨이터라는 추상 관념은 그 관념에 동반하는 모든 권리와 의무 때문에 어떤 사람도 완전히 충족시킬 수 없는 것이다. 이상적 웨이터(ideal waiter)는 표상이지 현실 속의 사람이 아니다. 따라서 그 사람은 단지 자신을 웨이터라고 상상할 수 있을 뿐이다. "그러나 만일 내가 자신을 웨이터라고 상상한다면 나는 웨이터가 아니다. 나는 대상이 주체와 분리되는 것처럼 무에 의해서 웨이터와 분리된다. 하지만 이 무는 나를 웨이터로부터 격리시킨다. 다시 말해 나는 자신에 관해 자기가 웨이터라고 상상할 뿐이다."

웨이터가 자신의 역할을 수행하면서 현실로 만들려고 하는 것은 카페 웨이터라는 바로 그것이다. 그는 자기에게 웨이터라는 지위가 주어지면 (다시 말해 그가 실제로 이 방식으로 돈을 벌고, 농부나 외교 사절이 아니라면) 그가 일정한 방식으로 행동해야 하는 것은 절대로 피할 수 없는 일인 척하고 있다. 그는 이 필연성을 자신에게 실제로 부과한 사람은 자기가 아닌 척하고 있다. 자기-기만은 자기가 필연성에 얽매어 있어서 자기에게는 선택의 자유가 없다고 자기를 속이는 것이다. 이것은 핑계이다. 왜냐하면 분명히 웨이터는 아침에 일어나지 않는 것, 커피를 만들지 않는 것, 고객에게 예절을 지키지 않는 것 등등을 선택할 수 있기 때문이다. 만일 그가 이런 의무를 수행하지 않으면 틀림없이 해고될 것이다. 그러나 해고당하는 것을 아주 담담하게 선택할 수 있다. 누가 아무리 강하게 압박한다 하더라도 웨이터는 사물들을 다르게 평가할 수 있다. 그가 아내와 가족을 부양하기 위해 일하지 않을 수 없다고 말하는 것은 전혀 제대로 된 답이 아니다. 왜 그는 아내와 가족을 부양해야만 하는가? 그는 아내와 가족을 굶주리게 하는 것을 선택할 수 있다. 사물들에 대해 그가 실제로 하는 대로 가치 평가하는 것과 이 가치 평가의 결과들을 받아들이는 것은 그 자신의 결심이고, 그 결심은 자기-기만이 일으키게 되는 고통을 견딜 만하게 해준다는 것이야말로 정확한 현실이다. 웨이터는 '실은 자기가-아닌-것으로 존재하는 방식'(mode of Being-what-he-is-not)으로 웨이터이다.

이것이 사르트르가 자신이 그린 언어-초상(言語-肖像, verbal portrait)에서 끌어낸 결론이다. 그러므로 사르트르는 어떤 특수한 상황에 대해서든 개념적으로 그 상황을 초월하는 그-특수한-상황이-아닌-상황을 생각하는 인간의 능력이 없으면 그런 행동이 불가능하다는 주장을 연역할 수 있다. 이 초월(超越, transcendence)은 어떤 사람을 자신의 상황으로부터 분리하는 것과 동일하며, 이미 살펴본 것처럼 이는 의식의 본질적 특징이다. 이런 식으로 자기-기만이 실제로 존재한다는 것은 우리 누구에게나 익숙한 인간 행동에 관한 이해할 수 있고 받아들일 수 있는 기술에 의해서 확립된다. 사르트르는 이런 자기-기만이—의식이 지닌 비-자각적 본성은 별문제로 하고—자기가 말하는 대로 의식이 지닌 자각적 본성을 조정하는 간격과 무가 섞여 있다는 것을 증명해준다고 해석한다.

『존재와 무』 속의 일화에 나오는 인물들이 키르케고르가 상상했던 인물들과 비슷하다는 점은 주목할 가치가 있다. 키르케고르는 아브라함(Abraham)의 고통을 느꼈던 사람이다. 아브라함이 아들을 희생으로 바치라는 목소리를 들었을 때 그는 그 목소리를 신의 명령으로 이해하여 그 목소리에 복종하였다. 그러나 나중에 아브라함은 그 목소리를 신의 명령으로 해석한 사람이 자기 자신이었다는 것을 깨달았을 수도 있다. 그런데 아브라함이 실제로 그렇게 깨달았다는 결정적 증명은 결코 있을 수 없다. 그러므로 이삭(Isaac)의 희생에 대한 책임은 신에게 전가될 수 없었다. 그 책임은 오직 그 목소리에 복종하려고 결심했던 아브라함의 몫이었다. 그는 혼자서 자신의 행동에 대해 전적으로 책임을 졌다. 마찬가지로 사르트르식 인간에게는 완전한 자유에 수반되는 책임을 피하려는 것은 쓸데없는 짓이다. 자신의-의식을-자각하고-무화하는-존재는 아주 자유롭게 구성되므로 자신의-의식을-자각하고-무화하는-존재로부터 벗어날 수 없다. 그러니까 자기-기만은 사르트르식 인간이 자신의-의식을-자각하고-무화하는-존재로부터 벗어나려고 시도하는 방법 가운데 하나이다.

사르트르가 자기-기만에 빠진 사람은 비난받아야 한다고 생각하는지 어떤지는 전혀 분명하지 않다. 이미 언급한 바와 같이 사르트르가

『존재와 무』의 각주에서 자기-기만과 정상 의식을 둘 다 진정성(眞正性, authenticity)과 대비시켰다 할지라도 진정성에 대해서는 아무 말도 하지 않았다. 아마 사르트르는 하이데거가 '진정한'(authentic)이란 용어를 드문드문 사용하면서도 이 용어가 어떠한 평가적 의미도 갖지 않는다고 주장했던 입장에 동의하는 것으로 보인다. 그러나 자기-기만에 대한 가장 자세하고 정교한 논의는 『존재와 무』 속의 제네(Genet)의 일화를 설명하는 곳에 포함되어 있는데, 그 속에는 제네에 대한 약간의 동정(同情, pity)이 드러나 있다. 제네는 웨이터의 경우처럼 사회가 그에게 부여한 역할—도둑이자 범죄자로서의 역할—을 묵묵히 수행해온 인물이다. 그러나 결국에는 문학에서 자신을 위한 구제의 길을 발견한다. 제네는 어렸을 적에 양부모의 돈을 훔치고 나서 도둑으로 낙인찍혔기 때문에 자기가 범죄자로 살기를 선택했다는 것을 스스로 깨닫게 된다. 그것이 결심의 문제였다는 것을 깨달음으로써 제네는 그 결심을 거꾸로 돌릴 수 있었고, 마침내 글쓰기 작업에서 자신의 구원을 자각적으로 수행한다. 제네의 최초 자기-기만은 자신의 상황을 초월하는 일, 그리고 자기는 사회가 그에게 그렇게 되기를 기대하는 것이 되겠다고 결심한 일의 결과였다. 또한 제네의 탈출도 기존의 삶에서 뒤로 물러선 일과 기존의 삶에서 자신을 떼어냄으로써 그렇게 살았던 기존의 삶이 실은 연기-수행(演技-遂行, play-acting)이었다는 것을 깨달은 일의 결과이기는 마찬가지다.

그렇다면 자기-기만이라는 독특한 인간 행동에 의해 증명된 근본적 사실은 사물들의 세계 속에 불가사의하게 주위의 사물들을 자각하는 의식도 있고, 그 의식 자체를 자각하는 의식도 있다는 것이다. 두 번째 의식은 세계와 분리되어 있고, 그래서 세계가 어떠하게 존재한다는 것과 어떠하게 존재하지 않는다는 것을 둘 다 생각할 수 있다. 세계로부터의 이 간격은 인간의 자유를 만들어낼 뿐만 아니라 상상 능력을 만들어내는데, 이 두 가지 능력은 본질적으로 사물들이 그럴 수 있지만 그렇지 않을 수도 있다고 주장하는 능력이다.

사르트르는 또한 의식을 구성하는 무에 관해서 '결핍'(缺乏, lack)이라고 말하기도 한다. 사르트르는 인간적 사실로서 욕구(욕망)가 실제로 있다는 것은 현실적 인간이 결핍 상태라는 것을 증명하기에 충분하다고 말한다. 인간이 갖추지 못한 것은 물론 그게 무엇이든 어디까지나 현재의 그것일 수밖에 없는 존재-자체가 소유하는 실존의 완벽성(completeness of existence)이다. 존재-자체는 본질을 갖고 있는 것이고, 단단히 굳어 있는 것이다. 사르트르는 단단함(solidity)이란 속성, 덩어리로 굳음(being *massif*)이라는 속성이 공허함(emptiness)이란 속성보다 근본적으로 더 좋다고 생각한다. 그는 모든 생물은 가장 심층의 본능으로서 구멍을 채우는 본능, 그리고 자기가 발견하는 공허함은 무엇이건 없애려고 하는 본능을 갖고 있다고 믿었다. 따라서 인간은 사물이 지닌 단단함을 소유하고자 열망한다. 그러나 인간이 단단하고 완벽하다면 인간은 필연적으로 자신의 의식을 상실할 것이다. 하지만 인간은 의식을 상실하는 것을 원하지 않는다. 따라서 인간이 원하는 것은 모순에 빠진다. 인간은 의식을 갖기 바라면서 동시에 덩어리로 굳어지기를 바라기 때문이다.

자신의-의식을-자각하고-무화하는-존재가 도달하려고 노력하는 이 불가능한 목표는 (때로 신(God)으로 불리기도 하는) 최고의 가치이다. 자유로운 인간 의식이 자신의 현재 상태가 어떠하든 항상 그 상태를 넘어서 그 목표를 향해 나아갈 수 있는 것은 그 목표가 모순된 것이어서

도저히 이루어질 수 없다는 바로 그 점 때문이다. 이 가치는 자유 그 자체와 마찬가지로 인간-존재 속의 공허에서 곧바로 생긴다. 가치는 최초에 솟구쳐 나올 때 단 한 사람에 의해서 설정되지 않는다고 사르트르는 말한다. 반대로 가치는 그 사람의 의식과 '동질적인 것'이다. 제 자신의 가치를 동반하지 않는 의식은 있을 수 없다. "가치는 눈앞에 있으면서 손이 닿지 않으며, 그래서 가치는 오로지 나의 현재 상태를 만드는 결핍의 구체적 의미로서만 살아 있다."

의식의 본성에 관한 사르트르의 기본 주장은 의식-있는-존재와 세계 사이의 관계를 순전한 지각 관계나 순전한 인식 관계로 기술하는 것이 불가능하다는 것이다. 정서(情緖, emotion)라는 요소, 즉 이루어질 수 없는 어떤 것을 이루려는 의식 쪽의 열망(熱望, yearning)이 자신의-의식을-자각하고-무화하는-존재와 존재-자체를 결합하는 논리적 토대에 곧바로 끼어든다. (이 점은 하이데거의 경우에 사람과 그의 세계의 근본적 연결이 '불안'이나 '관심'에 의한 연결이었던 것을 떠올리게 한다.) 의식-있는-존재가 실제로 자신이 살고 있는 세계에 대해 갖는 태도는 결코 감정에 움직이지 않는 공평무사한 탐구의 태도가 아니다. 바꿔 말하면 의식-있는-존재는 단지 이런 태도만으로 살고 있는 게 아니다. 사람은 어떤 점에서 사물처럼-되기를 갈망하며, 그래서 사람은 사물들을 관찰하거나 사용할 뿐만 아니라, 사물들을 부러워하고·사랑하고·미워하고·욕구한다. 사르트르는 세계에 대한 지각이 자진하여 제 자신을 어떤 현상으로서 고립시킬 수 있고 조사할 수 있다는 것을 부정하였다. 메를로퐁티는 지각이 휴움이나 현상론자들이 마음속으로 상상했던 것과 같은 '벌거벗은 지각'(bare perception)일 수 없다는 것을 밝히는 것을 목표로 삼았다. 그는 대상에 대한 지각은 항상 우리의 세계 속에 있는 의의와 의미를 지각하는 문제라고 주장하였다. 메를로퐁티에 의하면 "우리는 의미를 추구해야 하는 운명을 타고 났다." 사르트르는 훨씬 더 나아가 정서를 지각하는 일과 정서를 경험하는 일을 전혀 구별하고 싶어 하지 않았다.

사르트르는 초기 저작 『정서 이론에 관한 밑그림』(*Sketch for a Theory of the Emotions*)에서 정서에 대하여 지향적인 것, 즉 대상을 지향하는 것이라고 정의하였다. 그는 정서가 실은 특별한 종류의 지각이라고 암시하였다. 그러니까 정서는 세계를 이해하는 어떤 방식이다. 정서는 세계를 인과 법칙에 지배되는 것으로 보는 게 아니라 마술에 의해서 지배되는 것으로 본다. 밖에서 창문으로 안을 들여다보는 얼굴 모습에 내가 두려움을 느끼는 것은, 비록 내가 문이 잠긴 내 집 안에 안전하게 있다 할지라도, 그 얼굴을 금방 손을 뻗어 나를 죽이려는 사람의 얼굴로 보기 때문이다. 내가 분노에 차 발을 쾅쾅 구를 때에는, 내가 현실 세계에서는 내 적을 짓밟을 수 없지만, 내 발 구름에 최소한 그 적이 멈칫하게 되는 세계에 있다고 잠시 믿기 때문이다. 대상에 대한 이해가 견디기 어려운 긴장을 일으킬 때마다 의식은 그 대상을 달리 이해하려고 시도하거나 그런 시도 없이도 다르게 이해해버린다. 정서는 우리가 대상을 새로운 시각으로 보도록 만들 수도 있는데, 예를 들면 포도송이에 손이 닿지 않아 실망했을 때 우리는 그 포도송이를 익지 않은 풋것으로 본다. 또는 정서는 우리 자신을 바꾸는 형태, 다시 말해 우리를 관찰자로 바꾸는 형태를 취하기도 한다. 우리는 성나게 하는 대상을 더 이상 지각하지 않으려고 기절을 하거나 울음을 터뜨림으로써 긴장을 벗어날 수 있다. 이 모든 것은 지각·감정·행동이 논리적으로 결합되어 있다는 것을 암시한다. 정서는 지각이며 행동의 서광이기도 하다. 우리는 세계에 영향을 미치고 세계에 의해 움직여진다고 느끼면서 세계를 지각한다. 이 모든 일은 더불어 일어난다. 우리는 때로가 아니라 항상 어떤 목적을 지닌 일정한 관점과 일정한 시각에서 세계를 보며 산다.

이것이 사르트르의 초기 신조였다. 정서와 지각의 결합에 관한 그의 견해는 『존재와 무』를 집필했던 시기까지 변하지 않았다. 사르트르는 우리에게 의식과 세계가 실제 상태로 주어지면 우리가 세계에 직면하여 필연적으로 선택하지 않을 수 없는 세 가지 주요한 정서나 태도가 있다고 믿었다. 그중 첫 번째 정서는 이미 충분히 설명한 바 있는 고통(anguish)이다. 우리가 취할 수밖에 없는 두 번째 반응은 불합리하다는 느낌(feeling of absurdity)이나 어떤 것도 중요하지 않다는 느낌(feeling of the dispensableness)이다. 세 번째 반응은 존재-자체의 어떤 특성에 직면해서 느끼는 메스꺼운 느낌(feeling of nausea)이다.

이 세 가지 정서 중에서 처음 두 가지 정서는 전적으로 의식-있는-존재의 제 자신에 대한 지각에서 비롯된다. 이미 살펴본 바와 같이 의식-있는-존재는 자신의 자유에 관해 숙고하면서 고통을 경험한다. 불합리하다는 느낌 역시 약간 비슷한 방식으로 발생한다. 무는 만일 그것이 합리적 계획의 필수적인 부분이라면 불합리하거나 군더더기(de drop)이다. 그래서 우리가 자신의 계획이나 과업을 진지하게 취급하고, 또 우리가 관여할 사물들에 관여하는 데 사용할 재료와 도구가 있다고 믿으면서 우리 삶의 표면을 내달리는 한 우리는 불합리하다는 느낌으로 인한 고통을 당하지 않을 것이다. 그러나 우리가 자신의 처지의 실상(our own facticity)을 응시한다면 이 모든 것이 변하게 된다.

어떤 사람의 처지의 실상은 그 사람에게 그리고 그 사람에게만 해당되는 우연한 사실들의 특별한 집합(particular set of contingent facts)이다. 우리 누구나 부모·생일·우연히 갖게 된 신체 모습 등등으로 이루어진 이런 사실들의 집합을 갖고 있다. 우리는 이런 사실들을 자기 자신의 필수적인 부분으로 의심 없이 인정하는 경향이 있다. 그러나 우리 모두가 자신의 부모·어떤 생김새·어떤 색깔의 머리카락을 갖지 않을 수 없다는 것이 사실일지라도, 특별히 이런 특징 중의 하나가 다른 사람에게 나타나지 않고 특정한 사람인 나에게 나타나야 하는 이유(理由, reason)가 전혀 있을 수 없다. 우리가 지금의 모습대로 된 데에는 아무런 목적(目的, point)이 없다. 사르트르는 이 점에 관해 다음과 같이 말한다. "나는 내가 지금의 나라는 것을 의심할 수 없다. 그러나 이 지금-자기에게-주어진-것이 그 자격 그대로 지금-상태가-아닌-것일 수도 있었던 한에서는 내가 이처럼 실존한다는 것은 전적으로 사실의 우연성의 결과이다. 내가 자유를 무효화하는 일을 고통으로 이해하는 것과 꼭 마찬가지로 지금-자기에게-주어진-것은 내 처지의 실상임을 자각한다. 이 자각은 자기가 존재할 이유가 전혀 없다고 느낀다. 그 느낌은 자신을 이유-없이-거기에-있는-존재(being there for nothing), 군더더기-처지에-있는-존재(being *de trop*)로 이해한다."

여기서 이 불쾌한 느낌을 누그러뜨릴 수 있게 해주는 자기-기만의 과정을 자세히 살펴볼 필요는 거의 없다. 만일 어떤 사람이 자신의 삶에 목적이 있다고 믿는다면, 다시 말해 자신이 어떤 누구도 이행할 수 없는 일을 수행하는 임무를 갖고 있다고 믿는다면, 그 사람이 자신의 실존에 대해 갖는 불합리하다는 느낌은 사라질 것이다. 마찬가지로 만일 어떤 사람이 일상적 대상들을 진정으로 중요한 것으로 생각하거나 필요한 목표의 달성을 위한 필수적 수단으로 생각할 수 있다면, 매일 접하는 일상적 대상들을 더 이상 무의미한 것이나 없어도 되는 군더더기로 간주하지 않을 것이다. 불합리하다는 느낌은 헛된 것이라는 느낌과 밀접하게 관련되어 있고, 그래서 자부심을 충분히 가진 사람은 헛된 것이라는 느낌을 느끼지 않을 것이다.

사르트르가 의식-있는-존재가 세계에 대해서 반드시 경험한다고 믿는 세 번째 반응은 욕지기(disgust), 즉 메스꺼움(nausea)이다. 우리가 지각·정서·행동 그 무엇을 통해서 접촉하든 간에 세계와의 모든 접촉은 자기 신체에 관한 자신의 자각을 매개로 해서 연결된다. 신체는 메를로퐁티의 이론에서와 마찬가지로 사르트르의 이론에서도 우리의 일반 의식(general consciousness)에서 결정적으로 중요한 부분이다. 그러나 사람이 그것 없이는 다른 어떤 것도 자각할 수 없는 신체에 관한 자각의 실제 성질은 사르트르에 따르면 메스꺼움이란 성질이다. 그러니까 메스꺼움은 '의식 쪽의 반성-이전의-의식'에 해당되는 신체 쪽의 근본적-상태이다. 사람들은 살아 있는 동안 내내 어쩔 수 없이 메스꺼움을 지닌 채 살기 마련이다. 사람들은 자주 어떤 다른 느낌이나 활동에 완전히 몰두하기 때문에 이 메스꺼움을 느끼지 못할 수 있다. 그러나 그 특별한 활동이 끝나자마자 메스꺼움이 다시 찾아오고 결국 메스꺼움은 끈덕지게 지속된다. 사르트르는 메스꺼움에 대해서 다음과 같이 설명한다.

특히 우리는 의식이 아무런 고통도 그리고 특별한 만족이나 불만도 경험하지 않을 때에 자신의-의식을-자각하고-무화하는-의식이 순수하고 무조건적인 우연성 너머로 제 자신을 투사하는 것을 멈추지 않는다는 사실을 주목해야 한다. 다시 말해 의식은 '신체를 갖는 것'을 멈추지 않는다 … 어떤 김빠진 맛, 즉 내가 평가할 수도 없고, 그 맛에서 벗어나려는 내 노력에 조차 동반하는 김빠진 맛에 관한 자신의-의식을-자각하고-무화하는-의식의 끊임없는 불안감, 바로 이것이 내가 메스꺼움이란 이름 아래 묘사한 것이다. 무미건조하고 불가피한 메스꺼움은 내 신체를 내 의식에 끊임없이 드러내어 자각시킨다. 때로 우리는 이 메스꺼움에서 해방되려고 즐거운 것이나 신체적 고통을 찾지만 그 고통이나 즐거움이 의식에 경험되자마자 그 고통이나 즐거움은 의식의-현재-실상과 우연성을 드러내 보여주기 때문에 그 고통이나 즐거움은 실은 메스꺼움이란 배경으로 말미암아 드러난다.[3]

우리가 메스꺼움을 자신의 신체에 관한 불안감 속에서만 경험하는 것은 아니다. 우리 의식은 또한 세계의 어떤 근본적 모습을 자각할 때에도 똑같은 메스꺼운 느낌으로 가득 채워진다. 실존-자체의 본성 바로 그것이 우리를 메스껍게 한다. 소설『구토』(嘔吐, La Nausée) 속의 로캉탱이 그런 것처럼, 때로 사르트르는 세계를 만들고 있는 '기괴하게 우글대는 다루기 힘든 물질 덩어리'라는 생각에 사로잡혀서 메스꺼움에 압도된 인간을 마음속에 그리고 있는 것으로 보인다. 의식-있는-존재가 세계에 직면하여 느끼는 공포의 한 면은 자기가 자신의 환경을 적절하게 관리할 수 없다는 공포이다. 그는 사물들에 명칭을 붙여 분류표를 만들려고 하지만 사물들은 그러한 통제에 따르지 않는다. 공원에 서 있는 밤나무의 뿌리를 응시하던 로캉탱은 갑작스럽게 그 뿌리가 그동안 자기가 그것에 부여할 수 있었던 모든 기술(記述, 描寫, description)에 영향을 받지 않은 채 존재의 분화되지 않은 일부로서 실존하고 있음을 깨달았

3   op. cit., pt. iii, ch. 2, sec. 1.

다. 그와 동시에 자기가 사물들에 관해 평소에 정상적으로 생각해온 모든 방식이 피상적이고 어리석은 방식이라고 생각하게 되었다. 로캉탱은 과거에 자기가 사물들을 다루었던 방식, 사물들을 도구로 사용했던 방식, 사물들을 기술했던 방식을 곰곰이 다시 생각한다.

그러나 모든 것은 표면에서 일어나고 있었다. 만일 누가 실존이 무엇이냐고 묻는다면, 나는 실존은 아무것도 아니었다고, 다시 말해 어떤 방식으로도 바깥 사물들의 본성을 바꾸지 못하면서 그동안 바깥 사물들에 부여되었던 어떠한 공허한 형식도 아니었다고 정말 솔직하게 대답했을 것이다. 그러나 실존은 갑자기 거기에 대낮처럼 분명하게 있었다. 실존은 드러났다. 실존에 추상적 범주(抽象的 範疇, abstract category)가 씌웠던 실효성 없는 겉모습이 가시었다. 실존은 사물들의 재료 바로 그것이었다 … 그 뿌리·가드레일·벤치·잔디밭의 성긴 잔디 풀은 모두 자태를 감추었다. 사물들의 다양성과 개체성은 단지 환상이자 겉치장이었다. 그 겉치장은 조각조각 찢어지고, 괴상하게 축 늘어지고, 지리멸렬하게 덩어리진 상태, 그러니까 벌거벗은 상태였다. 두렵고 역겨운 벌거숭이 상태였다.[4]

이것은 실존-자체(existence itself)에 관한 하이데거의 탐구, 즉 "실존은 어떤 상태인가?"에 대한 새로운 종류의 답이다. 사르트르의 답은 '실존은 우리를 메스껍게 하고 있다'는 것이다.

사르트르에 따르면, 만일 이것이 우리에게 언제라도 드러날 수 있는 본성의 모습이라면, 특별히 새로운 사실 없이 이런 종류의 특징들, 즉

---

4 *Nausea*, trans. L. Alexander (Hamish Hamilton, London, 1962), p. 171

로캉탱이 나무의 뿌리에서 보았던 뻗어나가고 들러붙고 제멋대로의 모양을 갖는 특징을 소유한 자연적 대상들(natural objects)이 우리에게 현실의 진짜 본성을 드러낼 때 우리를 괴상한 홀린 상태에 빠뜨릴 것은 명백하다. 그리고 자연적 대상들은 우리를 그에 상응해서 어울리도록 메스껍게 할 것이다.

사르트르는 실존주의자가 '사물들에 관한 심리의 분석'(psycho-analysis of things)을 할 수 있어야 한다고 믿었는데, 사물들에 관한 심리의 분석은 물리적 세계 속에서 왜 사람들이 좋아했거나 싫어했고, 두려워했거나 환영했는지, 왜 사람마다 다른 성격·취미·제 모습을 지녔는지 이유를 설명하는 일일 것이다. 이것을 이해하는 것은 온갖 성질이 개개의 사람에 대해 갖는 의미(meaning)를 들추어내는 것이다. 물론 이것은 프로이트(S. Freud, 1856-1939)로부터 유래하는 친숙한 생각이다. 그러나 사르트르는 의미를 창출하는 개인마다의 독특한 체계가 나타나게 되는 배경에는 약간의 일반적 의미(general meanings)가 있다고 생각하였다.

일반적 의미에 속하는 한 항목은 의식-있는-존재가 사물들의 접착성(stickiness)이나 끈적거림(viscosity)을 찬찬히 관찰할 때 느끼는 메스꺼움과 두려움이라 할 수 있다. 이 끈적거리는 접착성은 어떤 의식-있는-존재에게든지 실존하는 사물들의 세계에 있으면서 인간의 힘이 미치지 못하는 모든 것을 가리킨다. 사물들이 어쨌든 세계에 실제로 존재한다는 사실은 의식에게는 일종의 위협으로 느껴진다. 그래서 들러붙는 사물들은 이 위협이 무엇인지 분명하게 드러낸다. 들러붙는 것에 접촉하는 것은 접착성에 용해되는 위험을 무릅쓰는 일이다. 그런데 자동으로 일어나는 이 용해는 마치 잉크가 압지에 흡수되는 것처럼 자신의-의식을-자각하고-무화하는-존재가 존재-자체 속에 흡수되는 것이기 때문에 매우 두려워해야 하는 일이다. 그러나 변형 작용이 어떤 사물 속으로가 아니라 들러붙는 것 속으로 진행된다는 것을 훨씬 더 두려워해야 한다.

끈적거리게 된 의식은 자신의 관념들이 지닌 우둔한 끈적거림에 의해서 변형될 것이다. 세계 속으로 우리가 솟구쳐나온 때부터 우리에게는 의식이란 것이 미래로 나아가고 싶어 하고, 자신의 계획이 완수되었다고 자각한 바로 그 순간에 과거라는 보이지 않는 흡수관에 의해 그 성과가 은밀히 치워지며, 덧없이 흘러가는 이 과거 속에서 진행되는 제 자신의 느린 용해를 거들 수밖에 없는 것이라는 심상이 늘 붙어 따라다닌다. 끈적거리는 것의 공포는 시간이 끈적거리게 될 수 있고, 처지의 실상과 우연성이 자신의-의식을-자각하고-무화하는-존재를 느끼지 못할 만큼 서서히 흡수해버린다는 소름끼치는 공포이다. 그 공포는 죽음에 대한 두려움·순수한 존재-자체에 대한 두려움·무에 대한 두려움이 아니라, 다른 이상(理想, ideal)이 실제로 존재하지 않는 것과 마찬가지로 실제로 존재하지 않는 특정한 유형의 존재에 관한 두려움인데, 그 공포는 끈적거리는 것에 의해 표현될 뿐이다. 그것은 내가 전력을 다해 거부하긴 하지만 내 존재에 늘 붙어 따라다니는 가치(價値, value)로서 나에게 늘 붙어 따라다니는 이상적-존재(ideal being), 다시 말해 존재-자체가 자신의-의식을-자각하고-무화하는-존재보다 우선성을 갖는 이상적-존재이다. 나는 그걸 반-가치(反-價値, Anti-value)라고 부르겠다.[5]

---

5 *Being and Nothingness*, pt. iv, ch. 2, sec. 3.

  그렇다면 이 말에서 우리는 의식과 세계를 결합시키는 결정적 요소를 알 수 있다. 그 요소는 우리가 자신을 위해 정성 들여 구성했던 삶의 가치와 목적을 제거하고 파괴하기 때문에 악몽 속에서나 느낄 것 같은, 자력으로 움직이지 못하고 생명 없는 물질에 대한 소름끼치는 두려움 같은 것이다. 그 두려움을 우리는 빙빙 회전하면서 부드럽게 끈적거리고 넌더리나게 하는 늪 속으로 우리를 빨아들이는 것이라고 상상해볼 수 있다. 자신의-의식을-자각하고-무화하는-존재를 자각하는 일(the conscious Being-for-himself)은 바로 이런 세계 속에서 그런 무시무시한 환상들에 에워싸인 채 제-자신의-삶, 그것도 사르트르가 어떤 종류의 삶이어야 한다고 말할 수 있게 되어 있는 제-자신의-삶을 창조해야 하는 일이다. 다음 장에서 나는 먼저 사르트르가 사람들과 세계 사이에 성립한다고 믿는 관계가 아니라 한 사람과 다른 사람들 사이에 성립한다고 믿는 관계, 즉 다른-사람을-의식하는-존재를 논의하겠다. 이어서 나는 사르트르 철학의 본성을 실천 철학의 측면에만 한정해서 검토하겠다. 지금까지의 설명으로도 실존주의와 실천 철학이나 도덕 철학 사이에, 그리고 실존주의와 우주의 본성에 관한 이론 사이에 아주 분명하고 확실한 선을 그을 수 없다는 것을 보여주기에 충분하다고 할 수 있을 것이다. 이 경계선은 모든 실존주의자의 경우에 그을 수 없기는 하지만, 그중에서도 특히 사르트르의 경우에는 그 경계선을 그을 수 없다.

장폴 사르트르 [2]

사르트르는 매우 빈번히 주로 도덕 철학(道德 哲學, moral philosophy)에 관한 글을 쓰는 철학자로 간주되어 왔다. 이 장에서 내가 하려는 일은 사르트르의 도덕 철학의 실제 구성 내용이 무엇인지 살펴보고, 사람들을 변화시키는 일에 대한 그의 확고한 관심과 사람들로 하여금 제 자신을 돌아보고 일정한 방식으로 행동하도록 만들려는 사르트르의 방식을 가능한 한 이해하기 쉽게 설명하는 것이다. 사르트르는 결국 실존주의자이기를 그만두었다. 사르트르의 후기 저작들은 모두 이 책의 범위를 벗어나 있다.

도덕 철학의 구성 요소들은 반드시 사회적 관계나 사람과 사람 사이의 관계에 관한 이론의 맥락에서 살펴보아야 하며, 이 때문에 사르트르가 『존재와 무』에서 해명한 다른-사람을-의식하는-존재(Being-for-others)로 살아가는 인간의 존재 양식을 먼저 살펴볼 필요가 있다.

우리는 의식이 제 자신을 의식의 대상들로부터 의도적으로 거리를 두는 것과 의식과 그 대상 사이의 간격이 실은 인간이 지닌 두 가지 힘, 즉 의식이 선택한 것을 승인하거나 부정하는 힘 그리고 의식이 예견하는 미래를 현실로 만들기 위해 세계에 작용하는 힘과 동일하다는 것을 보았다. 자유(freedom)와 의식(consciousness)은 완전히 똑같은 것이다. 오직 자유로운 의식만 제 자신이 실제로 그 속에서 살고 있는 세계와 다른 세계를 상상할 수 있고, 그러므로 자유로운 의식만 그 세계를 바꿀 계획을 세울 수 있다. 그렇지만 명백히 무한한 자유가 의식-있는-존재의 본성을 형성하고 있음에도, 의식-있는-존재는 실제로 여러 방향에서 제약을 받고 있다. 첫째로 각 개인은 이미 살펴본 바와 같이 그에게 열려 있는 가능성을 제한하는 자기 처지의 '실상'을 지니고 있다. 우리는 잠시 후에 이 점을 다시 살펴보게 될 것이다. 또한 자유를 제한하는 그 이상의 요인도 있다. 사르트르에 의하면, 사람들이 필연적으로 사물들의 세계에 대해 어떤 정서적 태도를 갖게 되는 것과 마찬가지로 어느 정도까지는 다른 사람들과의 관계 속에서 살아야 한다는 것도 예견할 수 있다.

다른-사람을-의식하는-존재를 논하면서 사르트르는 맨 먼저 유아주의(唯我主義, solipsism)에 대한 반론을 주장하고, 우리가 의심 없이 다른 사람들이 실제로 존재한다는 것을 알게 되는 과정을 밝히려고 노력한다. 『존재와 무』의 이 부분은 여러 가지 점에서 이 책의 가장 훌륭한 부분인데, 사르트르는 특히 함께-존재함(Mitsein)에 관한 하이데거의 견해를 명확하게 비판하면서 새로운 관점을 제시하고 있다. 그런데 다른 사람들의 존재를 증명하는 사르트르 자신의 방법은 사르트르식 실존주의의 아주 전형적인 특징을 보여주고 있으므로 당연히 그 방법 자체만 따로 검토할 가치가 있다. 사르트르의 논증은 누구나 다른-사람을-의식하는-존재의 존재 양식이 다른 모든 것에서 발견하는 존재 양식과 근본적으로 다르다는 것을 깨달을 수 있으며, 그러므로 다른 사람들이 실제로 존재한다는 것은 전혀 의심의 여지가 없다는 것이다. 우리는 다른 사람들의 존재를 확실하게 경험한다. 우리가 이 존재 양식을 알게 되는 경험을 정말로 한다는 것을 밝히기 위해서 사르트르는 우리가 실제로 그렇다고 느낄 수 있는 구체적 상황을 기술한다.

사르트르는 질투심이나 호기심에 휩싸여 문 앞에서 열쇠 구멍으로 들여다보며 엿듣고 있는 사람을 기술한다. 그 사람은 당분간 자신과 자기 신체에 대한 의식이 최소 수준의 반성-이전의-의식으로 축소된다는 점에서 자기가 지금 하고 있는 일에 완전히 몰입한다. 그는 자기가 하고 있는 일에 집중되어 있는 주의를 자기가 하고 있는 일을 기술하거나 언급하기 위해 멈추지 못한다. 그는 문·열쇠 구멍·주위의 모든 것을 자기가 몰두해 있는 일의 일부이면서 자기 행동에 관련 있는 수단이나 장애물로 주어진 것으로 본다. 그때 갑자기 그는 자기 뒤쪽에서 나는 발자국 소리를 듣는다. 그는 누가 자기를 뒤에서 보고 있었다는 것을 깨닫는다. 그 순간 그의 실존은 완전히 새로운 방식으로 재구성된다. 그는 갑자기 일련의 목적과 행동으로서가 아니라 엿듣는 사람으로서 존재한다. 그는 자신이 다른 사람에 의해서 '엿듣기에 휘말린 사람' '열쇠 구멍으로 엿보려고 허리를 굽힌 사람' 등등으로 기술될 것이며, 이런 기술이 자기와 다르게 여겨지지 않을 것이라고 깨닫는다. 그는 그런 기술은 당연히 자기에게 해당된다고 인정한다. 갑자기 그는 밖으로부터 관찰될 수 있는 대상, 설명하는 꼬리표를 붙일 수 있는 대상, 옳거나 그르게 기술될 수 있는 사물로서의 존재가 되어버린다. 그는 부끄러움을 느끼면서 자기에 대한 이런 기술을 인정한다.

이 일화는 사르트르가 가장 직설적이고 기억에 각인시키는 방식으로 서술하고 있는데, 우리가 실제로 경험했던 부끄러움의 정서를 우리에게 회상시키려는 의도를 갖고 있다. 물론 이야기의 요점은 그 사람이 부끄러움을 느끼기에 적절한 상황에서 그가 실제로 부끄러움을 느끼는 바로 그 순간에 그 사람에게 일어나는 그 이전과의 차이를 드러내는 것이다. 사르트르는 그 사람이 자신의 존재 구조(structure of his being)를 변경한다고 말한다. 사르트르는 누군가가 그를 지켜보고 있었다는 것을 그 사람이 깨닫는 충격의 순간을 우리가 상상하게 되면, 우리 역시 심오한 철학적 진실(profound philosophical truth), 즉 우리가 본질적으로 다른 사람들과의 관계 속에서 실제로 살고 있음을 이해할 것이라고 추정한다. 다른 사람은 데카르트가 우리에게 믿게 하려고 했던 바와 같이 단지 우리를 향해 서 있는 코트와 모자, 다시 말해 우리가 그 코트와 모자 안에 자기와 상당히 비슷한 존재가 실제로 있다고 추리해야 하는 그런 코트와 모자가 아니다. 사람들은 모두 완전히 똑같은 방식으로 존재하며, 그래서 우리는 다른 사람들이 없었으면 자신이 다르게 존재했을 것이라는 것을 알기 때문에 어떤 종류의 추리도 하지 않고 다른 사람들이 존재한다는 것을 직접 안다. 이 지식은 우리 자신에 관한 지식의 일부이다. 우리는 전적으로 반성-이전의-자의식(pre-reflective self-consciousness)의 수준에서 살아갈 수는 없다. 우리는 열쇠 구멍으로 엿보는 사람과 때로 비슷해서 다른 방식으로 부끄러워하는 자기를 자각하게 되는데, 이는 우리가 다른 사람들의 비평에 노출되어 있다는 것을 드러내 보여준다. 그렇다면 이것은 다른 사람들이 실제로 존재한다는 것에 대한 사르트르의 증명을 성립시킨다.

바로 이 이야기 속에는 우리와 다른 사람들의 관계에 개입된 다른 중요한 요인이 드러나 있다. 열쇠 구멍으로 엿보던 사람은 발각되자마자 곧바로 자기 자신에게 분류 표시(label)나 기술(description)을 부여했는데, 그 사람의 부끄러움은 그와 똑같은 기술이 자기를 지켜보고 있었던 사람에 의해서 당연히 부여되리라는 인식으로 말미암아 생겼다. 그는 제 자신을 말하자면 다른-사람을-의식하는-대상(an object for others)으로서 자각했다. 다른 사람들이 우리를 어떤 방식으로 기술한다는 사실은 이미 본 바와 같이 우리의 행동에 중요한 결과를 일으킨다. 우리는 다른 사람들에 의해 우리에게 할당된 역할로 살아가기 위해서 자신의 진정한 자유를 부정함으로써 자기-기만 속에서 살기를 선택할 수도 있다. 그래서 제네(Genet)는 범죄 생활에 몰두했고, 사르트르의 웨이터는 웨이터 역할을 과장해서 연기했다. 하이데거에 따르면, 다른 사람들의 판단과 평가에 마음을 빼앗기는 것은 결국 통속적 실존으로 끌려가는 것이고, 또 우리의 담화를 실없는 소리를 주고받는 것으로 만드는 것이다. 그러나 사르트르는 사람들이 자신의 동료들의 역할을 정하는 이 경향에서 빚어지는 그 이상의 결과를 추적해 나간다.

하이데거는 인간을 진정한 실존으로 살아가기 위해 자기를 어떤 점에서 사회로부터 해방시키려고 노력하는 존재로 본다. 사르트르는 더 나아가서 우리가 다른 사람들을 사로잡아야 하고 또 우리가 그들에게 부여한 역할에 순응하게 하려는 욕망을 반대편에서 기술한다. 현실의 소름끼치는 특징들 중의 하나는 『구토』 속의 공원에 앉아 있는 로캉탱에게 드러났던 바와 같이 로캉탱이란 존재, 즉 현실의 구체적 실존(actual concrete existence)이 언어의 일상적 범주들 속에 완전히 담길 수 없다는 점이다. 구체적 실존은 난잡하고 협박하는 방식으로 일상적 범주의 가장자리에서 쏟아져 흘러나왔다. 인간은 태어나면서부터 물질적 대상들이 완벽하게 서술될 수 있고 또 완전히 인간의 통제 아래 놓일 수 있기를 원하는 경향이 있다. 끈적거리는 것(the viscous)에 의해 생긴 공포와 메스꺼움은 실은 감촉할 수 있는 끈적거리는 것 자체의 성질에 의해서만이 아니라 콜타르나 당밀 같은 물질이 드러내는 위협에 의해 더 쉽게 생기며, 그 공포와 메스꺼움은 모든 곳으로 흐를 수 있고 누구든지 압도할 수 있다. 만일 누군가가 이 공포와 메스꺼움에 사로잡히면 그는 결코 피할 수 없어서 잼 단지에 빠진 장수말벌처럼 잼 속으로 빨려 들어갈 것이다. 당밀 같이 슬며시 다가오는 것에 맞서는 정반대의 것은 사물들을 적절히 분류한 유형들(types)인데, 각각의 유형은 일련의 확립된 법칙에 의해서 지배되고, 또 적절한 정의에 의해서 다른 모든 유형으로부터 분리되어 있다.

그런데 만일 우주가 질서 있게 통제되기를 바라는 인간의 갈망이 정말로 있다면, 누구나 우리와 존재-자체들(Beings-in-themselves)의 관계에 뿐만 아니라 우리와 다른 인간들의 관계에도 그 갈망이 드러나야 한다고 추정할 것이다. 사르트르도 그 갈망이 우리와 다른 인간들의 관계에 실제로 드러난다고 생각한다. 우리는 사람들이 우리가 그들에게 부여한 기술에 순응하기를 바란다. 우리는 그들에게 우리가 할당한 역할에 따라서 그들의 행동을 완전히 예측할 수 있기를 바란다. 우리가 다른 사람들의 경우에 대해 예측(豫測, prediction)을 원하는 이유는 생명-없는-대상의 경우에 대해 예측을 원하는 이유보다 더 강하기까지 하다. 왜냐하면 다른 사람들은 본질적으로 정상적 상태이므로 그들이 실존한다는 것 자체가 우리를 위험스럽게 하기 때문이다. 일단 내가 다른 사람의 관찰 대상이라는 것을 깨닫자마자 그 사람이 내 행동을 자기 나름대로 평가하고 예측하는 방식을 갖고 있다는 것을 나 역시 깨닫는다. 나도 그

에 상응해서 똑같은 방식으로 그 사람을 사물의 상태(status of a thing)로
격하시키려고 할 것이다. 그러나 나는 그간 줄곧 이 일에 전혀 성공할
수 없었다는 것을 알고 있다. 내가 이를테면 공원에서 책을 읽고 있는
다른 인간, 즉 한 사람을 볼 때 나는 어느 정도까지는 그 사람을 물리적
대상에 불과한 것으로 경험한다. 그러나 나는 그 사람을 순전히 물리적
용어로 기술하는 것은 충분하지 않다는 것을 자각한다. 그가 책을 읽고
있다는 사실은 그 사람과 그 밖의 다른 대상들 사이의 지극히 중요한 차
이를 만든다. 그 사람은 자신의 지각을 통해 문장들을 이해하고, 또 자
기 주위에 나의 세계가 아니라 그 사람의 세계인 완전히 새로운 세계를
설정하는 제 자신의 생각을 하고 있다. 그 사람은 자신의 어떤 본질적
부분에서 나를 벗어나 있다. 사르트르는 책-읽는-사람과 그 책의 관계
에 관하여 나의 우주 속에 있는 작은 틈새(little crack)라고 말한다. 사르
트르는 "그 틈새는 마치 세계가 자신의 존재의 중앙에 일종의 배수구를
가진 것처럼 보이며, 또 세계의 존재는 이 구멍을 통해 끊임없이 흘러
나오고 있는 것으로 보인다"라고 말한다. 그 다른 사람은 나에게는 하
나의 대상이지만 특이하게 미끄러워서 포착하기 어려운 대상이다.

　그러므로 두 가지 이유 때문에, 즉 다른 사람은 나를 관찰하고 기술
하는 일을 통해 나를 제 자신을 위한 대상으로 만들려고 하기 때문에,
그리고 그 사람은 내가 그 사람을 기술하거나 강요하려는 시도에서 궁
극적으로는 벗어나기 때문에, 다른 사람들이 세계 속에 실제로 존재한
다는 사실은 나를 곤혹스럽게 하는 '스캔들'이다. 이 스캔들은 위협과
경보를 끊임없이 발하는 근원이다. 사르트르는 부수적으로 바로 이 사
실을 유아주의에 반대하는 훨씬 더 결정적인 논증으로 사용한다. 다른
사람들에 관한 나의 자각은 전혀 추리(推理, inference)일 수 없다.

다른 사람에 관한 사실은 논의의 여지가 없는 것이어서 나에게 깊은 영향을 미친다. 나는 불안을 통해 다른 사람을 인식한다. 나는 다른 사람을 통해서 내가 끊임없이 위험에 처해 있다고 느낀다. 다른 사람은 나중에 나와마주치기 위해 먼저 구성된 존재로서 나에게 출현하는 것이 아니다. 다른사람은 본래 나와 더불어 있는 관계 속에서 생기며, 그래서 다른 사람의 피할 수 없는 필연성과 사실적 필연성은 내 의식의 피할 수 없는 필연성과 사실적 필연성이다.[1]

그러므로 열쇠 구멍으로 엿보는 동료를 발견한 사람이 엿본 사람을 '엿보는 사람'으로 분류할 것이라는 사실은 그 속에 한 사람과 다른 사람 사이의 관계의 실제 그대로의 본질, 즉 투쟁의 본질(essence of conflict)을 포함하고 있다고 볼 수 있다. 다른 사람의 자유는 내가 원하는 것을하려는 내 자유에 치명적인 장애이다. 세계 속에 필연적으로 존재하는하나 이상의 자유로운 행위자, 다시 말해 하나 이상의 의식-있는-존재는 투쟁을 야기한다. 사르트르는 다른 사람이 나를 주목하는 것은 내가능성을 죽이는 것이라고 말한다.

비가 오기 때문에 집에 머무는 것과 밖으로 나가는 것이 금지되었기 때문에 집에 머무는 것은 결코 똑같은 것이 아니다. 내가 다른 사람에게 그렇게 하라고 명령을 받았을 때 화를 내게 되는 것은 우리가 아무런 불쾌감 없이 때때로 화를 내게 되는 변덕이 결코 아니다. 그 까닭은 명령이나 금지가우리로 하여금 다른 사람의 자유를 나의 노예 상태로서 경험하게 하기 때문이다.[2]

---

1 *Being and Nothingness*, pt. iii, ch. 1, sec. 4.
2 loc. cit.

한 사람과 다른 사람 사이의 투쟁에 관한 자세한 이야기는 『존재와 무』 III부 3장에 서술되어 있다. 사르트르는 다음과 같이 말한다.

내가 다른 사람의 지배로부터 나 자신을 자유롭게 하려는 동안에 다른 사람은 나의 지배로부터 그 자신을 자유롭게 하려고 노력한다. 내가 다른 사람을 노예로 삼으려고 하는 동안에 다른 사람은 나를 노예로 삼으려고 노력한다 … 구체적 행동에 관한 기술은 투쟁의 시각(perspective of conflict)에서 살펴보아야 한다.[3]

특히 이 투쟁은 문제의 구체적 행동이 사랑의 행동(behaviour of love)인 경우에 격렬하고 절망적이다. 사랑은 원래 '소유권'(所有權, ownership)에 의해 설명되지 못하는 것이다. 사르트르는 혹시 그럴 수 있다면 연인들이 때로 만족할 수 있을 것이라고 주장한다. 그러나 사랑하는 사람이 자기의 연인을 소유하고 싶어 하는 이유는 사랑하는 사람이 어떤 의미에서 다른 사람에 의해서, 바꿔 말하면 자기 연인의 자유로운 자발적 선택에 의해서 창조된다는 데 있다. 사랑하는 사람이 소유하고자 하는 것은 바로 다른 사람(연인)의 의식, 즉 다른 사람(연인)의 자유이고, 사랑하는 사람의 의식은 다른 무엇보다도 연인(다른 사람)에 관한 의식이므로 연인을 지각하고 또 세계 속의 사물로 취급하는 의식이다. 그러나 물론 사랑하는 사람의 소망은 모순이고 그래서 만족되지 못하는데, 그 까닭은 만일 사랑하는 사람이 연인의 자유를 소유했다면 그의 연인은 더 이상 자유롭지 않기 때문이다. 자유는 소유될 수 없다.

---

3 loc. cit.

사랑받기를 바라는 사람은 연인의 노예 상태를 진정으로 바라지 못한다. 그는 저절로 솟아오르는 헌신적 애정의 대상이 되려고 노력하지 못한다. … 사랑받는 사람의 완전한 노예 상태는 사랑하는 사람의 사랑을 죽인다. 만일 사랑받는 사람이 자동화된 장치로 바뀐다면 사랑하는 사람은 제 자신만 발견한다. 그러므로 사랑하는 사람은 특별한 유형의 사물화(私物化, appropriation)를 요구한다. 그는 자유를 자유로서 소유하기를 바란다. 그러나 그는 이 자유가 더 이상 자유롭지 못해야 한다고 요구한다.[4]

따라서 사랑하는 사람들은 가망 없는 일을 이루려고 고투하고 있는 셈인데, 각자 다른 사람의 자유를 완전히 제한하려고 하면서도 여전히 자유로운 어떤 다른 사람의 사랑을 받으려고 한다. 사람은 자유로우면서 동시에 노예일 수 없다. 하지만 바로 이것이 연인들이 요구하는 것이다. 사르트르는 이 가망 없이 되풀이되는 투쟁에서는 오직 세 가지 행동 패턴이 가능하다고 주장한다. 사랑하는 사람은 사디스트(sadist)가 되어 다른 사람을 난폭한 행동으로 완전히 사물화하려고 하거나, 아니면 마조히스트(masochist)가 되어 자기는 단지 한 사물, 즉 다른 사람의 의식을 위한 대상에 불과하다고 동의하거나 투쟁을 완전히 피해버리는 무관심의 태도(attitude of indifference)를 취하게 된다.

사르트르의 이론에 따르면, 이런 행동 패턴은 우리가 다른 사람들과 맺는 관계에서 볼 수 있는 기본적 사실이다. 이제 우리는 사르트르가 인간의 행동을 어떻게 생각하는지 살펴보아야 하며, 이어서 그가 『존재와 무』에 이런 식으로 마련된 자료에서 어떤 윤리 이론을 구성할 수

---

4 loc. cit.

있는지 살펴보아야 한다.

행동은 그저 우연한 사건과는 달리 동기(動機, motive)를 수반한다. 그러므로 인간의 행동은 세계에 관한 생각, 다시 말해 행위자의 상황 속의 어떤 특징을 바꾸려는 욕망에서 일어난다. 어쨌든 우리가 행동할 수 있는 것은 항상 잠재적 행위자(potential agent)의 관점에서 세계를 지각하기 때문이고, 또 우리가 아직 존재하지 않는 미래의 자신을 미리 마음 속에 그려보기 때문이다. 그저 사태(state of affairs)에 불과한 것은 결코 동기일 수 없다. 오직 어떤 사태가 바뀔 수 있는 것이라는 자각(自覺, awareness)만이 행동을 일으킬 수 있다.

만일 어떤 사람이 가난하거나 환자라면 그 불행을 자신의 삶의 피할 수 없는 일부로 간주할 수 있고, 그래서 가난이나 질병이 없는 미래를 전혀 생각하지 않고 그 가난이나 질병을 감내하면서 살아갈 수 있다. 그렇지만 그 사람이 세계와 거리를 유지하는 의식-있는-인간, 즉 자신의-의식을-자각하고-무화하는-존재인 한 그 사람은 가난이나 질병이 없는 삶을 상상할 수 있다. 일단 그 사람이 이런 상상을 했다면 그는 자신의 상황을 개선하고자 하는 동기를 가질 것이다. 그 사람이 자신의 불행을 피할 수 없다고 생각했을 때조차도 그는 어떤 방식으로 자신의 불행을 자각했으며, 그 시간에 그는 자신의 불행을 반성-없는-의식(non-reflective-consciousness)을 위한 대상으로 갖고 있다. 그 사람이 자신의 상황을 숙고하기 시작해서 그 상황에서 제 자신을 분리하고 자신의 기술 능력(記述 能力, faculty of description)과 부정 능력(否定 能力, faculty of ne-gation)을 그 상황에 행사하자마자 그는 그 상황을 완화거나 제거하는 신중한 행동을 궁리하기 시작할 수 있다.

그다음 사르트르는 우리를 행동하게 하는 것이 미래(未來, future), 더 정확히 말하면 미래에 관한 생각(thought of the future)이라는 점을 역설한다. 우리는 미래의 자기를 의도적으로 마음에 그려보아야 하며, 만일 우리가 정말로 행동할 예정이라면 과거로부터 떨어져야 한다. 이런 식으로 동기가 부여되지 않은 것은 행동으로 간주되지 않을 것이다. 그러므로 제대로 된 행동으로 간주되는 어떤 인간 행동도 과거에 의해서 생기거나 과거에 의해서 일어날 수 없다고 결론을 내릴 수 있다. 그래서 사르트르는 다음과 같이 주장한다.

노동자가 자신의 고통을 참을 수 없는 것으로 간주할 수 있고, 그러므로 그 자각을 혁명적 행동을 위한 동기로 만들 수 있는 것은 오직 제 자신과 세계로부터 완전히 떨어짐으로써만 가능하다. 이것은 의식에게는 비-존재(아닌-것)에 비추어 과거를 숙고할 수 있도록, 즉 과거가 갖지 않았던 어떤 의미 계획(意味 計劃, project of a meaning)에 의해 갖게 되는 의미를 과거에 부여할 수 있도록 자신의 과거에 반대하여 파괴를 완수하는 영구적 가능성을 뜻한다. 어떤 상황에서든 과거는 어떤 방식으로도 자동적으로 행동을 일으킬 수 없다. 실은 우리가 세계와 제 자신에 관한 이 부정적 힘을 의식에 부여하자마자, 다시 말해 무화 작용(無化 作用, nihilation)이 목표를 설정하는 데 없어서는 안 되는 요소로 들어오자마자 우리는 모든 행동의 필수적 근본 조건은 행위자의 자유(freedom of agent)라는 것을 깨닫지 않을 수 없다.[5]

그러나 인간 행동의 필연성에 관한 이런 식의 언급이 결정론(決定論,

5 op. cit., pt. iv, ch. 1, sec. 1.

determinism)에 반대하는 약한 논증이라는 주장이 나오는 것은 당연하다. 사르트르는 인간이 자유롭다고 말했을지 모르나 어쨌든 실제로 증명하지는 않았다. 그는 단지 자기가 행동으로 인정하는 것은 자유로워야 한다고 주장했을 뿐이다. 그러나 사르트르가 말하는 의미의 행동은 실제로 일어난 적이 없다고 보아야 할 것이다. 확신을 가진 결정론자는 이런 의미의 행동은 이 세계에 현실성 없는 일종의 신화라고 반박할 마음조차 없을 것이다. 이에 반대해서 사르트르도 우리 자신이 실제로 일어나는 선택의 사건을 경험할 수 있기 때문에 우리는 자신이 자유롭다는 것을 안다고 단적으로 주장할 것이다. 자유는 의식의 일부이므로, 우리가 의식을 자유로운 행위자로서 경험하지 못한다면 세계를 전혀 경험하지 못했을 것이다. 어쨌든 우리에게 의식이 있다면 우리가 자유로워야 한다는 것을 우리는 안다. 사르트르 논증의 이 대목은 어떤 점에서 우리가 이미 자기-기만과 관련해서 살펴보았던 논증을 되풀이하고 있는 것으로 볼 수 있다. 자기-기만과 관련된 맥락에서 사르트르는 "어떻게 자기-기만은 가능한가?"라고 물었다. 이 물음에 대한 답은 자기-기만이 오직 인간의 의식이 제 자신 속에 무와 부정의 가능성을 포함하는 경우에만 가능하다는 것이었다. 이제 우리는 우리 자신의 경험에서 '행동'이란 말이 의미하는 것을 우리가 이미 알고 있다는 것을 전제하고 있는 "어떻게 행동은 가능한가?"라는 물음을 대하고 있다. 그래서 답도 정확히 똑같다. 행동은 오직 우리가 세계를 얼마간 떨어져서 지각할 수 있을 경우에만, 다시 말해 무인 의식 속의 간격에 의해 세계를 우리 자신과 분리해 지각할 수 있을 경우에만 가능하다.

그러나 사람이 과거의 어떤 특징들이 아니라 미래에 관한 상상력에 의해서 행동을 일으킨다는 견해는 ─『존재와 무』의 기초인 의식 이론에서 곧바로 나온다 할지라도 — 반-프로이트적 학설(anti-Freudian doc-trine)이기도 하다는 다른 차원의 특징을 지닌 것으로 보인다. 사르트르는 무엇보다도 순수한 실존주의자의 신조, 즉 인간은 제 자신을 만들려고 선택하는 존재라는 것, 인간에게는 어떤 본질도 어떤 본성도 그리고 자기가 자신에게 부여하지 않은 어떤 성격도 없다는 것을 주장하고 싶어 했다. 우리의 성격이 태어날 때부터 주어졌다든가 어린 시절의 사건과 환경에 의해 형성된다고 믿는 것은 제네(Genet)가 양부모에 의해 그에게 부여된 도둑 역할을 받아들였던 것과 꼭 마찬가지로 자기-기만에 빠져버리는 일이다. 자기-기만의 기능은 이미 살펴본 바와 같이 제 자신의 책임을 인정하는 일로부터 우리를 방어해주는 것이다. 만일 우리가 정직하다면, 그리고 프로이트의 위로해주는 신조에 의해 타락하거나 속지 않았다면, 우리는 자신의 자유로운 선택 이외의 어떤 것도 지금의 '자기 성격'을 형성하지 않았다는 것을 인정할 것이다.

사르트르가 자신의 자유에 대한 명백히 지나친 주장의 역설을 부분적으로 해결한 것은 성격의 선택에 관한 이 신념을 통해서이다. 왜냐하면 우리는 사르트르가 누구나 자기 처지의 실상 — 태어나면서 자기에게 주어졌고, 그래서 상식적으로는 분명히 자유의 한계라고 말할 수밖에 없는 진짜 불가항력의 상황 — 을 갖고 있다고 인정했던 점을 앞에서 살펴보았기 때문이다. 만일 내 키가 150 센티미터라면 내가 아무리 원하거나 바라더라도 사다리 없이는 도서관 서가의 가장 높은 곳에 손이 닿지 못할 것이다. 사르트르는 물론 그렇다고 인정한다. 그러나 여전히 내 성격은 내 키가 매우 작다는 맹목적인 단순 사실에 의해서 형성되지 않는다. 내 작은 키는 단지 내가 자유로운 선택의 구상에 필요한 원재료일 뿐이다. 똑같이 작은 키를 가진 나와 다른 사람의 차이는 — 사르트르가 표현한 것처럼—두 사람이 작은 키로 '살아가는' 다른 방식에 있다. 우리가 자신의 상황을 어떻게 경험하는가, 우리가 상황과 더불어 어떻게 사는가, 자신의 사고방식과 언어 그리고 우리가 세우는 가정의 종류와 사물에 부여하는 가치에 미치는 상황의 영향을 얼마나 허용하는가 등등의 이 모든 것은 우리의 선택 능력의 범위 안에 있다. 사르트르는 이 모든 선택의 책임은 완전히 우리에게 있다고 주장한다.

따라서 우리 누구도 고정되고 완벽하게 주어진 어떤 '성격'도 갖지 않았지만, 또 설령 우리가 생명-없는-대상이 그런 것처럼 사물-같이-굳은-덩어리이고자 하는 성격을 가졌다 할지라도, 일반적으로 우리의 성격으로 언급되는 것은 우리가 이용할 수 있는 재료를 가지고 제 자신을 형성한 그것이다. 우리는 자신의 성격이나 과거를 자기가 실제로 행하는 대로 행동하는 일에 대한 핑계로 사용할 수 없다. 사르트르는 『존재와 무』에 이 점에 대한 긴 예화를 제시하고 있다. 그는 엇비슷한 나이와 엇비슷한 체격을 가진 여러 사람이 어느 시골을 구경 삼아 걸어서 여행하는 과정을 기술하고 있다. 그중의 한 사람이 도중에 뒤처지다가 배낭을 벗어놓으며 너무 지쳐서 더 이상 못 가겠다고 말한다. 사르트르는 그가 너무 지쳤다고 판단한 결정을 분석한다. 사르트르는 이 사람이 실은 걷는 일에 집중하지 않아서 피곤을 경험했을 것이라고 주장한다. 그는 처음에는 길이 가파르고, 태양이 뜨겁고, 배낭이 무겁고, 발바닥에 물집이 생겼다고 자각했지만 아주 가볍게 느꼈을 뿐이었다. 그러나 어느 단계에 이르러 그는 제 자신을 이런 현상들로부터 분리했고, 그다음 그 현상들에 가치를 부여했다고 사르트르는 주장한다.

이 사람은 오랫동안 가난을 피할 수 없는 것, 즉 그저 삶의 필수 조건으로 경험하지만 갑자기 미래, 다시 말해 다른 요소들로 이루어질 수 있는 가능한 미래에 눈을 뜨게 된 노동자와 비슷하다. 이 단계에서 노동자는 자기의 가난을 참을 수 없는 것, 즉 자기가 그에 저항하는 행동을 취해야 하는 것으로 간주하기 시작한다. 똑같은 방식으로 그 노동자는 갑자기 자신의 경험의 가치를 평가해서 그 경험을 더 이상 참을 수 없는 것으로 자신에게 기술한다. 그래서 그는 가치를 평가하는 이 행동에서 자기의 짐 더미를 땅에 팽개치면서 더 이상 이대로 살아갈 수 없다고 말한다. "나는 자의식을 갖게 되었으므로 고통스러운 내 현실을 참을 수 있거나 참을 수 없는 것으로 간주한다." 어떤 사람이 자신의 성격 때문에 휴식을 취하면서 포기한다고 말하는 것은 쓸모없는 소리다. 포기하는 사람을 '나약한 사람'이나 '무기력한 사람'이라고 말하는 것은 아무것도 설명하지 못한다. 이 말은 그의 포기 행동에 대한 인과적 설명(因果的 說明, causal explanation)을 제공하지 못한다. 이 말은 그가 포기했다는 사실을 다른 말로 진술하는 것일 뿐이다. 그의 포기 행동은 길의 가파름이나 태양의 열기에 의해서 일어난 것이 아니다. 이런 것들은 단지 그가 특정한 관점에서 그것들을 도전이나 즐길 것이나 참을 수 없는 것으로 간주하는 것을 선택하는 상황 속에 있는 요인들일 뿐이다. 사르트르는 이 사람이 피곤을 경험하고 노력을 포기하는 특정한 방식을 일반적인 열등감 콤플렉스로 표현할 수 있다는 점을 부정하지 않는다고 말한다. 그러나 사르트르는 그 열등감 콤플렉스 자체가 이 특정한 사람이 제 자신을 세계에 투영하는 그 나름의 방식이라고 계속 주장하였다. "그것은 나 자신을 선택하는 나의 방법이다." 그래서 다시 한 번 다음과 같이 말한다.

미래와 내 가능성에 관련된 결정 없이 열등감을 생각하는 것은 도저히 불가능하다. "나는 추악하다" "나는 어리석다"와 같은 주장조차도 원천적으로 (미래와 내 가능성에) 참여하고 있다. 우리는 지금 내 추악함의 순수한 확립을 다루는 것이 아니라 불우한 처지의 공동 작인에 관한 이해를 다루고 있으며, 그것은 내 기획에 … 나타난다.[6]

사르트르는 계속해서 우리 삶에 주어지는 그대로의 사실들, 즉 언덕의 가파름 · 태양의 열기 등등은 자유에 필요하다고 주장한다. 자유는 선택되지 않은 요소들을 배경으로 하지 않고는 생길 수 없다. 그러나 이 요소들은 자유를 제한하지 않는다. 우리는 이 요소들을 경험하는 방식에서 전적으로 자유롭다. 제 자신을 선택하는 우리의 자유는 무한하다. 실존주의 심리 분석은 과거에 의해서 현재를 설명하는 것이 아니라 한 사람이 미래의 자신을 위해서 선택한 것이 무엇이었는지에 대한 설명을 탐구한다.

사르트르가 『존재와 무』의 이 부분에서 드러내고 있는 프로이트식 이론에 대한 날카로운 적대감은 이미 살펴본 바와 같이 사르트르가 의식-있는-존재 누구나 세계에 대한 경험에서 겪는 절대로 피할 수 없는 느낌으로 여겨지는 끈적거리는 것의 공포(horror of the viscous)에 반영되어 있다는 사실은 기억할 만한 가치가 있다. 왜냐하면 그 공포의 일부는 시간 자체가 끈끈해지고 끈적거리게 되어서, 우리 누구나 선택된 미래에 도달하려고 하고 있는 것과 꼭 마찬가지로, 과거(the past)라는 끈적거리고 걸쭉한 혼돈이 자유롭지-않은-상태로 후진시킬 것이라는 두려움이기 때문이다. 누구나 어떻게든지 과거에 예속된 노예라는 생각

---

6 op. cit., pt. iv, ch. 1, sec. 2.

은 사르트르에게는 몹시 끔찍한 것이었으므로, 자유에 관한 그의 철학의 모든 부담은 어떤 사람의 행동이 제 자신의 통제를 벗어나고 또 제 자신의 기억조차도 벗어난 사물들에 의해서 일어난다는 견해를 거부하는 데 있었다고 볼 수 있다. 어떤 사람의 행동이나 성격에 대해서 오래전 과거의 사건들이 현재의 그 사람을 만들었다고 핑계를 대면서 하는 해명은 결코 정직한 변명일 수 없다.

그렇다면 한 사람의 성격과 행동은 그 사람이 세계를 지각한 다음에 그것을 평가하는 방식에서 생기며, 그 사람의 평가는 전적으로 제 자신의 것이다. 누구도 나에게 어떤 것을 높거나 낮게 평가하도록 강요할 수 없다. 내가 다른 사람의 의견을 모방해서 내 의견을 세운다 할지라도 그 의견은 내 것이며 내가 선택한 것이다. 그렇다면 이것은 자유의 역설에 대한 해결책이다. 나는 자신이 출생하는 것이나 특정한 부모를 갖는 것이나 현재의 건강을 전혀 선택할 수 없다. 내가 선택할 수 있는 것은 내 처지의 실상에 대한 나의 반응이다. 사르트르는 결정론으로 후퇴하는 것을 더 이상 묵인하지 않을 것이다.

그러나 모든 가치는 우리가 자유롭게 선택한 것이라고 사르트르가 생각하고 있는 사실은 하나의 윤리 이론을 구성할 가능성을 위한 귀결들을 함축하고 있음에 틀림없다. 사르트르는 동시대의 영어권 철학자들 그리고 유럽의 다른 철학자들이 강조했던 사실, 즉 어떤 것을 평가하는 것은 그것을 기술하는 것이 아니라는 사실을 아주 잘 알고 있었다. 어떤 것을 평가하는 것은 실은 그것을 목표로 선택하는 것, 또는 그것을 추구해야 할 이상(理想, ideal)으로 설정하는 것이다. 그러므로 사르트르의 견해에서 세계 속의 어떤 절대적 가치(absolute values)를 발견하는 일은 전혀 의심의 여지가 있을 수 없다. 하지만 사르트르는 절대적 가치를 지닌 것은 전혀 없다고 강변한다. 만일 누군가가 어떤 것이 좋다든가 나쁘다고 말한다면 그 사람은 그것을 목표로 선택하고 있다. 그 사람은 그것이 지닌 속성을 기술하고 있지 않다. 사르트르는 모든 도덕 철학이 세계 속의 이런저런 것이 인간의 행복이건 다른 어떤 것이건 어떤 절대적 가치를 갖는다고 주장하는 경향이 있다고 비판한다. 모든 도덕 철학자는 그런 절대적 가치를 주장함으로써 두말할 것 없이 자기-기만의 다른 형태인 '진지성의 유령'(Spirit of Seriousness)에 굴복하고 있다. 가치가 어떤 방식으로든 주어지는 것이라고 생각하는 것은 중산 계급에서 존경받는 사람을 고민에 빠뜨리는 일, 즉 제 자신의 자유에 직면하는 일을 거부하는 습관을 보여줄 따름이다. 중산 계급에서 존경받는 사람의 모든 의무는 그를 위해 세밀히 계획된 것으로 보이며, 그래서 그는 자신의 삶을 지배하는 규칙들에 의해 완전히 속박되어 있다고 믿는다. 그럼에도 사르트르는 우리가 사물들을 어떻게든지 평가해야 한다는 것을 부정할 수는 없었다. 그뿐 아니라 사르트르는 평가가 행동에 붙박여 있기 때문에 이 사실을 부정하고자 하지 않았다. 그는 가치가 "단연코 우리 삶의 바로 핵심에 살아 있다"고 말한다. 우리는 사물을 지각하고 사물을 평가하고 사물에 영향을 미치는데, 이 모두를 언제나 동시에 한다. 그러나 가치에 관한 이론(theory of values)은 있을 수 없다. 철학자가 할 수 있는 모든 것은 가치가 무엇이고 우리 삶에 어떤 기능을 하는지 말해주는 것뿐이다. 철학자가 주제넘게 우리에게 무엇이 가치 있고 무엇이 가치 없는지 말한다는 것은 상상할 수조차 없다.

　사르트르 철학의 이 대목에는 그가 적어도 실존주의를 단념하기 전에는 어떤 방식으로도 해결하지 못했던 난점이 있다. 『존재와 무』에서 사르트르는 우리는 저마다 어떻게 살 것인지, 무엇이 좋고 무엇이 나쁜지 단독으로 결정해야 하고, 그래서 이 결정은 순전히 개인적 결심이며, 누구도 다른 사람을 대신해서 이런 결심을 할 수 없다고 주장하는 것으로 보인다. 그러나 진정한 평가 속에는 이 분석이 설명하지 못하는 요소가 있다. 예컨대 만일 어떤 사람이 탈세가 나쁘다고 판단한다면, 그는 알든 모르든 어떤 점에서 탈세는 일반적으로 나쁘다고 판단한 것이며, 또 그가 그렇게 말하진 않을지라도 탈세는 반드시 또는 절대적으로 나쁘다고 믿을 수조차 있다. 어떤 것이 나쁘다고 평가하는 것은 그것을 그저 기술하는 일이 아니라는 것은 확실하다. 하지만 그 말이 그 사물에 대한 그 사람의 사적인 느낌을 표현하는 것만은 아니다. '나쁘다'는 말은 화자가 미리 자기는 '일반적으로 나쁘다'는 뜻으로 사용하지 않는다고 특별히 예고하지 않으면 누구나 일반적으로 나쁘다는 뜻으로 이해한다. '올바르다'와 '잘못이다'라는 낱말에 그런 의미를 부여하는 것은 자기-기만에 빠지는 일이 아니다. 그것은 단지 그 낱말들을 '일상적 의미'로 사용하는 일일 따름이다.

그러므로 사르트르는 인간이 세계 속에서 절대적 가치를 발견할 수 없다고 주장할 때 인간이 절대적 가치를 발견할 수 없는 것처럼 스스로 위장할 수 있다는 점을 충분히 말하지 않았다. 사르트르는 도덕적 의견의 형성에 관한 사실들에 주의를 기울이지 않았다. 영어로 자주 번역되어 그의 도덕적 견해를 이해할 수 있는 명확한 진술이라고 종종 취급되는 한 수필에서 사르트르가 실존주의 도덕을 구성하는 방도에 관한 문제를 해결하려고 노력했다는 것은 사실이다. 『실존주의는 휴머니즘이다』(*Existentialism is a Humanism*, 1946)라는 이 수필에서 사르트르는 실존주의가 부정적이고 음울하며 낙담시키는 철학이라는 비난에 대해서 실존주의를 옹호하려고 노력하였다. 실존주의는 사람들이 행동할 수 있는 자유의 범위를 밝혀줌으로써 사람들로 하여금 행동하도록 격려하기 때문에 낙관적 철학(optimistic philosophy)이다. 또한 실존주의는 사람들이 제 자신의 운명뿐만 아니라 다른 사람들의 운명도 함께 책임져야 한다는 것을 밝혀준다. 왜냐하면 한 사람이 무엇을 선택하든 그 선택은 제 자신을 위한 선택일 뿐만 아니라 모든 사람을 위한 선택이라고 보아야 하는데, 그 까닭은 선택이란 개념은 선택된 사물이 좋다는 개념을 수반하고, '좋다'는 말은 '모든 사람에게 좋다'는 뜻이기 때문이다.

　이 수필은 혼란에 빠져서 이전의 주장과 충돌하는 크게 빗나간 주장을 담고 있다. 이 점에 관해서는 두 가지 근거를 언급할 가치가 있다. 첫 번째 반론은 앞에서 제기되었던 특수한 반론, 즉 만일 한 사람이 해야 하는 모든 것이 제 자신을 위해 단독으로 세계를 평가하는 일이라면 실존주의 도덕 같은 것은 있을 수 없다는 반론에 부딪친다는 것이다. 두 번째 반론은 조금 뒤에 밝혀질 것이므로, 여기서는 사르트르 자신이 나중에 『실존주의는 휴머니즘이다』에서 주장한 생각을 부인했고, 또 당시에는 출판되지 않았던 책에 담길 소망을 표현했다는 사실 때문에 예고만 하겠다. 우리가 이 수필에 표현된 피상적인 칸트식 도덕 이론이 얼핏 매력 있게 보일 수 있다는 것과 『존재와 무』의 부정적 결론에서 벗어나는 방식을 깨닫기는 쉬운 일이다. 그러나 나중에 사르트르도 알게 된 바와 같이 실제로는 진정한 실존주의자가 제 자신의 선택이 아닌 다른 누군가의 선택에 대한 책임을 떠맡거나 이성적 존재는 목적-그-자체(end-in-itself)로 대우해야 한다는 칸트의 견해를 채택하는 장면을 상상하는 것은 전혀 불가능하다. 왜냐하면, 우선 첫째로 그게 무엇이든 어떤 것이 목적-그-자체라고 주장하는 것은 결코 '진지성의 유령'이나 사르트르가 모든 도덕 철학자들이 빠져 있다고 주장했던 그런 종류의 자기-기만일 수 없다. 둘째로 다른 이성적 존재들이 우리에게 목적-그-자체이거나 목적-그-자체이어야 한다는 견해와 『존재와 무』의 핵심인 우리와 다른 사람들과의 관계에 관한 견해를 조화시키는 것은 불가능하다. 인간성 전체에 관한 아무리 고결한 성찰일지라도 『존재와 무』에서 한 사람과 다른 사람들의 관계를 만들어낸다고 주장되었던 기본적 적개심과 경쟁심 앞에서는 아무런 힘도 발휘할 수 없을 것이다. 그렇다면 우리는 "실존주의는 휴머니즘이다"라는 말을 사르트르의 도덕 철학이나 실존주의 도덕 철학 전체에 관한 적절한 진술로 간주하려는 시도를 포기해야 한다고 생각된다.

실제로 나중에 표명된 견해를 보면, 어쨌든 실존주의가 도덕 철학에 무언가 기여한다고 생각하는 것은 잘못으로 생각된다. 실존주의는 본질적으로 인간이 세계 속에서 처한 자신의 상황에서 제 처지를 자각하려는 철학이며, 한 사람과 사회 속의 다른 사람들의 관계가 어떠한지나 어떠해야 하는지는 단지 부수적으로 말할 뿐이다. 사르트르는 『존재와 무』의 마지막에 도덕적 행위자는 자기 자신이 모든 가치의 근원이라는 것을 깨달아야 한다고 말한다. 그러나 그 사람이 이 점을 깨달을 때 그 자각은 세계 속의 자기를 보는 그 사람의 방식에 영향을 미치는 그만큼 그 사람의 선택에 영향을 미치지는 못할 것이다. 이 점에서 우리는 다시 한 번 키르케고르에서 처음 만났던 욕망, 즉 독자에게 제 자신과 세계에 관한 어떤 새로운 진실을 깨닫게 하고 싶어 하는 욕망을 보게 된다. 사르트르는 자신의 사명에 열심이지만, 그는 우리가 해야만 하는 무언가가 있다고 생각하지 않고, 단지 우리가 생각해야 하고 느껴야만 하는 새로운 것이 있다는 것만을 일깨워주려고 한다. 사르트르는 도덕적 행위자에 관해 다음과 같이 말한다. "그는 고통 속에서 저절로 제 자신의 자유가 가치의 유일한 근원이고 또 세계를 존재하게 하는 공허(emptiness)라고 자각할 것이다."

그러므로 개개의 행위자를 위한 도덕적 문제는 한 개인이 몸소 자신의 환경에 반응하고 환경을 바꾸는 일에 자신의 자유를 어떻게 사용해야 할 것인가, 바꿔 말해 그가 현실화시키는 것이 부분적으로 제 자신을 창조하는 것이 되는 세계에 대해서 얼마나 많은 책임을 감수해야 하는가라는 것이다. 그렇다면 한 개인의 행동들은 모조리 중요한 것으로 간주되겠지만, 어떤 점에서 그게 어떤 행동인지는 별로 문제되지 않을 것이다. 그는 아무 행동도 하지 않을 수 있고, 그럼에도 자기-기만으로부터 자유롭고 또 제 자신을 선택하면서 자기 삶을 살아갈 것이다. 그러나 긴 안목에서 보면, 사람은 자기가 불가피하게 목표로 삼고 살아온 그것을 성취하는 데 실패하는 운명에 처할 것이다. 우리는 이미 사르트르가 사람들은 사물들을 평가해야만 하고, 가치들을 제 자신에게 이상으로서 제안해야만 한다는 것에 대해 어떻게 생각하는지 살펴보았다. 그러나 가치 있는 사람이나 사물은 결코 현실화될 수 없다.

더욱이 개개의 자신의-의식을-자각하고-무화하는-존재들은 존재-자체가 지닌 단단히 굳은 실존에 도달하려는 갈망에 사로잡혀 있다. 하지만 이 욕망은 사람들이 이룰 수 없는 것이다. 사람들은 실패할 수밖에 없다. 『존재와 무』를 마무리 짓고 있는 숙명 고지(宿命 告知, the note of doom)로부터 사람들이 벗어나는 것은 불가능하다.

모든 인간의 실상은 스스로 제 자신의 기초인 존재, 즉 스스로 존재하는 것(the *Ens causa sui*, 제 자신이 자기의 원인인 존재) —여러 종교에서 신이라 부르는 것—에 의해 생긴 우연성을 모면하는 존재-자체의 상태가 될 정도로 실패하는 제 자신을 상상하는 열정이다. 따라서 인간의 열정 방향은 그리스도의 열정 방향과 정반대이다. 왜냐하면 인간은 신이 탄생되게 하기 위해 인간으로서의 제 자신을 상실하기 때문이다. 그러나 신이란 개념은 모순적 개념(contradictory concept)이며, 그래서 우리는 무를 위해 자신을 상실한다. 인간은 헛된 열정이다.

그렇지만 사르트르는 그러한 계획이나 노력이 모조리 명백히 절망적임에도 '도덕적 국면'에 관하여 또 하나의 책을 쓰겠다고 약속하였다. 그래서 사르트르는 『존재와 무』 III부 속의 우리와 다른 사람들의 관계의 숙명적 본성에 관한 논의에 붙인 각주에서 다음과 같이 말했다. "이런 고찰은 해방과 구원의 윤리의 가능성을 배제하지 않는다. 그러나 이 윤리는 오직 이 책에서 논의할 수 없는 근본적 전환(根本的 轉換, radical conversion)이 일어난 다음에만 이루어질 수 있다." 이 근본적 전환이 마르크스주의(Marxism)로의 전환인지, 그리고 그가 윤리적 국면에 관해 쓰겠다고 약속했던 책이 『변증적 이성에 대한 비판』인지에 대해서는 약간의 의문이 있는데, 이 책은 1960년에 출판되었다.

이 저술과 사르트르의 이전 저작들과의 연결 관계를 보여주는 실마리는 1957년에 출판된 "방법에 관한 문제"(*The Question of Method*)라는 수필에서 찾을 수 있다. 이 수필은 그 당시에 실존주의의 입장을 검토하고 있었던 여러 저자가 수집한 글들 중의 하나이다. 이 글에서 사르트르는 철학(philosophy)과 이데올로기(ideology)를 구별하고 있다. 그는 각 시대에는 오직 단 하나의 지배적인 철학이 있고, 그 철학의 날개 아래에서 자라나는 다양한 이데올로기가 있다고 주장하였다. 그래서 어떤 철학자의 저작이든 그가 자기 시대의 지배적인 철학을 인식하든 못하든 그리고 자각적으로 찬성하든 않든 실제로는 이 지배적인 철학의 일부분으로서 이해될 수 있는 생각만을 쓰게 된다. 사르트르는 20세기의 지배적인 철학은 마르크스주의라고 주장한다. 실존주의는 마르크스주의의 틀 안에서 생겨난 이데올로기이다. 사르트르는 세계에 관한 실존주의자의 견해가 철학에 어떤 기여를 할 수 있겠지만, 오직 그 견해가 마르크스주의 이론의 어떤 면을 해명하는 데 성공하는 한에서만 기여할 것이라고 인정한다.

사르트르는 이보다 이른 시기인 1946년에 『현대』(*Les Temps Modernes*)에 기고한 수필에서 마르크스주의를 강하게 비판했는데, 이 글은 "유물주의와 혁명"(*Materialism and Revolution*)이란 제목으로 영어로 번역되었다. 이 글 속의 비판은 주로 그 당시 사르트르가 변증적 유물론이란 개념에서 찾아낸 혼동을 근거로 삼고 있다. 사르트르는 역사의 변증적 본성에 관한 이론을 세계 속의 모든 현상은 서로 관련되어 있다는 의미, 바꿔 말해 완벽한 구체적 총체로서의 세계에 관한 설명을 제시하는 것이 원리적으로 가능할 것이라는 의미로 해석하였다. 그러나 사르트르는 이 생각이 유물주의라는 관념, 다시 말해 양적 설명만 가능하므로 독립적 단위들일 수밖에 없고, 그중 어떤 것도 다른 것에 의해 영향을 받거나 변할 수 없는 요소들과 양립할 수 없다고 주장하였다. 다행히도 우리는 여기서 이 논증의 난점과 부당한 점에 관심을 둘 필요가 없다. 그 수필의 부정적이고 비판적인 부분은 그 글에서 가장 관심을 끌지 못하는 부분이다. 사르트르는 신화에 지나지 않고 본래 앞뒤가 맞지 않는

유물주의를 비판하는 대신에, 철학자는 혁명의 힘들에 관하여 참으로
신뢰할 만한 설명을 제시해야 하며, 이 일은 혁명적 정신에 관한 분석
으로 시작해야 한다는 쪽으로 주장해 나갔다.

이어서 『존재와 무』의 몇 쪽을 그대로 옮겨온 혁명적 노동자에 관한
기술이 계속된다. 혁명가는 자기가 처해 있는 상황을 바꾸기 위해서 그
상황을 반드시 넘어서는 사람이다. 그러므로 혁명가는 제 자신을 현재
로부터 분리해야 하고, 또 자기를 역사적 행위자(歷史的 行爲者, historical
agent)로 간주하는 역사적 견해를 갖추어야 한다. 혁명가는 미래를 자기
가 마음속으로 상상하고 있는 그대로 정확히 실현될 수 있는 것으로 본
다. "세계를 바꾸려는 어떤 계획도 누군가가 세계 속에 일으키고자 하
는 변화의 관점에서 세계를 들추어내는 일정한 이해로부터 결코 분리
될 수 없다." 여기서는 메를로퐁티와 사르트르의 실존주의 저작이 인
식(認識, the cognitive)과 실천(實踐, the practical)을 전혀 구별하지 않고 있다
는 사실이 가장 중요하다. 왜냐하면 세계를 바꾸려는 혁명적 행동이 세
계에 관한 순전한 지식보다 우선권을 가져야 한다는 것이 분명하기 때
문이다. 사르트르는 철학자의 임무를 다음 말로 요약하였다. "필요한
것은 인간 실재(人間 實在, human reality)가 행동이라는 것, 우주에 대한 행
동은 있는 그대로의 우주에 관한 이해와 동일하다는 것, 바꿔 말해 행
동이 인간 실재의 참모습이며, 동시에 그 인간 실재의 수정이라는 것
등등을 밝혀주는 철학 이론이다."

이 수필에 드러난 새로운 내용은 한 사람이 자기의 상황으로부터 제
자신을 분리하고 나서 지금과 다른 미래를 마음에 그리는 일과 똑같은
인간의 자유가 본질적으로 역사의 맥락(context of history) 속에서 이해되

어야 한다는 주장이다. 그뿐 아니라 이제 그 역사는 단지 개별적인 자유로운 행위자의 역사가 아니라 혁명가로서의 개인의 역사, 즉 사회 속 일정한 계급의 구성원으로서의 개인 역사이어야 한다. 따라서 사르트르가 아직 마르크스주의를 받아들일 수는 없었지만 전환의 과정은 1946년에 시작되었던 것이 분명하다.

 "방법에 관한 문제"가 출판될 즈음에, 사르트르가 실존주의는 마르크스주의의 해명에 기여할 뿐이라는 것을 인정하자고 제안했을 때, 그는 그보다 훨씬 더 나아가서 1947년에 자기가 비난했던 유물주의자의 신화를 정밀하게 소생시키는 데 실존주의를 사용하려고 생각하였다. 그러나 이것조차도 『존재와 무』의 시절을 벗어나는 가장 근본적인 전환은 아니다. 만일 우리가 『방법에 관한 문제』로부터 『변증적 이성에 대한 비판』 자체로 다시 나아간다면, 우리는 사르트르가 인간의 자유를 우리 각자가 고통 속에서 자신의 자유를 경험하는 구체적 사실과 관련시켜 표현하고 증명하려던 시도를 포기했다는 것을 알게 된다. 사르트르는 자신의-의식을-자각하고-무화하는-존재를 세계-속의-자신에-관한-의식으로 표현하는 것을 포기하였다. 일화 그리고 우리가 알 수 있어서 우리와 동일시하는 사람들 속의 성격은 사라졌다. 우리로 하여금 혁명적 상황에 관한 내부로부터의 분석을 기대하게 했고, 마르크스주의를 '내면화'해서 실존주의에 의해 마르크스주의의 죽은 시체에 생명을 부여하겠다는 약속은 지켜지지 않았다. 이런 일의 시도로 생각될 만한 사례가 아주 드물게 약간 있긴 하지만 대체로 열의가 거의 느껴지지 않는다. 그와 반대로, 대체로 역사에서 일어나는 변화의 동인(agent of change)은 결국 자유로운 개별 혁명가가 아니라 개별 혁명가가 구성원으로 속해 있는 집단임이 판명된다. 개별 혁명가의 적은 이전에 그랬던 것처럼 의식-있는-존재로서의 다른 사람들이 지닌 본성 때문에 일어나는 투쟁의 대상이었던 다른 개인이 아니다. 혁명가의 적은 사회 속의 다른 계급이며, 혁명가가 적개심을 갖는 원인은 물질적 재화(物質的財貨, material goods)의 부족이라는 우연한 사실이다.

그럼에도 이런 변화가 놀랍기도 하고 그 결과로서 생긴 사회학적 분석—지금까지 『변증적 이성에 대한 비판』에 관해 언급한 내용을 만들어낸 사회학적 분석—에서 실존주의와 관련 있는 무언가를 찾아보기 어렵긴 하지만, 왜 이런 변화가 일어났는지 그 이유는 어느 정도 이해할 수 있다. 우리는 『존재와 무』의 마지막에서 사르트르가 어떻게 해서 막다른 골목에 부딪혔는지 살펴보았다. 조금이라도 일반성을 갖춘 윤리에 관해 설명하려는 어떤 시도든지 간에 자기-기만에 빠지는 운명을 벗어날 수 없었다. 한 가지 확실한 사실은 만일 가치가 개인이 단독으로 제 자신만을 위해 선택할 때에만 진정한 가치일 수 있다면, 가치는 순전히 개인적인 것이고 우연한 것으로 간주될 수밖에 없었다. 개개의 사람 모두 필연적으로 다른 사람들과의 투쟁에 얽매어 있고, 자기든 남이든 서로를 위해서 어떠한 자연권(自然權, natural right)이나 의무(義務, duty)도 주장할 수 없기 때문에 다른 사람들과 공유하는 목적을 가진 공동체의 확립을 영구히 바랄 수 있는 방법이 전혀 없었다. 자연권이나 누구도 빼앗을 수 없는 권리라는 건전한 생각은 절대적 가치라는 생각과 마찬가지로 단지 '진지성의 유령'으로 매도되었는데, 실은 이 진지성은 우연성의 바다에서 삶을 안정시키는 무언가가 있기를 바라는 자연스런 소망이다. 그러나 삶의 문제를 푸는 약간의 안내 지침이 사회 속에 있기를 바라는 소망, 모든 것과 모든 사람이 동시에 서로서로 방해하지 않게 되기를 바라는 소망은 이루어질 가망이 없었다.

그러므로 실존주의에는 사회적 삶(life in society)의 질서를 세울 수 있는 합리적 방도가 전혀 있을 수 없었다. 남아 있는 유일한 규칙은 각자 제 자신의 자유로운 삶을 선택함으로써 자기를 구제해야만 하는 것으로 보였다. 하이데거의 경우에 진정성이 사람마다 제각기 자신의 운명인 죽음을 향해 나아가는 데 있었던 것과 꼭 마찬가지로, 사르트르의 자신의-의식을-자각하고-무화하는-존재는 오직 제 자신만을 위한 자기의 결정을 자각적으로 내림으로써만 제 자신을 되찾을 수 있을 것이다. 하지만 이런 삶은 평생 내내 결국 거의 전적으로 정치적인 사람이었던 사르트르에게는 부적당한 삶으로 간주되지 않을 수 없었다. 만일 어떤 정치적 방책이 다른 정책보다 더 좋다고 판정될 수 있다면, 바꿔 말해 만일 사회의 이 상태는 잘못되어 있으므로 반드시 제거되어야 한다고 확실하게 지적할 수 있는 그런 상태가 사회에 정말로 있다면, "사람은 어떻게 살아야 하는가?"라는 도덕가의 물음에는 어떤 적극적이고 긍정적인 답이 제시될 수 있어야 한다. 사르트르가 근본적 전환 없이는 구원의 철학이 확립될 수 없다고 말했던 바로 그 근본적 전환은 마르크스주의로의 전환일 수밖에 없었다. 왜냐하면 마르크스주의는 좋은 것으로 여겨지고 또 우리의 힘으로 실현할 수 있는 어떤 것, 즉 혁명을 제시했을 뿐만 아니라, 나에게 좋은 것은 다른 사람들에게도 역시 좋은 것임을 밝힐 수 있는 수단을 제공하기 때문이다. 사르트르가 사람들의 이익이 일치하도록 다루는 방식을 찾을 수 있는 방도는, 사람들을 하나씩 하나씩 개인으로서 고찰하는 일을 중지하고, 세계에 동일한 방식으로 접근하고 또 세계와 노동이라는 동일한 수단으로 결합되는 사람들로 형성되는 집단의 구성원으로서 고찰하는 길뿐이었다. 인간의 고립화를 끝내는 유일한 방도는 우선 무엇보다도 인간을 집단의 구성원으로서 고찰해야만 한다는 새로운 신념을 확립하는 것이었는데, 그 까닭은 역사적 사실이 보여주는 바와 같이 사람들은 사회를 만들 때 맨 처음 바로 '계열성'(系列性, seriality)을 피하기 위해서 제 자신을 집단의 구성원으로 소속시켰기 때문이다. 이 계열성은 모든 사람이 서로서로 방해하는 상황의 다른 이름이다. 개개의 사람은 모두 집단 속에서 바로 집단의 본성에 의해 다른 모든 사람에게 의존하며, 따라서 누구나 반드시 있어야 하는 중요한 사람이다. 그러므로 모든 사람을 나의 형제로서 대우할 수 있고, 나의 운명을 다른 사람들의 운명과 동일시할 수 있다. 자유의 최초 선택은 집단을 형성하겠다는 선택이어야 하며, 그러니까 이것이 최초이자 근본적인 전환인 셈이다. 그 후에는 집단의 보존을 목표로 하는 모든 수단이 자유의 계속 이어지는 선택 대상이다.

『변증적 이성에 대한 비판』의 목적은 집단의 성장과 보존을 분석하는 것이고, 또 인간 역사의 특징들은 사회가 반드시 그 사회에 고유한 방식에 따라 발전했다는 사실을 필요로 한다는 점을 밝히는 것이다. 이 목적은 『존재와 무』의 반-과학적 열정(反-科學的 熱情, anti-scientific passion)과는 아주 다른 것이다. 이것이 자신의 자유로운 계획으로부터 프로이트적 과거의 끈적끈적 달라붙는 쓰레기에 빨려들어가는 운명을 피하도록 관리되었던 가여운 자신의-의식을-자각하고-무화하는-존재가 이제는 사회의 마르크스주의적 역사의 기원이라는 똑같이 끈적거리는 혼돈 속으로 완전히 빨려들어갔다는 사실을 반영하지 않기는 불가능하다. 자신의-의식을-자각하고-무화하는-존재가 이제는 자신의 집단적 미래를 살펴봄으로써 — 이젠 집단적 진로이긴 하지만 — 자신의 삶의 행로를 선택한다고 여전히 생각할 수 있다는 것은 우리를 그다지 위로해주지 못한다. 그러나 어쩌면 이런 말은 — 내가 그렇게 암시했기를 바라는 바인데 — 19세기에 단단히 뿌리를 박고 출발해서 19세기의 거대한 사상들의 흐름 속에서 한 사상의 지배를 어떻게든지 피하려고 노력해왔던 바로 그 실존주의가 결국 19세기의 다른 사상에 굴복하지 않을 수 없었다는 이야기일 것이다.

맺음말

　우리는 실존주의가 『변증적 이성에 대한 비판』에서 결국 어떻게 마르크스주의에 굴복했는지 살펴보았다. 이 책에는 사실상 실존주의 자체의 고유한 특징은 아무것도 남아 있지 않다. 실존주의는 지배적인 철학으로 간주되지 못할 뿐만 아니라 사르트르의 말대로 도저히 이데올로기의 모습도 갖출 수 없다. 개인은 중심 역할을 할 수 없게 되었고, 집단 속에 매몰되어 버렸다. 세계는 더 이상 단 한 사람을 위해 중요성을 갖는 것으로 여겨지지 않는다. 사르트르의 관점은 더 이상 세계 속에 있지 않고 세계를 위에서 내려다보고 있다. 이 책이 지향하고 있는 목표는 개인의 자유(個人의 自由, individual freedom)가 아니라 정치적 자유(政治的 自由, political freedom)라고 보아야 할 것이다.

　집단의 발전과 자기-보존은 역사학(history) · 인류학(anthropology) · 사회학(sociology)이 연구해야 적절한 주제이지 철학의 주제가 아니라는 것은 당연하다. 실제로 사르트르는 『변증적 이성에 대한 비판』에서 모든 변증적 사고(辨證的 思考, dialectical thinking)의 토대를 마련할 작정이었다. 그래서 변증적 사고라는 말이 정확히 무얼 뜻하는지 전혀 분명하진 않지만, 그럼에도 『변증적 이성에 대한 비판』을 집필할 때에는 모든 종류의 역사적 사고(歷史的 思考, historical thinking)가 변증적 사고라고 믿는 정통 마르크스주의자이기에 충분하였다. 더욱이 사르트르는 역사에 관한 연구 또는 인간에 관한 연구를 사회학과 동일한 것으로 간주하였다. 실제로 『변증적 이성에 대한 비판』의 머리말에서 사르트르는 역사에 관한 연구와 인류학과 사회학의 훨씬 더 과학적인 연구를 구별하지 않는다. 그는 이 세 가지 연구 모두 똑같이 『변증적 이성에 대한 비판』에 설명되어 있는 이론적 기초 위에서 진행된다고 본다. 프랑스 사람들은 지적 생활에서 열광(熱狂, craze)에 사로잡히기 쉬운 경향이 얼마쯤 있는 것으로 보인다. 그래서 현상학에 사로잡혔던 열광의 시기—실제로 철학적 주제를 다룬 신간 서적의 100%가 "무엇의 현상학"이란 제목을 가졌다고 지적되었던 시기 —가 지나간 지금은 프랑스 사람이 인류학과 사회학에 열광하여 대유행을 일으키고 있다. 사르트르가 차지했던 위대한 지성인의 자리는 레비-스트로스(Lévi-Strauss, 1908-2009)로 교체되었고, 실존주의는 구조주의(構造主義, structuralism)에 길을 양보하였다. 우리가 이런 흐름을 추적할 필요는 없다.

실존주의에 관해 저술을 한 많은 저자가 실존주의를 다른 무엇보다도 인간의 자유(人間의 自由, human freedom)에 대한 설명, 그리고 개개의 인간의 자율성(自律性, autonomy)에 관한 주장으로 본다. 그러므로 이런 저술가들은 이러한 철학적 전통이 개인으로서의 사람이 아니라 본질적으로 집단이나 다른 사회적 구조 속에 반복해서 나타나는 사람들에 일차적으로 관심을 갖는 사회학적 이론들을 동화시킬 수 없다는 데 의견의 일치를 보고 있다. 어쨌든 과학적 연구를 목적으로 하지 않는 사회학은 없다. 게다가 실존주의의 매력은 대체로 실천을 호소하는 데 있고, 그래서 사람들은 개인의 자유에 관한 실존주의의 원리를 실제로 사회생활에 적용하고 싶어 하기 때문에 실존주의에 열광한다고 종종 주장되었다. 내가 보기에 이 주장은 수긍하기 어렵다. 그러나 예컨대 실존주의에 관해 가장 진지하고 안목 있는 저자들 중의 한 사람인 프레데릭 올라프슨(F. A. Olafson, 1925-2012)은 자신의 책 『원리와 사람』(*Principles and Persons*)을 개인들이 자신의 관심사에 공동으로 자유롭게 참여하는 것을 방해하는 힘이 사회 속에 있는 한 "이름이야 무엇이라 부르든 간에 대안을 구성하고 그중에서 선택하는 능력을 인간 본성의 중심으로 고집스럽게 강조하는 실존주의가 진지하게 읽혀야 하고 또 진지하게 취급되어야 한다"는 말로 마무리하고 있다.

실존주의가 그것이 지닌 여러 측면 중의 한 면에서 이런 실천적 효과, 즉 사람들이 이전에 자각하지 못했던 방식으로 제 자신을 자유롭고 자율적인 존재로 생각하도록 하는 효과를 갖고 있다는 것은 의심의 여지가 없다. 더 나아가 이미 살펴본 바와 같이 키르케고르의 저작들에 생기를 불어넣은 초기의 충격적인 사명 의식, 게다가 이론적으로 지식·감정·행동을 구별하는 것을 싫어한 점, 이 모든 것이 실존주의 철학이 적어도 어느 정도는 실천적-정치적으로-유익한-프로그램을 만들어낸다는 견해에 기여했다고 주장되는데, 이는 올바른 주장이다.

그러나 실존주의에는 이런 면도 있지만 다른 면들도 있다. 다른 철학자들은 실존주의자들 이상으로 인간의 자유와 선택 능력을 믿고 주장하면서 증명하려고 노력하였으며, 이 자유를 정치적 사회와 조화시키려는 지적 노력을 넘어서 훨씬 더 능동적인 행동으로 관여해 왔다. 다른 한편으로 실존주의 철학자들 이외에는 독특한 방법론(方法論, method-ology)을 발전시킨 철학자가 없는데, 내가 보기에 이 방법론이 실존주의자들의 공통 주제보다 훨씬 더 실존주의자들을 또렷하게 식별할 수 있는 '철학 학파'로 통합시킨 것으로 생각된다.

내가 말하는 실존주의의 방법론은 특정한 철학적 문체 이상의 것을 의미한다. 그래서 실존주의의 방법론에 관한 논의는 그 방법이 적용된 주제와 분리해서 논의될 수 없다. 실존주의의 방법론은 구체적인 것(the concrete)을 추상적인 것(the abstract)에 접근하는 통로로, 개별적인 것(the particular)을 일반적인 것(the general)에 접근하는 통로로 의도적으로 신중하게 사용하는 것이다. 나는 이미 앞에서 실존주의의 이 특징에 대해 주의를 환기하였다. 나는 다른 어떤 철학자에서도 이와 비슷한 방법을 발견하기 어렵다고 믿는데, 더 정확히 말하면 나는 우리가 이 방법을 어느 철학자에게서 발견하든 이 방법을 사용한 철학자는 진정한 실존주의자라고 간주하고 싶어질 것이라고 믿는다. 나는 결론을 대신해서 이 특징을 실례를 통해 조금 더 설명하겠다.

간명하게 설명하기 위해서 실존주의자의 이 특징을 '구체적 상상'(具體的 想像, Concrete Imagination)이라고 부르겠다. 실존주의가 그처럼 직접적이고 광범한 매력을 갖도록 해줄 수 있었던 것은 바로 이 구체적 상상이다. 또 실존주의 철학을 문학에 그처럼 가깝게 접근시키고, 또 학문적 철학(學問的 哲學, academic philosophy)으로부터 자주 그처럼 멀어지게 만든 것도 바로 이 구체적 상상이다. (실존주의의 문학적 성격은 문체의 교묘함과는 전혀 관련 없는 것이 확실하다. 대체로 학문적 철학자들은 표현의 명료성과 우아함에서 실존주의자들보다 훨씬 더 뛰어나다.)

실존주의의 사명 의식조차도, 다시 말해 독자를 전환시켜 그의 삶을 바꾸려는 욕망조차도 마찬가지로 이 구체적 상상과 연결되어 있다. 과학에 대한 그리고 때로는 학문적 철학에 대한 실존주의의 뚜렷한 적개심과 결합된 이 구체적 상상은 실존주의에 굉장한 인기를 안겨주었고, 한때는 흔히 철학과 학생들이 자신의 수강 과목에 실존주의를 포함시킬 수 있는 것만으로도 학문적 교수들의 완고하고 현학적인 강의에서 어떻게도 파악할 수 없었던 현실의 어떤 것 그리고 자신의 사색과 관련 있는 어떤 것을 얻을 것이라고 느꼈었다.

구체적 상상의 사용이 실존주의가 지닌 그저 우연한 특징이 아니었다는 것은 분명하다. 키르케고르는 이미 살펴본 바와 같이 실제로 추상적 사고를 비난했고, 진정성(眞正性, 眞心, 靈性, inwardness), 즉 철학의 목표를 생각하는-사람-자신을-위한-진실(Truth-for-the-thinker)과 동일시했고, 또 이 두 가지를 구체적 사고와도 동일시했다. 키르케고르가 도덕에 관여했던 한에서는 진정한 도덕은 일반적이면서 절대적인 규칙을 확립하는 데 있어야 한다는 칸트의 생각을 단호히 거부했다. 일반적 규칙은 추상적 사고와 마찬가지로 진정성의 죽음이었다. 기독교 신자에게는 도덕이 신의 명령에 복종하는 것이다. 그럼에도 신은 특정 인간의 상황에 보통과 다른 유일하고 독특한 일을 명령할 수 있는데, 이는 신이 도덕의 일상적 일반 규칙에 정면으로 반하는 일을 하라고 아브라함에게 명령했던 것과 같은 일이다. 키르케고르의 견해로는 제 자신의 삶의 방식을 마련할 수 없는 사람은 누구도 진정으로 실존할 수 없다. 그런데 우리는 여기서 키르케고르의 견해가 거의 변화 없이 어떻게 신에 대한 신앙을 포함하든 않든 실존주의 이론으로 옮겨가는지 알아차릴 수 있다. 왜냐하면 실제로는 신에 대한 믿음에서 어떤 도움도 발견할 수 없기 때문이다. 신의 의지에 관한 해석에 따르는 책임은 분명히 행위자의 몫으로 판정된다. 그리고 다른 사람의 어떤 해석도 그의 책임이 아닐 것이다. 개개의 사람은 제 자신의 특별한 상황 속에서—자기가 할수 있다고 느낀다면—이것저것은 신의 명령이므로 행해야 한다는 자신의 느낌(feeling)을 해석해야 한다. 성스러운 어조로 그에게 말하는 음성조차도 오직 그 사람이 스스로 그것이 신의 음성이라고 생각하기 때문에 복종하게 된다.

키르케고르와 달리 거리낌 없이 실존주의자라고 불릴 수 있는 철학자들을 접하게 되면, 우리는 키르케고르에서는 이론적 요구 사항이었던 것이 실존주의자들의 방법의 확실한 부분이자 사고방식 전체의 확실한 부분으로 바뀌어 있는 것을 보게 된다. 나는 실존주의자들이 후설의 현상학에서 받은 도움에 대해 강조했는데, 이는 많은 점에서 올바른 주장이다. 하이데거도 사르트르도 후설과의 관계를 무시하고서는 제대로 이해될 수 없다. 그러나 그와 동시에 현상학적 환원은 맨 처음에는 과학(학문)에 관한 관심 또는 적어도 이 세계에 관한 가장 일반적이면서 추상적인 진실들을 밝혀줄 과학적 방법의 토대를 형성하리라는 희망에서 도입되었다는 사실도 거듭 강조되어야 한다. 하지만 밝혀져야 할 진실들의 일반성(generality of truths)과 마침내는 환원의 방법 자체까지도 결국에는 실존주의자들의 비위에 거슬리는 것이 되어버렸다. 혹시 하이데거가 여전히 현상학적 운동의 일부로 머무를 만한 어떤 면을 지녔다 할지라도, 그가 실제로 사용한 방법은 원래의 후설의 현상학과 아주 다른 종류의 해석학적 현상학이고, 또 이는 아주 다른 목표를 추구하는 현상학이다.

하이데거에 관한 지금까지의 논의가 그의 저작들 중에서 하이데거를 실존주의자라고 부르기에 합당한 부분에만 제한되었던 것은 사실이다. 이 부분의 내용에서 현상학으로부터의 변화는 확실히 인상적이다. 길버트 라일(G. Ryle, 1900-1976)은 1929년 철학 학술지 『마음』(*Mind*)에 『존재와 시간』에 대한 서평을 실었는데, 이 책에서 발견되는 현상학적 방법의 응용에서의 진보를 "재앙을 향해 나아가는 진보"라는 말로 서평을 시작하였다. 라일은 현상학의 앞날을 "자기-파괴적 주관주의(self-ruinous subjectivism)나 ⋯ 허풍 떠는 신비주의(windy mysticism)에 불과할 것으로 예견한다"는 말로 서평을 마무리하였다. 라일은 서평 도중에 후설의 이론과 하이데거의 이론에 대해서 두 이론에 드러난 차이점을 지적하며 지극히 중요한 구별을 하였다. 라일은 "후설이 '존재'는 ⋯ 의식이 자신의 '대격'(對格, accusative)으로 갖는 그것일 뿐이라는 말의 요점을 파악하긴 했지만, 의식에 관한 연구에서는 '의식 바깥에 의식을 초월해서 절대적 실재의 영역에 있는 어떤 것을 연구하는 방식'으로 의식과 존재가 마주보고 있다는 데카르트적 관점에서 결코 벗어나지 못했다"고 썼다. 후설은 이런 방식으로 현상학의 영역과 존재론의 영역을 떼어놓을 수 있었다. 그러나 하이데거는 우리가 '존재와 의식을 분리해서 다루려고 하는 바로 이 유혹 자체'를 분석의 첫째 주제로 간주하였다. 그러므로 하이데거는 세계에 대한 의식의 근본적 관계, 다시 말해 우리가 자신과 명백히 다른 별개의 세계를 자신을 위해 창조하는 관계를 분석하는 작업을 시작하였다. 라일은 "이 의미에서의 내가 속한 세계는 그것이 나에게 의미하는 것 전체이다. 그것은 나를 경험들의 경험자(experiencer of experiences)로 만드는 것이다 ⋯ 한마디로 말하면 내가 '그 속'에 있는 세계는 단지 내가 '관여하는' 것 전체일 따름이다"라고 정리했다.

우리는 실은 후설 자신이 데카르트의 이원론을 거부하는 쪽으로, 그리고 사람들이 자신을 위해 구성하는 세계 속에서 의미를 추구하는 쪽으로 크게 공헌했다는 점을 살펴보았다. 그럼에도 후설의 존재들(Be-ings), 즉 인간들은 여전히 어떤 점에서는 '괄호 속에 넣어 묶는 일'이 가능한 세계를 찾아내고 있다. 하이데거가 실제로 세계를 정말로 아주 상세히 고찰할 필요를 느끼는 것은 『존재와 시간』의 I부의 주제 전체가 *Dasein*, 즉 세계-속에서-사는-의식을-가진-인간이기 때문이다. 하이데거의 경우에 구체적 상상은 그가 자신에게 부여한 바로 그 임무, 즉 세계-속에서-사는-의식을-가진-인간인 *Dasein*의 세계에 대한 분석에서 실행되어야 한다. 의식이 파악한 의미의 세계(world of significance)에서 분리된 의식에 관하여 말하는 것은 불가능하다. 따라서 "의식은 항상 무엇에 관한 의식이다"라는 브렌타노의 최초 주장은 세계와 그 속의 거주자는 함께 다루어져야 한다는 끈질긴 요구로 바뀌고 말았다. 현상학에서 실존주의로 넘어가는 결정적 변화는 바로 이 순간에 이루어진다.

의식 속 세계의 의미—세계에 대한 '의식의 관심'—에 대한 분석이 진행될 때에, 그 방법은 우리가 의미를 이해하자마자 사실은 그 의미가 그동안 줄곧 우리가 세계에 실제로 부여했던 의미임을 깨닫도록 되어 있는 세계 속의 의미들을 들추어내는 것이다. 이것은 정신-분석의 방법(method of psycho-analysis)과 똑같다. 실은 이 방법은 사르트르가 『존재와 무』에서 말했던 사물들에 관한 심리의 분석(psycho-analysis of things)과도 똑같은 것이다. 그러므로 하이데거는 통속적 인간을 진정한 인간과 구별하면서, 통속적 인간에 대하여 그들은 자기가 일반-대중인 양 여기며 사는 것을 감수하고, 또 기성복을 입거나 공중 버스 대기소를 사용하는 것으로 이 삶의 방식을 예증하고 있으며, 우리 삶에서 익숙한 이런 특징들은 그들에게 새로운 모습으로 제시되는데, 그들은 이전에 몰랐지만 그것들을 알게 된 지금 부정할 수 없는 의미를 가졌다고 인정하기를 요구받는다고 기술한다. '해석학적 현상학'의 방법은 바로 구체적 상상의 활용이다. 해석학적 현상학의 방법은 아주 개별적이고 구체적인 상황에 대해서가 아니고는 실제로 사용될 수 없다.

  그렇다면 실존주의 철학자는 다른 무엇보다도 세계의 의미가 생기는 방식으로 세계를 기술해야 한다. 실존주의 철학자가 전체로서의 세계를 기술할 수 없다는 것은 명백하다. 실존주의 철학자는 사례들을 자기가 할 수 있는 한 자세히 기술해야 하며, 의미에 관한 실존주의 철학자의 직관은 그 사례들을 통해서 분명해진다. 이러한 방법이 소설가나 꽁트 작가나 진지한 영화감독의 방법과 얼마나 비슷한지는 명백하다. 존재-자체(Being itself)가 이와 비슷한 어떤 방식으로 파악될 수 있다는 하이데거의 신념에 관한 논의 과정의 초기에 하이데거와 콜리지의 비교가 논의에 인용되었다. 내가 아는 한 만일 우리가 세계의 세세한 부분을 충분히 자세히 살펴본다면 누구나 거기서 실재(實在, reality)의 구조에 관한 유비(類比, analogy)가 아니라 실제로 보이는 실례(actual visible instance)를 발견할 것이라는 신념을 지닌 사람은 아마 영어권 작가 중에서 콜리지가 유일한 사람일 것이다. 콜리지는 우리가 세계를 읽을 수 있고, 세계를 자세히 살펴봄으로써 누구나 세계의 의미를 이해할 수 있다고 믿었다. 예컨대 콜리지는 개울이나 바위 웅덩이에서 생기는 물의 회전 운동에서 누구나 우주 전체, 즉 물질뿐만 아니라 정신에서 일어나는 변화와 성장을 지배하는 변신(變身, metamorphosis)의 완전한 원리를 실제로 볼 수 있다고 믿었다. 그래서 콜리지는 바로 이런 변신을 자연의 모든 다른 면에서와 마찬가지로 물에서 볼 수 있기 때문에 물 자체 때문이거나 물의 아름다움 때문이 아니라 물이 드러내 보여주는 것 때문에 물의 움직임을 무조건 정밀하게 살펴볼 가치가 있다고 여겼다. 참으로 물이 구경꾼에게 발휘하는 매력은 물의 의미(water's meaning)에 의해서 설명될 수 있다. 누구도 의미로부터 현상을 분리할 수 없다. 콜리지는 이렇게 묘사한다. "눈으로 보는 그러한 폭포는 과연 어떤 모습인가. 폭포 속에서 회전하는 물바퀴, 쏟아져내리고 튀어오르는 무수한 진주와 유리 공, 물질의 계속되는 변화, 형식의 영구적인 동일성이다." 다시 이어서 묘사한다. "따로따로 흩어진 감탄이 뱀 똬리 같은 나선 모양 속으로 급히 풀리고 … 감탄의 말은 항상 감탄 이전에 나선으로 감기고 풀리는 존재인 그 변화의 생명과 시간을 조롱하는 운동을 재빨리 표현하는 데 얼마나 느린가!" 콜리지는 몇 번이고 되풀이하여 온갖 종류의 문맥에서 이 매력을 거품 이는 물을 가지고 표현했다. 그는 나중에 달에 관하여 "달은 자꾸자꾸 가늘어져 한때 별이 되었다가, 사라지는 순간에는 … 그러나 이전의 본래 모양과 차원으로 빛의 맥박을 올리자마자, 그로 말미암아 달은 몇 초 동안 맥박치며 부풀어올랐는데, 그건 운반 중인 액체의 부드러운 끓어오름이나 들떠 있음이다"라고 썼다. 그다음 유명한 구절 속에서 아주 분명하게 다시 물의 흐름에 대해 "가리비 무늬의 흐름을 배경으로 활짝 핀 하얀 소용돌이 장미 … 우리가 사는 그것이 바로 생명이다"라고 썼다. 이 맥락에서 은유(隱喩 metaphor)에 관해 말하는 것은 잘못이다. 관찰할 수 있는 자연 현상, 즉 물의 흐름이나 달과 그것들의 의미 사이의 관계가 이 문맥에서는 너무나 가깝게 여겨지고 있다. 어떤 사람은 어쩌면 물과 달을 상징이라고 말할는지 모르지만, 오직 기록되거나 발언된 낱말이 상징이라는 뜻에서만 그렇게 말할 수 있을 뿐이다. 우리는 낱말이 무엇을 의미하는지 보통은 마치 그 낱말이 투명한 것인 양 쉽게 이해할 정도로 그 낱말의 의미에 익숙해져 있다. 그러므로 의미의 탐구에서 콜리지를 사로잡고 있는 것은 자연 현상 바로 그 자체이다.

이제 콜리지의 이런 표현을 사르트르가 『존재와 무』의 마지막 가까이에서 끈적거리는 것(the viscous)에 관해 말하는 기술과 비교해보자. 우리는 이미 어떻게 사르트르가 끈적거리는 것을 그걸 관찰하는 사람 누구에게나 공포심과 메스꺼움을 일으키는 반-가치(Anti-value)이고, 가장 두려움을 느끼게 하는 세계의 특징이라고 간주하게 되었는지 살펴보았다. 사르트르는 누구나 이런 방식으로 끈적거리는 것에 관해 배우지 않을 수 없다고 역설했다. "사람은 초월적 존재이기 때문에 자기가 이 세계에 태어남으로써 의미-있는-것을 확립한다." 따라서 사물은 필연적으로 우리를-위한-의미를 갖고 있고, 그래서 사물의 의미는 분석될 수 있고 밝혀질 수 있지만, 그 의미는 우연한 것으로 생각될 수 없으며, 누구도 물리적 속성들에 의해 물질적 대상을 고찰하지 않으면서 물질적 대상의 물리적 속성들을 의미 있다고 생각할 수 없다. 우리는 사물이 갖고 있고, 그래서 우리가 이용할 수 있는 물리적 성질을 존재-자체의 본성을 파악하는 실마리로 취급해야 한다. "어떤 성질에 관한 이해에는 매번 … '거기에 있음'(there is)이 지닌 무의 껍질을 뚫고 들어가 순수한 있음 그 자체(pure In-itself)를 간파하기 위해 우리의 조건을 피하려는 형이상학적 노력이 있다." 사물들에 관한 심리의 분석은 볼 수 있고 만질 수 있는 속성의 형이상학적 목적을 정확히 드러내야 한다. 그러므로 사물들의 볼 수 있고 만질 수 있는 속성이 더 세밀하게 그리고 더 정확하게 기술되면 기술될수록 그 속성이 무엇을 의미하고 또 어떤 방식으로 '존재를 드러내는지' 더 잘 알 수 있게 될 것이다.

이런 까닭에 사르트르는 콜리지가 『비망록』(Notebooks)에서 실제로 보여주고 있는 바로 그런 기술(記述, description)에 찬성하는 주장을 하고 있다. 그래서 이미 살펴본 바와 같이 사르트르 자신이 『존재와 무』의 같은 절에서 사물에 관한 심리의 분석이 반드시 수행해야 하는 기술의 실례(example of the kind of description)로서 끈적거리는 것을 기술하고 있다.

내 숟가락에서 미끄러져 단지 속의 꿀에 흘러내린 꿀방울은 처음에는 표면에 달라붙음으로써 부조(浮彫)처럼 제 모양을 짓는데, 꿀 전체와의 융합은 침대에 위를 보고 반듯이 누운 여인의 풍만한 두 유방이 평평해지는 것처럼 수축으로도 … 펼쳐짐으로도 보이는 점진적인 침몰과 와해로 나타난다 … (꿀단지 안에 떨어진) 그 끈적거리는 꿀방울이 꿀 전체의 품에서의 소멸의 느림(slowness)은 먼저 부드러움(softness)으로 파악되고, 그 부드러움은 느릿느릿 진행되는 소멸과 같고 또 시간을 벌고 있는 것처럼 보인다. 그러나 이 부드러움은 마지막까지 지속된다. 그 꿀방울은 끈적거리는 물질 전체 속으로 빨려들어 간다 … [끈적거리는 것의] 존재 양식은 고체의 안심시키는 관성도 아니고 나로부터 쏜살같이 고갈되어버리는 물의 활동성도 아니다. 그 존재 양식은 순종하는 행동, 촉촉하고 여성적인 빨아들임이고, 내 손가락들 아래에서 어스레하게 살고 있으므로, 나는 그 존재 양식을 현기증처럼 감지한다. 그 존재 양식은 낭떠러지의 바닥이 나를 끌어당기듯이 나를 제 쪽으로 끌어당긴다. 끈적거리는 것에는 촉각으로 감지하는 매혹이 있다.[1]

끈적거리는 것에 관한 이 모든 기술과 다른 기술들은 우리가 눈으로

[1] op. cit., pt. iv, ch. 2, sec. 3.

직접 보고 또 우리 자신의 느낌과 태도를 정직하게 살핀다면 쉽게 깨달을 수 있는 끈적거리는 것의 특성이다. 그리고 만일 우리가 이런 일을 수행한다면 끈적거림의 의미가 드러날 것이다. 우리는 끈적거림의 의미를 어떤 점에서 우리가 이미 그것을 이해했던 것을 보여주는 끈적거림에 대한 우리의 태도라고 이해할 것이고, 또 세계의 구조 바로 거기에 붙박여 있으면서 우리를 점거하고 제압해서 우리의 의식을 빨아 먹어버리는 두려움에 관해 직접 말하는 것이라고 이해할 것이다. 의식-있는-존재인 우리는 자신과 이질적인 세계 속에 사는 불안한 처지 때문에 끈적거리는 것을 몹시 싫어한다.

실존주의자들은 정신과 신체에 대한 데카르트식 구별을 전혀 하지 않았다. *Dasein*, 즉 세계-속에서-사는-인간에 관심을 가졌던 실존주의자는 어느 누구도 그들이 실제로 그랬던 바와 같이 데카르트가 가졌던 소박하고 단순한 이원론적 세계관을 채택할 수 없었다. 이미 살펴본 바와 같이, 후설의 가장 중요한 혁신은 실존주의자를 데카르트주의로부터 떠나도록 선도했으며, 그 이탈 과정은 실존주의자들에 의해 완성되었다. 하지만 그럼에도 공간을 차지하는 것(*Res extensa*)인 자신의-의식을-자각하고-무화하는-존재는 다소 다루기 어려운 면을 지니고 있다. 우리는 어떤 점에서 우리 자신의 세계를 구성한다. 우리는 대상들을 일차적으로 우리 자신의 용도를 위한 도구로서 바라본다. 그러나 그럼에도 '불운의 공통 작인'(the coefficient of adversity)은 남아 있다. 사물들은 우리를 실망시킬 수 있다. 세계에 관한 피할 수 없는 사실이 있는데, 그건 자신의-의식을-자각하고-무화하는-존재들이 세계의 나머지 것들과 분리된다는 사실이다. 자신의-의식을-자각하고-무화하는-존재들이 제 자신과 주위 사물들 사이의 간격을 이해할 적에 이해하는 것의 일부는 세계를 완전히 마음대로 다룰 수는 없다는 것이며, 결국에는 세계가 자신의-의식을-자각하고-무화하는-존재들을 변질시켜서 그 속으로 가라앉힌다는 것이다.

바로 이것이 사르트르가 구체적 상상에 의해 드러내려고 하는 진실이다. 실존주의에 관해서 이 상상적인 면과 기술적인 면을 강조하는 데 실패한 설명은 어느 것이든 완벽한 설명일 수 없다. 실존주의가 현실의 사물들에 대해 탐색하고, 영어권 철학처럼 '단지 언어에만' 사로잡히지 않고 실제의 삶에 대해 고뇌한다는 대중적 신념은 실은 이 근원에서 자라나왔다.

이 점이 바로 실존주의 운동의 강점이었으며, 그래서 때로 다른 철학의 무미건조함을 벗어날 수 있는 바람직한 피난처로 여겨졌던 것은 분명하다. 그러나 나는 이 사실이 실존주의 몰락의 근원이기도 했다고 믿는다. 실존주의에는 구체적 상상을 옹호하는 논증(論證, argument)을 마련할 수 있는 가능성이 전혀 없다. 만일 내가 내 주위 세계의 어떤 특징에서 의미를 발견한다면 나는 그것을 말할 자유를 갖는다. 만일 내가 시인이나 화가나 사진가나 영화감독이라면 세계에 대한 나의 상상을 이해시키고 남과 공유하고 분석할 수도 있지만 그 일에 논증을 사용할 필요가 없다. 그러나 논증 없는 철학(philosophy without argument)은 긴 안목으로 보면 결국 성립할 수 없다. 우리는 열쇠 구멍 앞에서 엿듣다가 그 행동을 들킨 사람의 심상에서 감명을 받을 수 있고, 그에 의해서 깨우침을 얻을 수 있다. 그러나 이 그림을 근거로 해서 사람들 사이의 관계에 관한 완전한 이론, 그러므로 도덕에 관한 완전한 이론을 얻는 것을 기대할 수는 없다. 우리가 철학에 진짜로 원하는 것은 세계 관한 이론

(theory about the world)을 만들어 달라는 것이다. 하이데거가 그랬던 것처럼 비록 철학자가 세계를 기술하는 완벽한 새로운 어휘를 제공할지라도 우리가 원하는 것은 단지 세계에 관한 기술(description of the world)이나 기술된 세계(described world)를 갖는 것이 아니다. 철학 역사의 미래 진로를 예언한다는 것이 분별없는 일인 것은 분명하지만, 실존주의가 내세우는 개인의 자유에 관한 신조가 아무리 매력 있다 하더라도 철학 운동으로서는 당분간 종말을 고했다고 말하는 것은 지나치지 않을 것이다. 이 종말은 부분적으로는 실존주의의 방법이 실제에서뿐만 아니라 방책으로서도 점점 더 철학적 방법이 아닌 것으로 바뀌었기 때문이다. 실존주의 철학자들은 특히 인간에 관한 논의와 지각에 관한 논의에서 독특한 통찰을 많이 제공했지만, 그렇다 해도 철학이 계속 존속할 수 있으려면 실존의 궁극적 의미를 드러내려는 실존주의자들의 주관적인 반-과학적 독단주의(反-科學的 獨斷主義, subjective anti-scientific dogmatism)는 반드시 거부되어야 한다.

후기

이 책이 출판된 이후 25년이 흐르면서, 실존주의는 독자적인 운동으로서 되살아나지는 못했지만, 적어도 한때 그랬던 것보다는 철학의 다른 분야와의 차이가 많이 줄어든 것으로 보인다. 실존주의가 정신에 관한 철학(philosophy of Mind)에 관여하는 한에서는 지각·상상·자기-기만·기억 같은 주제의 논의에서 현상학의 일부로서 자기 자리를 차지하고 있다. 만일 우리가 실존주의의 훨씬 더 핵심적인 면, 즉 일종의 도덕철학이라는 면으로 시선을 돌리면, 이제는 실존주의자들을 이 책에서 검토한 철학자들에서만 두드러지지도 않고 또 반드시 그들에게서 영향을 받지도 않은 훨씬 더 일반적인 칸트-이후의-낭만주의의 좋은 실례로 볼 수 있다. 키르케고르가 묘사한 도덕적 인물, 즉 '주체성'을 확립하려고 분투하고, 다른 사람이 만든 도덕 규칙을 받아들이는 것을 거부하며, 제 자신을 위해 자유롭게 선택할 수 있는 한에서만 도덕적 행위자가 되는 그런 사람은 실은 1970년대 말까지 칸트 이후의 서양 도덕철학의 중심이었다. 이런 도덕적 행위자를 색다른 인물로 보이게 만든 것은 오직 실존주의의 스타일이었을 뿐이다. 아이리스 머독(I. Murdoch,

1919-1999)은 **1970**년에 다음과 같이 썼다.

> 나는 실존주의자라는 명칭을 요구했던 사르트르 같은 철학자들은 물론
> 이고 실존주의자라는 명칭을 요구하지 않았던 햄프셔(S. Hampshire, 1914-
> 2004), 헤어(R. Hare, 1919-2002), 에이어(A. J. Ayer, 1910-1989) 같은 철학자
> 들을 모두 실존주의자로 분류하였다. 이 철학자들의 공통 특징은 양쪽 다
> 진실한 사람을 텅 빈 선택 의지(empty choosing will)와 동일시하는 점과 양쪽
> 다 통찰(洞察, vision) 개념보다 활동(活動, movement) 개념을 강조하는 점이
> 다. 이 철학자들에게는 어떤 도덕적 통찰도 없다. 오직 일상적 통찰에 비친
> 일상적 세계만 있고, 또 그 세계 속에서 움직이는 의지만 있을 뿐이다.
>
> 『선의 지고성』(善의 至高性, *The Sovereignty of Good*)
>
> (1970; reprint, Routledge, 1991)

실존주의와 결심-지향-도덕-이론(decision oriented moral theories)을 하나
로 묶는 이런 분류는 점점 더 그럼직하다고 여겨졌고, 이 이론들은 '도
덕적 시각'이 핵심 자리를 차지하는 공리주의의 새로운 변형이나 (머
독 자신의 것과 같은) 도덕적 실재론과 대비되는 것으로 간주된다.

1970년 이후의 다른 변화는 사르트르의 죽음이었다. 사르트르의 사
후 1980년대에 굉장히 많은 사르트르의 논문이 『변증적 이성에 대한
비판』의 미완의 제2권과 더불어 출판되었다. 그 논문들 중 대다수는 사
르트르 자신과 보브와르에 관해서 쓴 것이었다. 보브와르는 사르트르
의 단 하나의 진실한 역사(One True History)에 관한 방대한 이론에 동조
하지 않았다. 보브와르가 1985년에 출판한 『작별: 사르트르여 안녕』
(*Adieux: A Farewell to Sartre*)은 사르트르의 점점 증가하는 정치 참여와 사

르트르가 말년에 이르러 무언가에 대한 글쓰기에서 겪은 엄청난 어려움과 아울러 사르트르의 초기 견해도 설명하고 있다. 사르트르의 마지막 저술들은 거의 이해할 수 없을 정도로 불명료하며, 또 그의 초기 철학과의 분명한 관련이 거의 없다는 것은 의심의 여지가 없는 사실이다. 그러나 실존주의의 자취가 약간은 남아 있다. 그래서 나는 맺음말의 서두에서 실존주의가 마지막에 마르크스주의에 굴복했다고 썼던 것은 잘못이라고 판단하게 되었다. 어쨌든 사르트르의 개인적 선택이 역사를 창조했고, 역사가가 그에 관해 원칙적으로 '모든 것을 말할 수 있었던 실존주의 영웅'을 적절하게 대우하려는 노력은 완전히 효력을 상실하지는 않았다. 비록 사르트르가 역사에 관해 무엇보다 긴요한 이론적 방법과 역사의 통일에 관한 원대한 신념에 몰두하게 되었다 할지라도 그는 여전히 마르크스주의 변증론의 절대적 유물주의를 거부하였다. 사르트르가 전기 문학(傳記 文學, biography)을 역사의 원대한 목적을 밝히는 방식이라고 믿었던 사실은 역사의 중심점을 개인, 그것도 정말 역설적이게도 자유롭게 선택하는 개인에 두려고 하는 그의 계속되는 신념을 증명하였다.

그렇다면 실존주의는 지금 어디에 어떤 모습으로 있는가? 실존주의가 사상사의 한 자리를 차지한다는 것은 의심의 여지가 없다. 니체는 광범하고 다양한 사상 영역에서 검토되는 사상가로 널리 인정받고 있다고 할 수 있을 것이다. 그러나 프랑스판 실존주의에서는 사르트르가 중심인물이고, 그래서 현상학이 그에게 미친 영향을 제대로 이해하지 않고서는 사르트르를 이해할 수 없다는 것은 여전히 옳은 말이다. 1970년 5월의 『영국 현상학회의 학회지』(vol. 1, no. 2)는 사르트르의 65회 생일을 기념하여 사르트르 특집으로 간행되었다. 여기에 영어로는 처음

으로 후설의 근본적인 생각에 관해 사르트르가 1939년에 쓴 짧은 논문
이 실렸다. 이 글에서 사르트르는 '내적 정신생활'(內的 精神生活, inner
life)을 거부하는 후설의 주장에서 느낀 흥분과 깨달음을 표현하고 있
다. 그는 사물들이 실제로 구역질나거나 매력적인 특징들을 갖고 있으
며, 그것은 단지 우리 자신 속의 어떤 것을 자연 세계에 투영한 것이 아
니라고 말하고 있다. 사르트르는 그 글을 다음 말로 마무리하고 있다.
"모든 것, 심지어 우리 자신까지도 결국은 바깥에 있다. 우리가 제 자
신을 발견하게 되는 곳은 어떤 은밀한 곳이 아니다. 우리는 제 자신을
바로 길거리에서, 시내에서, 군중 가운데에서, 사물들 속의 한 사물로
서, 사람들 속의 한 사람으로서 발견한다." 이 통찰력은 결코 완전히
상실되지는 않았는데, 그 통찰력이 사르트르가 마르크스주의에 맞서서
역사의 진실성에 관심을 갖게 되었을 때에 물질적 변화의 피할 수 없는
필연성을 인간의 '자아'의 역동적이고 자유로운 기능과 조화시키려고
노력했던 사실에 남아 있기 때문이다.

끝으로 나는 맺음말의 두 번째 문단에서 프랑스 사람들은 지적 생활
에서 열광에 사로잡히기 쉬운 경향이 있는 것 같다는 말을 했었다. 이
말은 최근 25년 동안에 정말로 확인되었다. 실존주의는 구조주의(struc-
turalism)로 이어졌고, 그다음엔 포스트-구조주의(post-structuralism)와 포
스트-모더니즘(post-modernism)으로 이어졌다. 어떤 사람들은 사르트르
를 이런 인류학적인 이론과 본질적으로 상대주의적인 이론의 선구자로
간주하였다. 나는 이 말이 옳다고 생각하지 않는다. 역사에는 우리가
목표로 삼고 탐구해야 하는 통일성과 진실성이 있다는 사르트르의 고
집스런 주장은, 여러 가지 문화는 각기 다른 '언어 게임'(language game)
을 하고 있고, 그 여러 '언어 게임'은 같은 잣대로 잴 수 없다는 신념으

로부터 사르트르를 떼어놓고 있다(Jean-Fraçois Lyotard, *The Postmodern Condition*를 보라. (Manchester, 1984)). 사르트르의 그 주장은 또한 자크 데리다 (J. Derrida, 1930-2004)가 종종 주장했던 견해, 즉 오직 언어만 있을 뿐 그 언어가 적용되는 세계는 전혀 없다는 견해로부터도 사르트르를 떼어놓는다. 이러한 견해는 역사라고 진술되는 이야기는 어떤 이야기든 모두 다른 이야기만큼 훌륭하다는 생각을 함축하는데, 사르트르는 이런 견해를 결코 믿지 않았다. 만일 실존주의가 데리다의 선구자라면, 그 실존주의는 하이데거의 실존주의이지 사르트르의 실존주의가 아니다. 그래서 나는 실존주의가 데리다의 선구자라는 말은 부정하지 않는다.

Mary Warnock

1996

| 참고 문헌 |

I. SELECTION OF TEXTS IN ENGLISH TRANSLATION

Kierkegaard

Concluding Unscientific Postscript (1846), translated by D. F. Swenson and
    W. Lowrie (Princeton, 1941).

Kierkegaard's Writings, ed. H. V. and E. H. Hong *et al*, 26 vols. (Princeton,
    1978~).

Fear and Trembling (Harmondsworth, 1985).

The Sickness unto Death (Harmondsworth, 1989).

Either/Or (abridged) (Harmondsworth, 1992).

Nietzsche

The Philosophy of Nietzsche (including *Thus Spake Zarathustra* (1883), *Be-
    yond Good and Evil* (1886), *The Genealogy of Moral* (1887), and *The
    Birth of Tragedy* (1872), translated by O. Levy (New York, 1937).

The Philosophy of Nietzsche (a selection of the above translation), edited with
    an introduction by G. Clive (New York, 1965).

Thus Spake Zarathustra, translated by A. Tille (London, 1958)

The Will to Power (1895), translated by W. Kaufmann and R. J. Hollingdale, edited by W. Kaufmann (London, 1968)

Husserl

Ideas (1913), translated by W. R. Boyce Gibson (London, 1931).

The Idea of Phenomenology (1907), translated by W. P. Alston and G. Nakhnikian (The Hague, 1964).

Cartesian Meditations (1931), translated by D. Cairns (The Hague, 1960).

'Phenomenology', article in *Encyclopaedia Britannica* (14th edn. 1927)

The Paris Lectures (1929, The Hague, 1964).

Heidegger

Being and Time (1927; London, 1967).

Existence and Being (London, 1949).

Basic Writings: Nine Key Essays, ed. David Farrell Krell (Routledge, 1978).

Merleau-Ponty

The Structure of Behaviour (1942; Boston, 1963).

The Phenomenology of Perception (1945; London, 1962).

Sartre

Imagination (1936; Michigan, 1962).

Sketch of a Theory of the Emotion (1939; London, 1962).

The Psychology of the Imagination (1940; London, 1949).

Being and Nothingness (London, 1957).

Saint Genet (1952; London, 1952).

Critique of Dialectical Reason, i (London, 1976).

Critique of Dialectical Reason, ii (unfinished) (London, 1991).

II. SELECTED SECONDARY SOURCE

Cooper, David, *Existentialism: A Reconstruction* (Oxford, 1990).

Macquarrie, John, *Existentialism* (Harmondsworth, 1973).

Matthews, Eric, *Twentieth-Century French Philosophy* (Oxford, 1996).

Dunning, S. N. *Kierkegaard's Dialectic of Inwardness* (Princeton, 1985).

Hannay, A., *Kierkegaard* (London, 1982; rev. edn. 1991).

Taylor, M. C., *Kierkegaard's Pseudonymous Authorship: A Study in Time and Self* (New Jersey, 1975).

Danto, A. C., *Nietzsche as Philosopher* (New York, 1965).

Kaufmann, Walter, *Nietzsche: Philosopher, Psychologist, Antichrist* (Princeton, 1974).

Schacht, Richard, *Nietzsche* (London, 1983).

Clark, Maudenarie, *Nietzsche on Truth and Philosophy* (Cambridge, 1990).

Spiegleberg, H., *The Phenomenological Movement* (The Hague, 1965).

Kockelman, J. D., *A First Introduction to Husserl's Phenomenology* (Pittsburgh, 1967).

Bell, D., *Husserl* (London, 1991).

Dreyfus, H. L. (ed.), Husserl, *Intentionality and Cognitive Science* (Cambridge, Mass., 1982).

_____ *Being-in-the-World: A Commentary on Heidegger's Being and Time* (Massachusetts, 1991).

Guigon, C. (ed.), *The Cambridge Companion to Heidegger* (Cambridge, 1993).

Rorty, Richard, *Philosophy and the Mirror of Nature* (Princeton, 1980).

Rabil, A., *Merleau-Ponty: Existentialism of the Social World* (New York, 1967).

Kwant, R. C., *From Phenomenology to Metaphysics: An Inquiry into the Last Period of Merleau-Ponty's Philosophical Life* (Pittsburgh, 1966).

Madison, G. B., *The Phenomenology of Merleau-Ponty* (Ohio, 1981).

Barnes, H. *Sartre* (London, 1974).

Catalano, J. S., *A Commentary on J.-P. Sartre's Being and Nothingness* (London, 1974).

Howells, C., *Sartre: The Necessity of Freedom* (Cambridge, 1988).

_____ (ed.), *The Cambridge Companion to Sartre* (Cambridge, 1992).

McCulloch, Gregory, *Using Sartre: An Analytical Introduction to Early Sartrean Themes* (Routledge, 1994).

Warnock, M., *The Philosophy of Sartre* (London, 1965).

_____ (ed.), *Sartre: A Collection of Critical Essays* (New York, 1971).

de Beauvoir, S., *Adieux: A Farewell to Sartre* (Harmondsworth, 1985).

Jeanson, F., *Sartre and the Problem of Morality* (Indiana, 1980).

Dobson, A., *Jean-Paul Sartre and the Poitics of Reason* (Cambridge, 1993).